Gisèle Halimi
mit Annick Cojean
Seid unbeugsam!

aufbau

GISÈLE HALIMI
mit Annick Cojean

Seid unbeugsam!

Mein Leben für die Freiheit der Frauen

Aus dem Französischen
von Kirsten Gleinig

aufbau

Die Originalausgabe unter dem Titel
Une farouche liberté
erschien 2020 bei Éditions Grasset & Fasquelle, Paris.

MIX
Papier aus verantwortungsvollen Quellen
FSC® C083411

ISBN 978-3-351-03895-3

Aufbau ist eine Marke der Aufbau Verlage GmbH & Co. KG

1. Auflage 2021

Einbandgestaltung Anzinger und Rasp, München
unter Verwendung eines Fotos von Getty Images
Satz und Reproduktion LVD GmbH, Berlin
Druck und Binden CPI books GmbH, Leck, Germany
Printed in Germany

www.aufbau-verlage.de

Für Claude,
meinen Weggefährten
meinen Kampfgefährten
meinen Lebensgefährten

G. H.

»Ergreife deine Chance, halte dein Glück fest und scheue kein Risiko.«

René Char

WARUM FEMINISMUS HANDELN BEDEUTET

Gisèle Halimi und ich trafen uns durch Zufall. Man könnte sagen, sie überraschte mich, denn eigentlich war ich mit Recherchen zu Simone de Beauvoir beschäftigt, der großen Schriftstellerin, Philosophin und Feministin. Und da war sie plötzlich: Gisèle Halimi, eine Frau, die mindestens ebenso viel für die Gleichberechtigung und Emanzipation der Frauen getan hat wie Beauvoir, und von der ich trotzdem noch nie gehört hatte. Warum, kann ich mir im Nachhinein nicht genau erklären. Vielleicht, weil Halimi eher eine Arbeiterin als eine Intellektuelle war, weil sie sich in ihrem Beruf als Anwältin täglich für eine gleichberechtigtere Gesellschaft abrackerte, und mein Zugang zum Feminismus als Teenager und Anfang-20-Jährige doch eher theoretisch war. Sehr wahrscheinlich hätte ich damals eine Gisèle Halimi gar nicht zu schätzen gewusst. Heute hingegen, da weiß ich, wie wichtig gerade Menschen wie sie sind – Menschen, die über Gleichberechtigung nicht nur diskutieren, sondern vor allem nach praktischen und rechtlichen Wegen suchen, diese zu erreichen. Die amerikanische Feministin Gloria Steinem hat einmal gesagt, Feminismus bedeute auch, etwas dafür zu tun, dass die Verhältnisse sich ändern. Das scheint heute manchmal in Vergessenheit zu geraten, wo Unternehmen mit Feminismus Geld machen und plötzlich vieles, von BHs über Lippenstift bis hin zu Deodorants, als irgendwie »empowernd« beworben wird. Umso wichtiger ist es, sich daran zu erinnern, dass Feminismus aktives Handeln bedeutet. Und wie dieses Handeln konkret aussehen kann, zeigt Gisèle Halimi.

Es gibt diese Geschichte, die Halimi immer wieder erzählte. Es ist die Geschichte vom Hungerstreik, und die geht so: Als gerade einmal zehnjähriges Mädchen beschloss Gisèle, die Nahrungsaufnahme bis auf weiteres zu verweigern – um dagegen zu protestieren, dass ihre Brüder zu Hause wie zwei kleine Paschas behandelt wurden, vor allem von der Mutter. Die beiden Töchter hingegen hatten keine Vorrechte, sie mussten ihre Brüder am Tisch bedienen und im Haushalt mithelfen. Das erschien der kleinen Gisèle, die damals noch Zeiza Gisèle Élise Taïeb hieß, ungerecht. Warum sollten die Jungen anders behandelt werden als die Mädchen? Wer machte diese unsinnigen Regeln? Der Hungerstreik, so Halimi, sei ihr »erster feministischer Sieg« gewesen, und die Art, wie sie von diesem Sieg erzählte, sagt viel darüber aus, wie Halimi als Mensch war: unterhaltsam, lebhaft, resilient. Nie ging es ihr darum, bemitleidet zu werden. Sie sagt aber auch viel darüber aus, was Halimi als Anwältin so erfolgreich und berühmt-berüchtigt machte: ihr unschlagbares Gespür für das passende Narrativ.

Gisèle Halimi war das, was einige heute despektierlich eine »Aktivistin« nennen würden. Sie war in allem, was sie tat, auf der Seite der Frauen – und damit parteiisch. Das stieß schon damals so manchem Anwaltskollegen übel auf, schließlich, so heißt es, erfordere die juristische Tätigkeit Objektivität und Distanz gegenüber den Fällen, die man verhandelt. Man solle sich nicht gemein mit einem Anliegen, einer Sache machen. Ärgerlich nur für die Kollegen, dass Halimi das ziemlich egal war: »Tatsächlich war mir meine Rolle als Anwältin nie genug. In mir meldete sich auch die, die selbst beteiligt und engagiert war, die Streiterin für Recht und Freiheit.« Die vielbeschworene Objektivität und Distanz, das stellte Halimi schon früh in ihrer Karriere fest, sind ein Mythos. Jeder Mensch hat Interessen, für die er eintritt. Jeder Mensch ist parteiisch. Warum also nicht offen zeigen, wer man ist und wofür man steht? Überhaupt: Feministin sein, das war für Halimi keine Teilzeitbeschäftigung oder ein Hobby – sondern Teil ihrer Identität. Immer und immer wieder hat sie gezeigt, dass man einen guten, einen sehr guten Job machen kann, nicht trotz, sondern dank der Werte und Haltungen, die man vertritt. Und mal ehrlich: Gisèle Halimi, die mit zehn Jahren in den Hungerstreik getreten war, sich mit 14 Jahren einer arrangierten Ehe mit einem älteren Mann widersetzte, und es schließlich durch Fleiß und Beharrlichkeit geschafft hatte, ihre tunesische Heimat gegen Paris einzutauschen, um dort Rechtswissenschaften, Philosophie und Politikwissenschaften zu studieren – diese Gisèle Halimi hatte all das sicher nicht auf sich genommen, um sich für den Rest ihres Lebens männlichen Regeln zu unterwerfen. Sich sagen zu lassen, wie sie als Frau zu sein hatte.

Und so kämpfte Gisèle Halimi zu Beginn ihrer Karriere, Ende der 1940er, Anfang der 1950er Jahre, nicht nur für ihre

Mandantinnen und Mandanten, sondern auch dafür, als Frau in ihrem Beruf ernstgenommen zu werden. Sie wollte, dass man(n) ihr zuhörte, wollte überzeugen, und zwar durch Argumente. Sie arbeitete hart, härter, am härtesten, um den Makel, der ihr von ihren Eltern so oft vorgehalten worden war, vergessen zu lassen: weiblich zu sein. Gleichzeitig wollte Halimi nicht nur one of the boys sein und sich ihrem männlichen Umfeld anpassen. Sie war nun einmal eine Frau – und warum genau sollte sie sich dafür ständig rechtfertigen müssen? Also ging Halimi in die Offensive, wie um zu sagen: Stimmt, ich bin eine Frau, und was für eine. Zum Ärger ihrer Kollegen bestand sie für sich auf der weiblichen Berufsbezeichnung *avocate*, bestand auf diesem »e« am Ende, statt sich mit der angeblich universellen – tatsächlich männlichen – Bezeichnung *avocat* zufrieden zu geben. Ihre simple Erklärung lautete, sie sei nun einmal eine Anwältin, eine Frau, und sie gebe ihr Leben »nicht an der Garderobe ab«, sobald sie einen Gerichtssaal betrete. Man kann sich vorstellen, wie viel Applaus sie dafür in einem Land wie Frankreich erhielt, wo weibliche Berufsbezeichnungen auch heute noch ein Streitthema sind (vom Gendern der Sprache mal ganz abgesehen).

Der Kampf gegen – unsinnige – Regeln und Normen, die von Männern gemacht wurden und Frauen benachteiligen, zieht sich durch Gisèle Halimis Karriere. Ihr Name ist verknüpft mit einigen der wichtigsten Prozesse der französischen Nachkriegsgeschichte, Prozesse, die Frankreich nachhaltig verändert haben. Der erste ihrer Fälle, der sich in das nationale französische Gedächtnis gegraben hat, ereignete sich 1960. Damals wurde Djamila Boupacha, eine 22-jährige Agentin der Algerischen Nationalen Befreiungsfront FLN – die für die algerische Unabhängigkeit kämpfte – festgenommen, weil man sie verdächtigte, in einem Restaurant in Algier eine Bombe deponiert zu haben. In der Haft wurde sie von französischen Soldaten brutal gefoltert, auch sexuell, ihr Geständnis erzwungen. Viele algerische Frauen hatten vor ihr ein ähnliches Schicksal erlebt, aber Boupacha war bereit, auszusagen. Für Halimi, deren Heimat Tunesien bereits 1956 die Unabhängigkeit von Frankreich erlangt hatte, enthielt der Fall Boupacha die »Essenz meines kämpferischen Engagements«: gegen Folter und Vergewaltigung, für Unabhängigkeit und Selbstbestimmung. Sie überzeugte Boupacha, die französischen Behörden wegen Folter zu verklagen, und schaffte es, Frankreichs damalige Vorzeige-Intellektuelle Simone de Beauvoir für eine gemeinsame Aktion zu gewinnen. Beauvoir schrieb einen kämpferischen Artikel in *Le Monde* (»Für Djamila Boupacha«) und schon standen die Promis Schlange, um Halimi und ihre Klientin zu unterstützen. Später erschien ein Buch mit Texten zu dem Fall sowie Auszügen aus Boupachas Gerichtsakte. Das Cover, eine Zeichnung der jungen Algerierin, stammte von Pablo Picasso höchstpersönlich. Bei der Wahl der Mittel war Halimi nicht zimperlich. Natürlich, gab sie später unumwunden zu, habe sie gegen das Gesetz und ihr Berufsethos verstoßen, indem sie im Buch Details aus der Akte Boupacha veröffentlichte. Aber am Ende sei Boupacha der Todesstrafe entgangen (wenn auch, das muss angemerkt werden, durch eine Amnestierung 1962 und nicht aufgrund eines gewonnenen Prozesses) und sie, Gisèle Halimi, habe die Aufmerksamkeit der Öffentlichkeit dort gehabt, wo sie sie haben wollte: auf dem Thema Vergewaltigung durch französische Soldaten in den französischen Kolonien. Anders gesagt: Das Ergebnis zählte, und dafür war Halimi bereit, vieles in Kauf zu nehmen. Auch, dass sie als Person, als Anwältin, als Frau, angezweifelt, bedroht und beschimpft wurde.

Der Fall Boupacha illustriert sehr anschaulich die Methode Halimi. Die bestand darin, einen Prozess erstens zu nutzen, um ein grundsätzliches Thema zu verhandeln. Zweitens galt es, für prominente Unterstützung aus Kultur und Medien zu werben, um, drittens, möglichst viel öffentliche und mediale Aufmerksamkeit auf den Prozess zu lenken. Dieses wirkungsbewusste Vorgehen wurde Halimi oft zum Vorwurf gemacht. Es hieß, sie verwandle ihre Prozesse in ein Medienspektakel, in Schauprozesse, zeige zu wenig Distanz zu ihren Mandantinnen und Mandanten. Tatsächlich hat Gisèle Halimi das Rampenlicht gesucht – allerdings nicht für sich, sondern für andere. Für Menschen, die für die Unabhängigkeit ihres Landes kämpften. Für Menschen, die ihre Menschenwürde einforderten. Und vor allem für Frauen.

So auch im legendären Prozess von Bobigny, 1972. Dort vertrat Halimi in zwei separaten Prozessen die 17-jährige Marie-Claire Chevalier, die nach einer Vergewaltigung abgetrieben hatte, sowie vier Frauen, denen Beihilfe vorgeworfen wurde, darunter Michèle Chevalier, die Mutter des Mädchens. Zum Zeitpunkt des Prozesses hatten feministische Aktivistinnen schon seit Jahren die Legalisierung der

Abtreibung gefordert, die öffentliche Meinung war mittlerweile ebenfalls dafür – der Prozess war somit von Anfang an dazu prädestiniert, ein Skandal zu werden. Halimi nutzte das: Sie nannte den Prozess »einen Prozess im Namen des neuen Feminismus« und zwang die – ausschließlich – männlichen Richter dazu, sich Aussagen von einer Reihe Frauen anzuhören, darunter die Schauspielerin Delphine Seyrig, die von ihren eigenen illegalen Abtreibungen berichteten. Die Richter waren empört. Gleichzeitig setzte Halimi auf Zeugenaussagen von Männern, wie die der Medizin-Nobelpreisträger Jacques Monod und François Jacob. Und während sich all das im Gerichtssaal abspielte, demonstrierten draußen lautstark Aktivistinnen des MLF (Mouvement pour la libération des femmes, dt. Bewegung zur Befreiung der Frauen). Der Fall besaß, wie eigentlich alle ihre Fälle, eine persönliche Bedeutung für Gisèle Halimi: Sie selbst hatte als 19-jährige Studentin in Paris eine illegale Abtreibung über sich ergehen lassen, bei der eine Ausschabung ohne Betäubung gemacht wurde. Eine traumatische Erfahrung, »wegen des Gefühls, dass man mich absichtlich gequält hatte, um mich für die Freiheit, die ich mir als Frau genommen hatte, zu bestrafen und mich daran zu erinnern, dass ich von Männern abhängig war.« Eine traumatische Erfahrung, ja, aber eine allzu alltägliche: Zur damaligen Zeit in Frankreich illegal abzutreiben bedeutete in den meisten Fällen, mithilfe von Utensilien wie einer Stricknadel eine Fehlgeburt auszulösen. Dieser Prozess dauerte oft mehrere Tage und endete nicht selten in einer Klinik, wo eine Notfall-Ausschabung durchgeführt wurde, gern, wie bei Halimi, ohne Betäubung – so brachte das Klinikpersonal, das schließlich genau wusste, wenn es sich um einen missglückten Abtreibungsversuch handelte, sein Missfallen zum Ausdruck. Zum Zeitpunkt des Prozesses von Bobigny war Halimi Mutter dreier Söhne: Kinder, die sie wollte, für die sie sich bewusst entschieden hatte. Diese Entscheidungsfreiheit, fand Halimi, sollte jede Frau haben. Als einzige Anwältin hatte sie 1971 das Manifest der 343 unterzeichnet, in dem 343 Frauen – darunter Berühmtheiten wie Françoise Sagan, Catherine Deneuve, Marguerite Duras und Jeanne Moreau – bekannten, illegal abgetrieben zu haben. Jede Frau, die unterschrieb, ging ein großes Risiko ein, aber Gisèle Halimi als Anwältin drohten darüber hinaus besondere Strafen. Sie nahm es achselzuckend hin und gründete zusammen mit Simone de Beauvoir und anderen die Organisation »Choisir la cause des femmes«, um jene Unterzeichnerinnen unterstützen zu können, die juristische Hilfe brauchten.

Im Fall Bobigny trat Beauvoir als Zeugin auf und gestand, Frauen geholfen zu haben, abzutreiben, indem sie sie mit Kontakten und Geld versorgte. Gleichzeitig bedeutete der Fall das Ende der militanten Schwesternschaft zwischen Beauvoir und Halimi: Halimi ging es darum, die Klassendimension des Falls zu betonen. Michèle Chevalier, die der Beihilfe zur Abtreibung angeklagt wurde, war eine alleinerziehende Mutter von drei Töchtern. Beauvoir und viele MLF-Aktivistinnen fanden, es solle weniger um die soziale Tragödie der Michèle Chevalier gehen als vielmehr darum, dass Frauen frei über ihre Körper verfügen können sollten, unabhängig von ihrer wirtschaftlichen Stellung. Letztendlich war es sowieso nur eine Frage der Zeit, bis es zwischen Halimi und Beauvoir krachen würde – die beiden Frauen waren, was ihr Temperament betraf, schlicht zu unterschiedlich. Halimi war davon irritiert, dass Beauvoir sich weigerte »Emotionen mit ins Spiel zu bringen«, Beauvoir ihrerseits, so darf man vermuten, irritierte, dass Halimi zu viele Emotionen ins Spiel brachte.

Mit jeder Faser ihres Seins war Gisèle Halimi eine Macherin. Sie verstand, dass es oft Gesetze und Rechtsprechungen braucht, damit sich in der Gesellschaft konkret etwas verändert. Vor allem, wenn es um Geschlechterrollen und -bilder geht. Sie trug nicht nur erheblich dazu bei, dass Abtreibung in Frankreich legalisiert, sondern auch dazu, dass Vergewaltigung als Verbrechen definiert und bestraft wurde. Vor Gericht hielt Halimi leidenschaftliche, emotionale Plädoyers, die sich heutzutage gut in einer der Serien von Shonda Rhimes machen würden – in *Scandal*, zum Beispiel, oder *How to get away with murder*, wo schlaue, wortgewaltige Frauen Männer in Grund und Boden reden. Dabei heißt es über Frauen ja oft, sie seien zu emotional, sie hätten ihre Gefühle nicht im Griff. Es wird von ihnen erwartet, dass sie sich sogenannte »männliche« Verhaltensweisen zulegen, wenn sie beruflich erfolgreich sein wollen. Gisèle Halimi ist ein Beispiel dafür, dass es auch anders geht. Sie hat ihre Emotionen, ihr Mitgefühl, zu ihrer Superpower gemacht, zu dem, was sie als Anwältin so erfolgreich sein ließ. Sie hat gezeigt, dass man – als Frau – die eigene Persönlichkeit nicht ablegen und sich einem vermeintlich männlichen Ideal anpassen muss, um Karriere zu machen.

Wenn Halimi als Anwältin so eine Wucht war, dann auch deshalb, weil sie sich selbst als Frau, die bestimmte Erfahrungen gemacht hat, einbrachte. Sie war eben eine Anwältin, kein Anwalt.

Sie war außerdem eine Frau mit einer Mission, das Ziel stets im Auge: eine gleichberechtigtere Gesellschaft. Eine Gesellschaft, in der Frauen nicht auf ihr Frausein reduziert werden, in der sie Raum einnehmen können. Halimi selbst hat sich diesen Raum genommen und sich dafür nicht entschuldigt. Sie war kompromisslos sie selbst – als Frau, als Anwältin. Und: Sie war eine lebenslange Rebellin. Ihre Rebellion begann mit dem Hungerstreik, damals, in den 1930er Jahren, in einem kleinen Ort in Tunesien. Letztendlich ging es Gisèle Halimi darum, dass Frauen frei sein sollen. Sie sollen die Wahl haben, selbst entscheiden zu können, was sie wollen oder nicht, ihr Leben nach eigenen Maßstäben gestalten. Halimi erlebte als Mädchen und junge Frau, wie es ist, wenn man keine Wahlfreiheit hat. Wenn jeder Tag ein Kampf gegen Erwartungen, gegen tradierte Geschlechterrollen, gegen dieses Gefühl des Zu-wenig-Seins ist. Wenn die eigene Geburt vom Vater als Katastrophe empfunden wird, denn was zur Hölle soll man mit einem Mädchen anfangen? Drei Wochen lang, so wurden Halimis Eltern nie müde zu betonen, hätte er die Geburt der Tochter vor der Verwandtschaft geheim gehalten – die Schande, die Schande! Kein Wunder, dass die erwachsene Gisèle Halimi keinerlei Verständnis für und keine Geduld mit patriarchalem – man muss es so sagen – bullshit hatte. Dass sie mit aller Macht dagegen kämpfte, dass Mädchen und Frauen im Namen von

Tradition, Anstand, Ehre, was auch immer, kleingehalten werden.

Von den heutigen Frauen erwartet Gisèle Halimi nichts weniger als eine »Revolution«. Und das ist ihr gutes Recht, schließlich hat sie sich jahrzehntelang dafür abgerackert, dass künftige Frauengenerationen es besser, mehr Möglichkeiten haben. »Na los«, scheint Halimi zu rufen, fassungslos, dass die Gesellschaft immer noch so ist, wie sie ist. Dass das Patriarchat sich immer noch so verzweifelt an seine Macht klammert, in Frankreich und anderswo. Halimis feministische To-do-Liste ist lang, ihre Ratschläge an die jungen Frauen von heute lauten: Seid wirtschaftlich unabhängig, seid egoistisch, lasst euch nicht einreden, dass ihr unbedingt Kinder bekommen müsst, gründet Netzwerke, habt keine Angst, euch Feministinnen zu nennen. Wenn man sich Gisèle Halimis Leben und Wirken anschaut, lassen sich noch weitere Ratschläge ableiten. Zum Beispiel: Geht dahin, wo die Macht ist. Denn wenn Frauen nicht mitentscheiden, nicht mit am Tisch sitzen, dann ist das ein Problem. Halimi selbst unterstützte seit den 1960ern die Kandidatur von Frauen für politische Ämter und ließ sich 1981 als Parteilose in die französische Nationalversammlung wählen. Dort hielt sie es allerdings keine Legislaturperiode aus, nach drei Jahren schmiss sie hin. Was vor allem an dem »chauvinistischen Umfeld« lag. Schaudernd erinnerte sie sich an den ersten Tag im Plenarsaal: »Eine Flut an Männern in dunklen Anzügen strömte in die Reihen, aus denen hier und da ein paar einzelne Frauen in farbigen Kostümen herausragten. Was für eine Misere!« Halimi begriff, dass sie dem Ziel der Gleichberechtigung besser auf andere Weise dienen könnte. Auch das ist ein halimischer Ratschlag: Überlegt euch, wie ihr euch am besten einbringen, wo ihr am meisten bewirken könnt. Gleichzeitig war ihr klar, dass die politische Kultur und letztendlich die Gesellschaft sich nur dann ändern, wenn mehr Frauen mitbestimmen und Einfluss auf die Gesetzgebung nehmen.

Der aber wohl wichtigste Ratschlag von Gisèle Halimi ist dieser: Packt es an! Gleichberechtigung passiert nicht einfach, sie wird Frauen nicht »zugestanden« – sie muss erkämpft werden. Dieser Kampf darf ruhig wütend, unbequem und fordernd sein. Und: Er ist noch lange nicht zu Ende. Halimi warnt klarsichtig: »Wenn wir aufhören, droht der Sturz. Wenn wir aufhören, sind wir geliefert. Also seid auf der Hut, seid aufmerksam und kämpferisch.« Kämpferisch, wie sie selbst es 93 Jahre lang war. Diese unbequeme, laute, freie Frau, die keinen Schlaf zu brauchen schien und es nie so richtig schaffte, in den Ruhestand zu gehen. Weil es immer noch so viel zu tun gab – und gibt.

Julia Korbik

EINLEITUNG

Mit zehn Jahren trat sie in einen Hungerstreik und schrie in ihrer Empörung über die Ungleichheit von Jungen und Mädchen: »Das ist ungerecht!« Mit dreiundneunzig Jahren beharrt sie nach wie vor darauf und ist empört und erstaunt darüber, dass die Situation der Frauen bis heute nicht die große Revolution ausgelöst hat, die sie sich so sehr gewünscht hat, und die notwendig wäre, um das jahrtausendealte verheerende, groteske Patriarchat zu zerschlagen. Nein, Frauen und Männer sind noch immer nicht gleich zu Beginn des einundzwanzigsten Jahrhunderts! Ja, es ist nach wie vor ein Fluch in den meisten Ländern der Welt, als Frau geboren zu werden! Und das empfindet Gisèle Halimi als unerträglich.

Schließlich hat sie gekämpft. Wütend und mutig, klug und beherzt, gekonnt und entschlossen. Sie hat immer gekämpft. Überzeugt davon, dass Gerechtigkeit ihre Lebensaufgabe sei und dass der Beruf der Rechtsanwältin, für den sie bis zum Schluss brannte, es ihr ermöglichen würde, die Welt zu verändern. Denn genau das war ihr Ehrgeiz: Die Welt als Rechtsanwältin zu verändern. Dabei waren das Recht ihr Werkzeug, der Ungehorsam ihr Markenzeichen und deutliche Worte ihre wichtigsten Verbündeten. Sie hat verteidigt, angeklagt und die Hand erhoben. Gegen die Gesetze, die sie als ungerecht und überholt erachtete, gegen die des Rechtsmissbrauchs beschuldigten Militärgerichte, gegen die männliche und chauvinistische Hierarchie bei Gericht, gegen Tabus, die den Frauen immer zum Verhängnis wurden. Rebellisch, leidenschaftlich, unermüdlich. Und frei. Frei und unbeugsam!

Genau das fasziniert mich an Gisèle Halimi. Ihre unglaubliche Freiheit. Sie hasst Klischees, sie entlarvt jegliches Diktat, sie passt in keine Schublade. Sie prüft alles genau und stellt alles infrage. Keine Macht findet Gnade vor ihren Augen. Und wenn man ihr mit »Tradition« kommt, nimmt sie das als Kampfansage. Wie kann man sich in die bestehende Ordnung fügen, wenn man diese als verhängnisvoll erachtet? Eines Tages stürzte sie, damals erst Anwaltspraktikantin in Tunis, in das Büro eines Richters und rief: »Herr Präsident, Ungerechtigkeit ist mir physisch unerträglich!« Um zu verstehen, wie ernst dieser Satz gemeint war, muss man sie nur siebzig Jahre später dabei beobachten, wie sie Zeitung liest, täglich nimmt sie die Artikel von *Le Monde* unter die Lupe. Die Empörung tritt bei jeder Seite zutage, die Wut lässt nie lange auf sich warten. »Ich bitte Sie, Annick, da muss was getan werden! Sie sind keine Anwältin, aber Sie sind Journalistin! Also tun Sie etwas!«

Ich lächele. Simone de Beauvoir hätte dasselbe gesagt. Und Simone Veil auch, weniger provokant vermutlich, aber ebenso empört. Dieselbe Botschaft, dieselbe Unabhängigkeit und dieselbe Unbestechlichkeit. Zu kämpfen ist eine Pflicht, den Frauen die Hand zu reichen eine Verantwortung, die Männer von der Gerechtigkeit der Sache zu überzeugen eine Notwendigkeit. Müssen sie nicht dringend begreifen, dass ihre Privilegien aus grauer Vorzeit ein Gift sind, das unsere Gesellschaften zerfrisst, das Frust und Gewalt, Ungerechtigkeit und Niedertracht verursacht? Und dass der Feminismus – als ein Ideal, das für Humanismus steht – eine harmonischere Welt verheißt?

Die Geschichtsbücher haben Frauen unsichtbar gemacht. Sie haben Generationen von Schülern – und vor allem Schülerinnen – glauben lassen, dass die Erde nur Helden hervorgebracht habe und gewiss keine Heldinnen. »Das ist schade, aber so ist es nun mal«, sagte meine Grundschullehrerin resigniert, weil sie mir auf meine drängenden Fragen zur Rolle der Mädchen in der Kulturgeschichte nur Jeanne d'Arc nannte. Ich war ratlos. Keine »Ritterin«? Keine »Abenteurerin«? Keine »Eroberin«, »Aufständische«, »Forscherin«, »Baumeisterin«, »Gelehrte«? Wie war das möglich?

Inzwischen wissen wir, welche Filter bei der Geschichtsschreibung angesetzt worden sind und wie vergesslich die Männer in Bezug auf all die wunderbaren Frauen waren, die die Menschheit vorangebracht haben. Heute wird nicht mehr geleugnet. Darum lasst uns unsere Heldinnen zählen, all die inspirierenden Frauen, die die Welt geprägt haben, damit wir sie verändern können!

Gisèle Halimi gehört zu ihnen. Der Titel trifft es haargenau. Er beschwört einen Lebensweg herauf, ein kämpferisches Engagement, eine Vision. In ihm schwingt Mut mit und ein Gemeinschaftsinteresse, von dem die gesamte Gesellschaft profitiert. Ja, Gisèle Halimi hat die Sache der Frauen enorm angekurbelt. Sie hat die Werte des Feminismus entschlossen hochgehalten. Und ihr Streben nach absoluter Freiheit kann als Aufforderung verstanden werden.

Also habe ich an einem Wintertag an ihre Tür geklopft. Und als ich die legendäre Robe auf einem Kleiderbügel hängen sah – zigmal geflickt und ausgebessert –, die sie in unzähligen Gerichten getragen hat, wollte ich gern, dass sie noch einmal erzählt. Dass sie sich noch einmal an die wichtigsten Phasen ihres Engagements erinnert und dass sie eine Botschaft an die Generation ihrer Enkeltochter weitergibt, an die »Generation MeToo«, die manchmal schwer zu fassen ist, aber doch den großen Wunsch hat, das Machtverhältnis zwischen den Geschlechtern gründlich zu verändern. Nicht wie ein Orakel, das wäre ihr zuwider. Eher wie eine Pionierin. Wie eine große Schwester.

Sie ist inzwischen zierlich, und ihr hübsches Gesicht ist etwas eingefallen. Doch ihr Blick lodert noch immer, und in ihrer Stimme liegen nach wie vor Stärke und Milde zugleich, was so viele Gerichtssäle in Staunen versetzt hat. Sie erinnert sich und erzählt. Temperamentvoll und ausführlich. Begeistert darüber, dass der rebellische Funke auf der ganzen Welt zündet. Glücklich, dass das Wort »Feminismus« eine Renaissance erlebt. Voll Zuversicht in die Fähigkeit der Frauen, Dinge zu verändern und Kraft zu schöpfen aus der Unterdrückung. Ihr aufständischer Geist ist nach wie vor lebendig.

Annick Cojean

Anwältin Gisèle Halimi 1977 in Paris.

KINDHEIT – UNGERECHTIGKEIT UND REBELLION

Annick Cojean: *Jean-Paul Sartre schrieb in* Die Wörter, *dass die Kindheit entscheidend sei. Was war in Ihrer Kindheit entscheidend?*

Alles! Meine Aufsässigkeit, mein ausgeprägter Gerechtigkeitssinn, meine Ablehnung der bestehenden Ordnung und natürlich mein Feminismus – alles geht auf meine Kindheit zurück und auf die Empörung, die ich von Anfang an darüber empfunden habe, als Mädchen geboren zu sein. Es war ein Fluch. Wie sonst soll man dieses Schicksal nennen, das einen durch das falsche Geschlecht sofort der Freiheit beraubt und einen bestimmten Weg vorschreibt?

Ich war noch ganz klein, als man mir die Geschichte meiner Geburt erzählte und wie verzweifelt mein Vater war angesichts der Nachricht, dass seine Frau gerade ein Mädchen zur Welt gebracht hatte. So verzweifelt, dass er meine Existenz fast drei Wochen lang leugnete. Freunden gegenüber, die sich erkundigten, beteuerte er: »Nein, Fritna hat noch nicht entbunden.« Manche wunderten sich. »Na so was, noch immer nicht?« Aber Édouard beharrte: »Nein, aber sicher bald!« Es gelang ihm nicht, sich mit der Katastrophe eines weiblichen Abkömmlings abzufinden, obwohl er doch bereits einen Sohn hatte. Diese Geschichte, die tausendmal in unserer Familie erzählt wurde, hat in mir widergehallt wie eine Totenglocke: Ich war auf der falschen Seite geboren. Aber sie war auch ein Aufruf dazu, mir einen Ruck zu geben und mich zu widersetzen. Ja, Auflehnung ist schon sehr früh in mir gekeimt. Kompromisslos und heftig. Darin liegt die Wurzel für mein späteres Engagement. Die Kränkung durch die Ungerechtigkeit hat mir sagenhafte Kraft verliehen, Kraft aus Verzweiflung.

Alles in meiner Kindheit führte mir meine Minderwertigkeit gegenüber Jungen, vor allem meinen Brüdern, vor Augen. Wir waren zu viert, zwei Mädchen, zwei Jungen (ein kleinerer Bruder starb mit zwei Jahren bei einem Unfall zu Hause, ich habe gesehen, wie er qualvoll verbrannte). Und es war selbstverständlich, dass meine Schwester und ich unter den Geschwistern entbehrlich waren, dazu bestimmt, die Jungen zu Hause zu bedienen, die Unentbehrlichen, bevor wir heiraten und einem Ehemann unterstehen würden, von dem wir abhängig wären. Für meine Mutter war es eine Sache der Ehre, diese Diskrepanz verbissen aufrechtzuerhalten. »Meine Großmutter, meine Mutter und ich haben so gelebt, du also auch!« Sie war mit knapp fünfzehn Jahren verheiratet worden, mit sechzehn Mutter geworden – was in Tunesien normal war –, und sie versuchte, das weiterzugeben, was sie selbst erlitten hatte. Da sie von Anfang an unterdrückt und geleugnet worden war, tat sie das auch. Die Dinge einfach weiterzugeben sorgt für gewisse Ruhe und weniger Reibereien als wenn man sie verändern möchte. Aber Ruhe war nicht meine Stärke. Und auch nicht mein Bestreben. Meinem vermeintlichen Schicksal zu entkommen, wurde bald zu meinem Antrieb.

Die Mädchen im Haus mussten also den Männern im Haus dienen. Seit ich sieben oder acht Jahre alt war, musste ich den Boden wischen, das Geschirr spülen, die Kleidung meiner Brüder waschen und zusammenlegen, sie am Tisch bedienen. Ich wunderte mich darüber. Warum? In wessen Namen? Bevor ich mich dagegen auflehnte, war ich vollkommen ratlos. Warum dieser Unterschied? Es gab keinen Grund dafür und ergab keinen Sinn. »Weil du ein Mädchen bist«, beharrte meine Mutter, »und weil sie Jungen sind!« Meine rebellische Ader war sehr ausgeprägt. Es kam nicht infrage, diese schreiende Ungerechtigkeit zu akzeptieren. »Lieber sterbe ich!« Es gab Ohrfeigen, Drohungen, Strafen. Die Auseinandersetzungen waren heftig. Ich wälzte mich auf dem Boden. Meine Mutter meinte, ich müsse verrückt sein, weil ich es derart ablehnte, mich in meine Rolle als Mädchen zu fügen. Ich sehe noch, wie sie sich mit dem Finger ratlos an die Stirn tippte und meinem Vater gegenüber beteuerte: »Deine Tochter ist nicht ganz richtig im Kopf.« Also griff ich zum äußersten Mittel: einem Hungerstreik. Jeder weiß, wie schrecklich das ist. Meine Eltern wurden panisch und gaben nach ein paar Tagen schließlich nach. Ich würde meine Brüder nicht mehr bedienen. »Weder am Tisch noch im Zimmer noch sonst wann!«, forderte ich. Im Grunde war das mein erster feministischer Sieg.

Doch Ungerechtigkeit gab es überall. Und ganz besonders in der unterschiedlichen Erwartungshaltung unserer Eltern in Bezug auf Bildung, je nachdem, ob es um ihre Töchter oder ihre Söhne ging.

Ich liebte die Schule, und zwar leidenschaftlich. Dort ging es mir am besten. Und ich war eine gute Schülerin. Doch wenn ich mit dem Ranzen in der Hand nach Hause kam und rief: »Ich bin Klassenbeste!«, sagte meine Mutter eisig: »Wasch dir die Hände und deck den Tisch!« Vollkommen gleichgültig. Mein älterer Bruder hingegen genoss alle Aufmerksamkeit, obwohl er ständig nachsitzen musste, log, Sechsen schrieb und Verweise einheimste. Das machte meinen Vater rasend, und er verprügelte ihn unglaublich brutal. Die ganze Hoffnung der Familie – auch die, uns aus den bescheidenen Verhältnissen zu befreien und uns wieder zu »Ehre« zu verhelfen – ruhte auf diesem Sohn, für den meine Eltern bereit waren, alles zu opfern. Meine Mutter verkaufte eines Tages sogar ihren Berberschmuck, um seine Nachhilfestunden zu bezahlen. Bei mir hingegen sah sie keinen Anlass, auch nur das geringste bisschen Geld zu investieren. Selbst mein Eintritt in die fünfte Klasse stellte ein Problem dar, denn das Lycée war teuer, und meine Mutter seufzte: »Ganz ehrlich, von dem Geld könnten wir dein Hochzeitskleid bezahlen!«

Aber ich hatte mich erkundigt. Ich hatte erfahren, dass es für arme Kinder ab zehn Jahren Stipendien gab, und ich wurde als Erste dafür ausgewählt. Ich kostete also nichts. Auch meine Bücher nicht, denn Schülerinnen und Schüler aus »kinderreichen und bedürftigen« Familien durften sie die ganze Schulzeit über ausleihen. Doch meinen Eltern war es egal, wie ich mich durchschlug. Mein Bruder musste zweimal wiederholen. Ich hatte ihn schnell eingeholt. Schließlich waren wir in derselben Klasse. Ich glaube, zu dieser Zeit wurde er von der Schule verwiesen. Bestürzung bei den Eltern. Und mir gegenüber Ärger. Ich hängte den Mann ab, der die Ehre der Familie verkörpern sollte. Das war zu viel! Zumal ich bald selbst Privatstunden gab, weil ich schon Geld beiseitelegen wollte für das Studium. Für meine Eltern war das peinlich. Es wurde Zeit, mich zu verheiraten.

Als Mädchen, an dem ein Junge verlorengegangen war, hatte ich die Pubertät bereits als ziemlich verstörend erlebt. An dem Tag, an dem ich meine erste Periode bekam, belehrte meine Mutter mich:

»Jetzt ist es vorbei!«

»Was ist vorbei?«

»Du kannst auf keinen Fall mehr mit den Jungs spielen.«

Ich war fassungslos. Ich, die mit den Jungen Fußball spielte, barfuß auf der Straße lief und mit ihnen schwimmen ging, bis ich völlig außer Atem war, sollte mit all dem aufhören?

»Aber warum?«

»So ist es nun mal!«

Schon wieder, was für eine Ungerechtigkeit! Warum wurde ich bestraft? Wofür? Meine Mutter gab mir keinerlei Erklärung. Nur einen Hinweis: »Jetzt bist du ein junges Mädchen, du kannst heiraten.« Sie stellte keinen Zusammenhang her zwischen der Periode und der Möglichkeit, Kinder zu bekommen. Vor allem erwähnte sie nichts vom

Geschlechtsverkehr. Ich musste später erst selbst darüber lesen und es allein herausfinden. Für den Moment war ich vor den Kopf geschlagen, dann bestürzt über das Schweigen, das zur Gewohnheit wurde, über die Heimlichkeit und die Schuldgefühle, die von nun an diese monatliche Bewährungsprobe begleiteten. Die Binden mussten gewaschen und über Nacht in einem Nachttopf eingeweicht werden, der in einer Ecke im Innenhof versteckt wurde. Niemand durfte sie entdecken, das wäre die schlimmste Schande gewesen. Und man brauchte ein Versteck und gute Tricks, um sie unauffällig zu trocknen. Aber woran waren die Mädchen nur schuld? Diese Frage ließ mich nicht los.

Der Plan, mich zu verheiraten, wurde also schnell in Angriff genommen. Meine Mutter hatte einen reichen Ölhändler im Auge, der fünfunddreißig Jahre alt war. Ich war sechzehn. »Er hat drei Autos!«, wiederholte sie, wie Harpagon bei Molière besessen ständig wiederholt »Ohne Mitgift!«. Tatsächlich war auch dieser Mann bereit, mich ohne Mitgift zu nehmen. Und das war wirklich ein verdammter Vorteil. Denn die Mitgift, die sich an der finanziellen Situation des Bräutigams orientierte, war eine enorme Belastung für arme Familien. Um zum Beispiel einen Arzt zu heiraten (was für mich ausgeschlossen war, weil es viel zu teuer war), musste man eine gewaltige Summe aufbringen und das mit in die Ehe bringen, was man »Aussteuer« nannte, also einen kompletten Hausstand, vom Teelöffel bis zum bestickten Bettlaken. Die zukünftige Schwiegermutter kam vorher, um zu überprüfen, dass auch nichts fehlte. Ich erinnere mich, dass mein Vater wie ein Irrer schuftete und mehrere Anstellungen unter einen Hut bringen musste, weil er seine beiden Schwestern, Tante Rachel und Tante Marcelle, verheiraten und ihre Mitgift bezahlen musste. Wie man sich denken kann, fand ich das skandalös. Dafür zu bezahlen, jemanden zu heiraten und zu seinem Eigentum zu werden? Dieses System passte mir ganz und gar nicht. Ich wollte nicht heiraten. Ich wollte studieren. Und Anwältin werden. Anwältin, mit »in« am Ende. Darauf komme ich später noch zurück. Anwältin, um gegen die Ungerechtigkeit zu kämpfen, die ich schon so früh erfahren hatte.

Denn wir lebten in einer zweigeteilten Welt, das war mir sehr bewusst. Auf der einen Seite diejenigen, die unterdrückten und das ausnutzten, und auf der anderen die Gedemütigten, die Erniedrigten, kurzum, die Opfer. Ich entschied sehr früh, zu welchem Lager ich gehörte: dem der Opfer. Aber Achtung! Dem der Opfer, die erhobenen Hauptes aufbegehren, kämpfen. »Das ist ungerecht«, sagte ich zu Hause dauernd. Meine Mutter schrie zurück: »Du Unverschämte!« Und mein Vater regte sich auf: »Etwas anderes hast du wohl nicht zu sagen!« Dabei stimmte es: Es war ungerecht! Das Leben war ungerecht. Das ist es noch immer.

Meine Mutter war sephardische Jüdin und wollte uns ihre Religion aufzwingen – sie war die Tochter eines Rabbis – und unterrichtete uns in einer Mischung aus Bibel und Aberglauben. Ich denke, das hat meine entschiedene Ablehnung gegenüber religiösen Theorien noch beschleunigt. Wie konnte ich an einen Gott glauben, der seinen Gläubigen auferlegt, den Tag mit einem Gebet zu beginnen, das die Frauen verteufelt, ja zur Bedeutungslosigkeit verdammt:

»Gelobt seist du, Ewiger, der mich nicht als Frau erschaffen …«? Die Frauen haben keine Wahl, sie müssen ihrer eigenen Negierung zustimmen: »Gelobt seist du Ewiger, der mich nach seinem Willen erschaffen.« Offen gestanden war ich schon bald empört über den Ewigen. Die Frauen mussten sich, das hatte ich begriffen, mit einem Minimum begnügen. Im Übrigen mussten sie noch nicht einmal beten – das war Männersache –, sie sollten nur nicht sündigen. Und ich erinnere mich, dass ich in der Synagoge, wenn ich mit den anderen Frauen, die lediglich als stumme Zuschauerinnen geduldet wurden, auf den Balkon stieg, mit gewissem Unbehagen nach unten schaute, wo die Männer und Jungen sich ihrerseits direkt an Gott wenden durften. Diese Trennung bestätigte mein ständiges Gefühl der Ungerechtigkeit und nährte meinen Unmut gegenüber Gott – selbstverständlich ein Mann.

Eines Tages entschloss ich mich, ihn auf die Probe zu stellen. Meine Mutter sagte uns immer wieder, Gott entscheide über alles, auch über unsere Schulnoten und den Prüfungserfolg, und man müsse somit seine Gunst gewinnen, indem man regelmäßig die Mesusa küsse (eine Kapsel mit einem Pergament, auf das die Verse des fünften Buchs Mose geschrieben sind und das im Türsturz angebracht ist). Darum ging ich das Risiko ein, ihn zu erzürnen. Ich lief erhobenen Hauptes aus dem Haus, unter der Mesusa hindurch, ohne einen Kuss. Es stand extrem viel auf dem Spiel: An diesem Tag hatte ich eine Französischklausur. Ich lief mit einem Riesenbammel zur Schule, denn nach allem, was ich von diesem Gott gehört hatte, konnte er mich durchaus vernichten. Ich stellte mir vor, wie er mich verfolgte und wie der Blitz in mein kariertes Blatt fahren würde. Und dann las ich voller Freude das Thema, zu dem wir einen Aufsatz schreiben sollten: »Beschreibe ein Weihnachtsfest, das du in besonderer Erinnerung hast.« Ich erzählte von einem Weihnachtsfest, wie ich es zwar nie erlebt hatte, denn zu meinem großen Bedauern feierten wir kein Weihnachten, aber wie ich es mir beim Lesen und in meiner Phantasie erträumt hatte. Ein Weihnachtsfest in einem hübschen französischen Dorf – ohne dass ich je in Frankreich gewesen wäre. Ein Weihnachtsfest mit einem riesigen, lichtergeschmückten Tannenbaum, der die Kinder in Freude versetzte, und mit Schnee – ohne dass ich je Schnee gesehen hätte. Ein Weihnachtsfest wie unsere jüdische Religion es uns versagte. Grund genug, Gott zu missfallen und die Rache der Mesusa auf sich zu ziehen …

Ich rechnete also mit dem Schlimmsten. Doch an dem Tag, als wir die Ergebnisse bekamen und ich mit klopfendem Herzen meine Note erwartete, wandte die Lehrerin sich mit einem Lächeln an mich. »Die beste Arbeit hat Gisèle. Wie immer.« Gott hatte also verloren. Von nun an würde er mir nicht mehr im Weg stehen oder mir Angst machen. Schluss mit den Pflichten, zu denen meine Mutter uns zwang. Der bedrohliche Schatten über meinem Alltag hatte sich verflüchtigt. Mein Versuch hatte meine Zweifel bestätigt. Ich gewann Selbstsicherheit. Und ein erstes Stück Freiheit.

Das nächste Stück Freiheit eroberte ich mir durch Bildung. Ich begriff es sofort. Ich wollte lernen, lernen, lernen. Und es durfte nicht sein, dass mich jemand daran hinderte, denn ich musste mich retten! Das war eine Überzeugung, die in meinem tiefsten Innern wurzelte. Ich würde sogar sagen ein Drang. Also war ich eine gute Schülerin, außer in Mathe, und buchstäblich verliebt in meine Französischlehrerin Mademoiselle Nicot, die immer seufzte, wenn sie die Aufsätze zurückgab: »Und wie immer ist Gisèle die Beste.«

Ich erinnere mich daran, wie irrsinnig ich gelitten habe, als ich sie eines Tages zufällig in den Armen eines älteren Mannes traf, mit dem sie vermutlich verlobt war. Davon hatte sie mir gar nichts erzählt! Ich fand: »Das kann sie mir doch nicht antun!« Ich verlor sie aus den Augen, aber sie war mein Leitstern. Sie erkannte sofort, dass ich mir absolut sicher war, in der Schule würde meine Freiheit liegen. Sie regte mich zum Lesen an. Sie hörte mir zu, schätzte mich, machte mir klar, dass ich Fähigkeiten hatte, die ich nicht vernachlässigen durfte. Das genaue Gegenteil meiner Eltern. Manchmal frage ich mich, was ohne sie aus mir geworden wäre. Aber ich hätte auf jeden Fall etwas aus mir gemacht, denn ich hatte eine überbordende Kraft in mir, eine ungezügelte Kraft. Ich war fest entschlossen, meinen Weg zu gehen, egal ob das gut ankam oder nicht. Und mein Weg führte zunächst über diesen maßlosen Wissensdurst. Und über Bücher, für die ich mich begeisterte. Sie waren echte Nahrung für mich! Ich betrachtete, befühlte und beschnupperte sie lange, bevor ich ihnen ihr Geheimnis entlockte. Ich wusste, dass sie mir dabei helfen würden, ich selbst zu sein.

Bei uns zu Hause gab es kein einziges Buch, und als ich klein war, begnügte ich mich mit dem Telefonbuch und einem großen Medizinlexikon, das ein Vertreter bei uns vergessen hatte. Aber später, als ich in allen Bibliotheken eingeschrieben war, las ich fieberhaft ganze Nächte durch und konnte nicht genug bekommen. Heimlich, weil meine Eltern es mir nicht erlaubt hätten. Da wir vier Kinder alle im selben Zimmer schliefen, löschte meine Mutter schon sehr früh das Licht. Darum hatte ich mir eine Minilampe mit einem Watt gekauft, die ich in eine Steckdose ganz unten an der Wand direkt über dem Fußboden steckte. Das Licht war zu schwach, als dass meine Mutter es aus ihrem Schlafzimmer hätte sehen können, und so las ich ausgiebig bäuchlings auf dem Boden. Als die Lehrer uns die zweite Szene des dritten Aktes von »Der Geizige« zu lesen gaben, verschlang ich den ganzen Molière. Als sie uns »Rot und Schwarz« empfahlen, las ich alles von Stendhal. Und Flaubert, Balzac, Zola. Ich brannte für die französische Kultur. Damals begriff ich, dass Bücher mir Vertrauen und Kraft gaben. Vertrauen in meine Zukunft. Kraft, um die erdrückende Last zu tragen, die es mit sich brachte, als Frau geboren zu sein. Als Mensch zweiter Klasse.

Sie haben erzählt, dass Ihre Auflehnung gegen Ungerechtigkeit das bestimmende Element Ihrer Kindheit war. Aber was wussten Sie damals über den Beruf der Anwältin?

Mein Vater hatte sich vom Laufburschen zum Rechtsanwaltsgehilfen hochgearbeitet. Wenn ich ihn von der Arbeit abholte, war das also eine vertraute Welt für mich, auch wenn wir uns darin natürlich nicht weltgewandt bewegten oder freundschaftliche Beziehungen hatten. Außerdem hatte mir meine Neigung aufzubegehren, wenn irgendein Schüler ungerecht behandelt wurde, oft die Frage eingebracht: »Meinst du etwa, du wärst hier die Verteidigerin?« Dasselbe sagte auch mein Vater in gereiztem Ton, wenn ich bei einer Nachricht oder einem politischen Ereignis heftig reagierte: »Du denkst wohl, du könntest die ganze Welt verteidigen!« Nein. Aber es stimmte, dass ich etwas verteidigen, für etwas eintreten wollte. Gegen Ungerechtigkeit kämpfen und die Welt verändern wollte, die ich als so schlecht empfand. Nur wie? Meine Vorstellung davon war keinesfalls ausgereift. Aber alles hat damit begonnen, dass ich mich selbst gerettet habe.

Mich selbst zu retten, bedeutete vor allem, wirtschaftlich unabhängig zu sein. Dem Fluch zu entkommen, der Frauen zu Verpflichteten und Bittstellerinnen machte. Wie meine Mutter. Wie die meisten Frauen damals. Als Jugendliche hatte ich eine Umfrage durchgeführt, bei uns zu Hause, unter Verwandten und Freunden: Über drei oder vier Generationen hinweg hatte keine einzige Frau ihren Lebensunterhalt selbst verdient. Ausschließlich die Männer sorgten für den Unterhalt. Das wurde nicht hinterfragt. So war es eben: Der Mann war der Mann. Er bestimmte die Richtung, traf die Entscheidungen, ernährte die Familie. Die Frauen waren unweigerlich eine Last. Wurden selbstverständlich unterdrückt. Und dummgehalten. Wie könnte ich je vergessen, wie meine Mutter Fritna, die nur über sehr wenig Geld verfügte, um den Familienalltag zu bestreiten, meinem Vater Édouard Rechenschaft ablegte? Jeden Abend musste sie ihm ein kariertes Blatt Papier vorlegen, auf dem sie sorgfältig ihre Ausgaben notiert hatte. Und je nach Laune billigte oder missbilligte Édouard das. Ich hörte ihn schreien: »Ich bin schließlich kein Brunnen, aus dem man Geld schöpfen kann, ich rackere mich bei der Arbeit für euch alle ab! Und ihr merkt es gar nicht!« Er betonte ständig seine Macht als Mann, der die Familie »ernährte«. Und Fritna kuschte und versuchte aus dem Schuldgefühl heraus, sich zu rechtfertigen: »Édouard, es war doch für die Kinder …« Ich war niedergeschlagen angesichts dieser Machtlosigkeit einer Frau über das Geld für ihr Leben und das ihrer Familie. In diesen Momenten hasste ich meinen Vater für seine strenge Herrschaft. Und weil er meine Mutter demütigte. Darum schwor ich mir, mich in meinem Leben nicht unterzuordnen. Ich würde niemals um etwas betteln.

Am Abend schrieb ich meine Wut, meine Fragen und meine Ratlosigkeit in mein kleines Tagebuch. Ich hatte es mit neun oder zehn Jahren begonnen, und es war mein engster Vertrauter. Wenn mein Vater schrie »Was willst du? Ganz allein über dein Leben entscheiden? Tun, was sonst niemand tut?«, verstummte ich. Aber wenn ich wieder in mein Zimmer ging, schrieb ich: »Ja ja ja!« Ich hatte noch keine Worte dafür, keine genaue Vorstellung davon, aber ich wollte, dass meine Zukunft mir gehörte und unberührt bliebe von dem Einfluss, der den Frauen das zweite Geschlecht zuwies und sie darin einpferchte. Ich lehnte die weibliche Rolle ab, die man mir anbot. Ich würde wie ein Mann studieren, arbeiten und handeln. Dessen war ich mir vollkommen sicher.

Und in den Nächten, nachdem meine Mutter gedemütigt worden war, sagte ich mir immer wieder die Sätze auf, die ich in mein Tagebuch geschrieben hatte: »Niemand soll mich ernähren … Wenn ich erst Anwältin bin, kann ich mich selbst versorgen.« Und dann schmiedete ich tausend Pläne, durch die keine Frau auf der ganzen Welt mehr das erleben musste, was Fritna erlebte (ihr richtiger Name war Fortunée, Fritna war zugleich die Verniedlichungsform und die Übersetzung). Es war ziemlich verrückt, aber ich erfand die Welt neu. Und am nächsten Morgen war ich fassungslos, dass sich nichts geändert hatte und niemand aus unserer Familie daran Anstoß nahm.

Sie sind dann im August 1945 nach Paris aufgebrochen, mit dem Abitur in der Tasche, frei, endlich frei, um das Studium der Rechtswissenschaften aufzunehmen und nebenbei Kurse in Philosophie zu belegen. Ihre Eltern ließen Sie also mit achtzehn Jahren ziehen?

Oh, so einfach war das nicht! »Ein junges Mädchen, ganz allein in Frankreich!«, rief meine Mutter entsetzt. Es war ein permanenter Kampf über mehr als drei Monate hinweg. Aber es konnte mich nichts und niemand mehr davon abhalten, auch wenn ich noch minderjährig war. Allerdings war der Krieg gerade erst zu Ende, wodurch sich meine Abreise ein wenig kompliziert gestaltete, denn es durfte nicht jeder, der wollte, einfach aus Tunesien ausreisen, und ein Studium reichte als Grund noch lange nicht, um eine Genehmigung der französischen Generalresidenz zu bekommen. Aber am Ende erhielt ich sie tatsächlich, zur Verwunderung meiner Eltern. Ebenso wie ich am Ende auch einen Platz im ehemaligen Laderaum eines englischen Jagdbombers bekam. Zum ersten Mal flog ich mit einem Flugzeug. Ich verließ meine Familie, ich kehrte meinem Land den Rücken, und ich wollte Frankreich entdecken, in das ich all meine Hoffnungen setzte. Ich war ganz trunken vor Freiheit. Angst? Nein! Nicht im Geringsten. Mein Motto lautete: »Das Leben gehört mir!«

Ich fand ein Zimmer, einen Abendjob und belegte zwei Studiengänge: Jura und Philosophie. Mir schien, die beiden Fächer waren nicht voneinander zu trennen, und im Übrigen hatten die großen humanistischen Anwälte damals auch Philosophie oder Geisteswissenschaften studiert. Ich kaufte mir die Skripte für die Jura-Vorlesungen der Uni am Panthéon, mit denen ich mühelos lernen konnte. Und für Philosophie ging ich mit Begeisterung in die Vorlesungen an der Sorbonne. Die Philosophie hätte sogar an die erste Stelle treten können, wenn ich nicht den Drang verspürt hätte, mich für die Schwächsten einzusetzen und für die, die ganz allein waren. Ich fühlte eine innere Verpflichtung, auch durch den Satz des Priesters Lacordaire: »Zwischen dem Starken und dem Schwachen ist es die Freiheit, die unterdrückt, und das Gesetz, das befreit.« Der Beruf der Anwältin war meine Berufung.

1949 kehrte ich – mit meinem Jura-Diplom und zwei Diplomen in Philosophie sowie dem Befähigungsnachweis für den Anwaltsberuf in der Tasche – nach Tunis zurück und legte meinen Eid ab. Édouard war zugegen und plusterte sich wie ein Pfau in den Gängen des Justizpalastes auf. Sein ältester Sohn hatte seine Hoffnungen auf einen sozialen Aufstieg zerstört, sodass er gezwungen war, sie auf seine Tochter zu verlagern. Auch Fritna war gekommen, in einem festlichen Kleid aus schwarzer Leinenspitze und ihrem Familienschmuck. Édouard holte seine kleine aufklappbare Kodak heraus. Und ich sagte folgende Worte: »Ich schwöre, als Verteidiger oder Rechtsberater nichts zu sagen oder zu veröffentlichen, das dem Gesetz, der Ordnung, den guten Sitten, der Sicherheit des Staates und dem öffentlichen Frieden widerspricht, und stets die Gerichte und Behörden zu achten.«

Was für ein Text! Als ich ihn zum ersten Mal las, war ich so verärgert, dass ich darüber mit dem Vorsitzenden und den Mitgliedern der Anwaltskammer diskutierte, denen ich einen »Höflichkeitsbesuch« abstatten musste. Ich wollte völlig frei verteidigen. Ohne Selbstzensur. Ohne Furcht vor den Behörden! Und dieser Text legte mir Fesseln an. Was sollte das heißen, »die Gerichte zu achten«? Kann man Achtung verordnen? Muss man sie sich nicht verdienen? Und was war unter »guten Sitten« zu verstehen? Starre Vorschriften? Die auf immer und ewig festgeschrieben waren? Oder war damit nicht, ganz im Gegenteil, etwas gemeint, das unglaublich dehnbar war? Und Gesetze gab es derart schlechte! Nein, dieser Eid passte mir ganz und gar nicht. Meine Einwände gingen meinen jüngeren Kollegen natürlich fürchterlich auf die Nerven, sie fanden sie »donquichottehaft«, um nicht zu sagen lächerlich. Und die älteren entgegneten belustigt: »Jugendlicher Überschwang – der vergeht schon noch.« Am Tag der Vereidigung nahm der Kammervorsitzende mich väterlich beiseite. »Gisèle, kein Wort mehr. Entweder ›Ich schwöre‹ … oder gar nichts!« Also schwor ich, wobei ich bereits fürchtete, dass ich mich nicht gänzlich daran halten würde. Sagen wir, ich habe »unter Vorbehalt« den Eid abgelegt. Denn in meinem tiefsten Innern war ich fest entschlossen, meinen Worten – dieser kompromisslosen Waffe, wenn es darum ging, Menschen zu verteidigen, ihnen etwas zu erklären und sie zu überzeugen – freien Lauf zu lassen. Und zwar unter Nichtachtung aller Institutionen.

Zu dieser Zeit erfuhr ich von einem Rhetorik-Wettbewerb für junge Praktikanten zum Thema »Das Recht zu töten«. Alle Kandidaten hatten eine halbe Stunde Zeit, um ihren Standpunkt zu verteidigen, und der Preisträger wurde »Praktikant Nummer eins«, mit anderen Worten derjenige, den die großen Kanzleien sofort einstellen würden. Keine einzige Frau hatte sich jemals zu diesem Wettstreit gemeldet, und ich kündigte meinen Eltern stolz an, dass ich die einzige Frau neben fünf Kollegen sein würde. »Großartig!«, sagte mein Vater sofort.

Die Plädoyers fanden im größten Saal des Justizpalastes von Tunis statt, vor einer Jury aus Vorsitzenden und Mitgliedern der Rechtsanwaltskammer, die dort platziert wurden, wo normalerweise die Richter saßen. Die Kandidaten hingegen nahmen auf den Sitzen der Staatsanwälte Platz. Und unten standen zwei riesige Sessel bereit für seine Hoheit den Bey von Tunis und den Generalresidenten, also den offiziellen Vertreter der französischen Regierung in Tunesien, das damals unter dem Protektorat Frankreichs stand. Das war unglaublich beeindruckend, aber ich blieb ruhig. Als ich an der Reihe war und der Vorsitzende zu mir sagte: »Sie haben das Wort«, traf mein Blick den von Édouard, der in einer der ersten Reihen im Publikum saß, und ich spürte seine Ergriffenheit. Und dann spürte ich, wie ich zum Höhenflug ansetzte. Nein zur Todesstrafe! Ich zitierte dazu Albert Camus und Victor Hugo. Ja zur Sterbehilfe und dem Recht auf Suizid. Dazu zitierte ich die Stoiker. Ich war stärker von meiner philosophischen Lektüre beeinflusst als von den Gesetzestexten und schaute bei meinem Vortrag kaum auf meine Notizen. Die Runde hörte aufmerksam zu. Alle fragten sich, wer nur dieses Mädchen mit dem französischen Akzent war. Mein Vater, der beim Warten auf die Beratungsergebnisse aufgestanden war, verkündete lauthals: »Das ist meine Tochter!« Und dann stürzte er sich auf mich, um mich zu umarmen. »Wunderbar, mein Mädchen! Wunderbar! Alle haben gesagt: Sie spricht wie in der Comédie Française!« Dann kam die Jury zurück. Ich war einstimmig zur Preisträgerin gewählt worden. Und am nächsten Tag stellte mich einer der besten Anwälte Tunesiens ein. Ich war glücklich und ungeduldig. Ein Mensch, dessen »Herz ein unerschütterlicher Plan erfüllt«, wie es bei Victor Hugo heißt.

Auf dem Conseil National de L'Union des Femmes de France
in Bagnolet, 1975.

MEINE FREIHEIT FÜR DIE FREIHEIT DER ANDEREN

Sie wurden als Rechtsreferendarin in die Anwaltskammer von Tunis aufgenommen und hatten dann bald Ihre eigene Kanzlei in einem großen, zweigeteilten Raum: auf der einen Seite eine Schreibkraft und das Wartezimmer und auf der anderen Ihr Büro. Sie waren jung, enthusiastisch und eine von ganz wenigen Frauen am Gericht, einer Männerdomäne. Erinnern Sie sich daran, wie Sie wahrgenommen wurden, wenn Sie vor Gericht erschienen?

Ich wurde von oben bis unten gemustert. Nicht feindselig, aber belustigt. Ich war damals 22, 23, 24 Jahre alt. Man belächelte milde meinen »jugendlichen Charme«. Und wenn ich mit meinem Plädoyer begann, zerstreute sich der Blick der Staatsanwälte. Ebenso wie ihre Gedanken … »Was hat diese junge Frau hier schon zu suchen, was redet sie von Dingen, über die sie in ihrem Alter und als Frau doch gar nichts sagen kann?« All die unausgesprochenen Fragen hallten in meinen Ohren wider, und mir war derart bewusst, dass man mir nicht zuhörte, dass ich jahrelang mit allen Mitteln versuchte, mich älter und hässlicher zu machen. Keinerlei Schminke, altmodische Frisur, unauffällige Kleidung … Mein Geschlecht sollte auf keinen Fall meiner Sache schaden! Ich tat also alles, was ich konnte, damit man vergaß, dass ich eine Frau war. Damit sie mir zuhörten. Damit sie mich ernst nahmen. Damit ich eine Chance hatte, ihre Aufmerksamkeit zu gewinnen, allein durch die Kraft meiner Worte und meiner Argumentation. Es war ganz einfach: Ich wusste, dass ich zu Beginn jedes Plädoyers zehn Minuten draufrechnen musste, um die Aufmerksamkeit der Richter zu erregen. Zehn verlorene Minuten, nur weil ich eine Frau war.

Das brachte mich in Rage. Aber ich wusste, dass ich sie mürbe machen würde. Dass sie die Waffen strecken würden vor meiner Kompetenz. Dafür musste ich nur arbeiten. Ungeheuer viel arbeiten. Nächtelang. Wenn die gegnerische Partei in einem Prozess in ihren Schriftsätzen ein, zwei Urteilssprüche des höchsten Gerichts anführte, suchte ich zehn gegenteilige heraus. Ich bediente mich sämtlicher Rechtskommentare der gesamten Rechtsprechung, die meine These stützte. Ich fand alles, was den gegnerischen Standpunkt in Zweifel ziehen und anfechtbar machen konnte. All das breitete ich in einem glühenden Plädoyer aus. Und währenddessen merkte ich, dass sich die Haltung der Richter wandelte. Diejenigen, die sich über mich gewundert hatten – »Sie sehen ja aus wie bei der Kommunion in Ihrer Robe!«, hatte einer von ihnen gerufen –, hörten mir jetzt zu. So als hörten sie einem Mann zu. Sie stellten fest, dass eine Frau durchaus Juristin sein konnte! Dennoch war die Rechtswissenschaft für sie Männersache. Eine Anwältin konnte allenfalls Emotionen wecken und verführen. Also bewies ich ihnen das Gegenteil.

Selbstverständlich verwendeten meine Gegner permanent die Tatsache gegen mich, dass ich eine Frau war. Wenn ich einen Fall gewann, hörte ich, wie mein Kollege seinem Mandanten erklärte: »Was wollen Sie! Sie ist jung. Sie hat Charme. Ihren Verführungskünsten haben wir Männer nichts entgegenzusetzen.« Und wenn sie selbst gewannen: »Sie ist eine Frau. Wie soll sie schon irgendwas verstehen von dieser Rechtsauslegung? Das war zu hoch für sie.« Ich hielt mich immer zurück, wenn der Prozess zu Ende war. Aber während der Gerichtsverhandlung ließ ich nichts durchgehen. Einmal war mein Gegner völlig überrumpelt von einem schlagenden Argument, auf das ich in einem aktuellen Urteil gestoßen war. Angesichts dieser unerfreulichen Überraschung entgegnete er: »Ich würde der jungen, charmanten Kollegin gern sagen, dass …« Er konnte den Satz nicht beenden, weil ich explodierte. »Wir sind alle Anwälte, in gleicher Weise. Wir sprechen über dasselbe Recht. Wir befassen uns mit denselben Akten. Wir haben dieselben Rechte und Pflichten. Wenn Sie also das Argument dieses ›jungen, charmanten Kollegen‹ verwenden, dann ist das ganz einfach illoyal! Und Sie gestehen damit seine eigene Unfähigkeit und die mangelnde Ernsthaftigkeit seiner Ausführungen ein!« Danach legte sich eine Eiseskälte über den Gerichtssaal. Die Richter kapierten überhaupt nichts. Mein Kollege hatte ganz im Gegenteil äußerst zuvorkommend auf sie gewirkt …

Aber ich wusste, worum es ging. Ich kannte die Herablassung und Scheinheiligkeit seiner zuckersüßen Worte. Ich kannte die Bevormundung und den Sexismus, die sich darin verbargen. Und ich wollte keinen noch so kleinen Fehltritt akzeptieren. Es gibt eine männliche Ausdruckweise, die Frauen niemals durchgehen lassen dürfen. Worte sind nicht unschuldig. Sie transportieren eine Ideologie, eine Mentalität, eine Geisteshaltung. Indem man ein Wort durchgehen lässt, toleriert man es. Und von da aus ist es nur ein kleiner Schritt, bis man sich zur Komplizin macht. Meine Kollegen haben sich schließlich damit abgefunden. Aber was für eine Anstrengung war das! Wie aufmerksam musste ich rund um die Uhr sein! Jahrelang wusste ich vor jedem Prozess, dass ich mich doppelt schlagen musste: als Frau und als Anwältin.

Die Unabhängigkeitskriege in Algerien und Tunesien brachen schon bald über Ihr Leben herein, Ihr privates und berufliches. Bedeutete »verteidigen« für Sie als junge Frau, die gerade ihre Karriere begonnen hatte, von Anfang an »sich engagieren«?

Ja! Ich engagierte mich mit aller Kraft. Ich konnte die geheiligte Regel der »Distanz«, die man zum Angeklagten wahren sollte, oder die Vorstellung, dass der Einsatz für die »Sache« sich für Anwälte verbietet, nie akzeptieren. Tatsächlich war mir meine Rolle als Anwältin nie genug. In mir meldete sich auch die, die selbst beteiligt und engagiert war, die Streiterin für Recht und Freiheit. Die Unabhängigkeitskämpfe haben mich mit voller Wucht in ihren Bann geschlagen, und ich habe mich glühend dafür eingesetzt. Zunächst im Kampf um meine Heimat, Tunesien, den ich sofort unterstützt habe. Die führende Kraft war die Neo-Destour-Partei von [Habib] Bourguiba, einem Visionär, der den Widerstand organisierte und Terrorakte in den Städten anzettelte. Die Repression ließ nicht lange auf sich warten:

Es wurden Militärgerichte eingerichtet, Ausnahmegesetze eingeführt, es gab Folter, Verhandlungen im Eilverfahren, Verurteilungen. Hunderte von Unabhängigkeitskämpfern wurden vor die überlasteten Gerichte gestellt. Es wurden Anwälte gebraucht, um zumindest den äußeren Schein der Justiz zu wahren. In diesem Umfeld habe ich meine ersten Erfahrungen vor Gericht gesammelt, und zwar mit Feuereifer.

1953 fand in Tunis ein großer politischer Prozess statt, bekannt unter dem Namen Moknine. 57 Tunesier waren angeklagt, an einem an Polizisten verübten Massaker in dieser Stadt im Rahmen von Unruhen beteiligt gewesen zu sein, die aus einer großen Unabhängigkeitsdemonstration hervorgegangen waren. Die koloniale Rechtsprechung wollte einen Coup landen und ein Exempel statuieren. Es gab die unterschiedlichsten Strafen: Zwangsarbeit, lebenslange Freiheitsstrafen und … drei Todesstrafen, darunter eine für einen meiner Mandanten. Darum reiste ich im Januar 1954 nach Paris, um beim französischen Präsidenten mein erstes Gnadengesuch vorzubringen. Es war das erste Gnadengesuch einer Frau für jemanden, der aus politischen Gründen zum Tode verurteilt war, und ich versichere Ihnen, das machte außerordentlichen Eindruck. Was hatte ich für eine Angst! Ich spürte, dass ich die letzte Chance im Leben dieses Mannes war, die letzte, die an seiner Stelle die Stimme erhob, seine letzten Worte sprach, seine letzte Schlacht ausfocht. Alles lastete auf meinen Schultern. Ich konzentrierte mich gerade auf mein Plädoyer, als die Ehefrau eines anderen Anwaltes mich warnte:

»Du kannst nicht ohne Hut da reingehen.«

»Warum? Ich habe noch nie im Leben einen Hut getragen.«

»Das gehört zur präsidialen Etikette. Ohne Hut wird man dich im Élysée-Palast nicht empfangen.«

Völlig verärgert schickte ich also jemanden los, um mir einen Hut zu leihen, sodass ich schließlich mit einem eleganten schwarzen Hütchen auf dem Kopf beim Präsidenten erschien. Der Amtsdiener ließ mich eintreten und einen Moment warten. Währenddessen betrachtete ich mich in den Spiegeln des großen Saals und fand mich vollkommen grotesk. Das Leben eines Mannes stand auf dem Spiel, und ich wurde gezwungen, mich zu verkleiden, um seine Begnadigung zu erwirken? Oh nein. Diese Maskerade hinderte mich daran, frei zu sprechen. In dem Moment, in dem der Amtsdiener die Tür zum Büro des Präsidenten öffnete, nahm ich rasch meine Kopfbedeckung ab und gab sie ihm. »Hängen Sie ihn an die Garderobe!«

Präsident René Coty war gerade erst Staatspräsident geworden. »Wie geht es Ihnen?«, fragte er mich zur Begrüßung. Ich fand das albern und antwortete kühl: »Gut, Monsieur le Président.« – »Wo bleibt Ihr Lächeln?« Eine äußerst unpassende Bemerkung, auf die ich entgegnete: »Ich könnte lächeln, wenn Sie meinem Gesuch stattgeben.« – »Ach das! Darüber entscheide nicht nur ich, wissen Sie …«

Ich berichtete also von der Geschichte meines tunesischen Mandanten, da stand er plötzlich auf und lief quer durchs Zimmer. »Sprechen Sie weiter, sprechen Sie einfach weiter«, sagte er. »Ich suche nur ein Glas Wasser, um meine Tabletten zu nehmen.« Ich war vollkommen aus der Fassung gebracht und wollte ihm helfen. Es musste doch irgendwo eine Klingel geben, um den Amtsdiener zu rufen! Unbeholfen tastete er die Wände nach einer Klingelschnur ab. »Nehmen Sie es mir nicht übel«, sagte er, »aber ich bin noch nicht lange im Haus.« Hier wurde über das Leben eines Menschen entschieden, und der Präsident dachte nur an seine Pillen! Das Ganze war absurd. Aber das Schrecklichste war, zu merken, dass der Präsident die Akte überhaupt nicht kannte.

Mein Mandant wurde schließlich begnadigt, und ich gewöhnte mich ein wenig an diesen Präsidenten, der mir väterlich begegnete und dem ich jedes Mal einen Besuch abstattete, wenn das Leben eines Menschen auf dem Spiel stand. Im Frühjahr 1958 schlug ich meinen eigenen Rekord, indem ich ihn dreimal an ein und demselben Tag für drei verschiedene Mandanten aufsuchte, die zum Tode verurteilt waren. Zweimal am Vormittag, einmal am Nachmittag. Das war beklemmend. Kein Anwalt geht unbeschadet aus einem solchen Fall hervor. In dem am Nachmittag wurde Coty, der normalerweise unbeteiligt zuhörte, ganz plötzlich lebhaft und widersprach dem von mir ausgeführten Sachverhalt. Ein paar Minuten lang war ich verunsichert. Ich erkannte den Tatbestand in meiner Erinnerung nicht wieder, ich verstand überhaupt nichts mehr. Und auf einmal hatte ich einen Geistesblitz: Er verwechselte die Verurteilten! Ein Mensch konnte anstelle eines anderes guillotiniert werden, weil der Präsident unachtsam oder müde war. Ich sagte: »Wir sprechen nicht vom selben Fall. Das ist die Akte von heute Vormittag, die Sie hier gerade erwähnen.« Da lachte er.

Mit de Gaulle, seinem Nachfolger im Élysée, war es ganz anders. Ich hatte einen Termin bei ihm am Nachmittag des 12. Mai 1959 wegen zweier Gnadengesuche im Rahmen des großen Prozesses von El Halia in Algerien, benannt nach einem kleinen Dorf, in dem algerische Aufständische etwa 30 Europäer getötet hatten. Das hatte großes Aufsehen erregt und zu einer beispiellosen Strafverfolgung, einer ganzen Reihe von Prozessen geführt, und es wurden Folterungen in großem Stil zur Täuschung der Justiz aufgedeckt. Der französische Staat wollte unbedingt einen mustergültigen Urteilsspruch. Und ich war so nervös, dass ich mir beim Warten auf meinen Kollegen und Mitstreiter Léo Matarasso einen Whisky in einem kleinen Café in Faubourg Saint-Honoré bestellte. Mein erster Whisky und übrigens auch der letzte. Als wir im Élysée-Palast vorsprachen und General de Gaulle erschien, kam er mir riesengroß vor. Er gab mir die Hand, musterte mich verächtlich und sagte mit seiner rauen Stimme: »Guten Tag, Madame.« Er machte eine Pause. »Madame oder Mademoiselle?« Das passte mir nicht. Ganz und gar nicht. Mein Privatleben ging ihn nichts an. Ich schaute ihm in die Augen und antwortete: »Frau Rechtsanwältin bitte, Herr Präsident!« Er spürte, dass ich gekränkt war, und entgegnete umso höflicher: »Treten Sie doch bitte ein, Frau Rechtsanwältin. Bitte nehmen Sie Platz, Frau Rechtsanwältin. Ich bin ganz Ohr, Frau Rechtsanwältin.« Mein Kollege und ich brachten also unsere Argumente vor: kein Geständnis, keine Beweise, keine maßgebliche Zeugenaussage zulasten unseres Mandanten. Aber de Gaulle fing an, Fragen zu stellen. Er kannte die Akte haargenau. Mein leichtes Unbehagen rührte daher, dass er mich nicht ansah, während ich meine Erklärungen vorbrachte. Doch ich brauche Blickkontakt zu denen, die ich überzeugen will. Wie vor Gericht, wenn ich versuche, mein Gegenüber zu fassen zu kriegen, auf mich zu fokussieren, um gehört zu werden. De Gaulle stellte allerdings sehr genaue Fragen, die zeigten, dass er sämtliche Protokolle gelesen hatte. Am Ende sagte er lediglich: »Ich habe alles gehört. Vielen Dank.« Als wir hinausgingen, trafen wir André Malraux, der damals Kulturminister war, und anschließend den Staatssekretär des Justizrates, den ich inständig bat, mich anzurufen, sobald er von der Entscheidung erführe. Er weigerte sich, die Angelegenheit war zu brisant, und er befürchtete, ich könnte die Presse aufhetzen. »Ich bitte Sie! Sonst kann ich nicht schlafen!« Ich gab ihm mein Ehrenwort, dass ich das Geheimnis wahren würde. Und zwei Tage später, um acht Uhr morgens, erfuhr ich durch einen Anruf, dass unsere beiden Mandanten begnadigt worden waren.

Zwei Leben! Zwei Leben, die gerettet waren! Verstehen Sie? Und das hing von der Gnade eines Präsidenten ab, dessen Recht dazu noch auf das Ancien Régime zurückging. Er musste keinerlei Erklärung abgeben. Es lag einzig und allein in seiner Willkür als Monarch … Leider hatte ich nicht immer das Glück, dass mir der Staatschef zuhörte und meinem Antrag stattgab. Die Nichtbegnadigten wurden im Hof des Barberousse-Gefängnisses in Algier guillotiniert. Immer wenn ich meine Mandanten dort besuchte, sah ich das Schafott und war zutiefst erschüttert, dass diese Barbarei in einem Land, das als eines der zivilisiertesten auf der Welt galt, noch immer existierte.

Ich erinnere mich an eine andere Hinrichtung ungefähr 20 Jahre später. Es herrschte weder Krieg noch ging es um einen meiner Mandanten. Aber ich erlebte diesen entsetzlichen Moment zusammen mit Paul Lombard, dem Anwalt des Verurteilten – des jungen Christian Ranucci, dem vorgeworfen wurde, ein achtjähriges Mädchen entführt und getötet zu haben. Paul Lombard und ich kannten uns gut, und er hatte mir erzählt, wie besorgt er nach dem Termin für das Gnadengesuch bei Präsident Giscard d'Estaing war. Ich hatte versucht, ihn zu beruhigen. Doch am 28. Juli 1976 rief er mich gegen ein Uhr morgens an. »Ich habe gerade erfahren, dass Giscard das Gnadengesuch abgelehnt hat. Ranucci wird guillotiniert. Ich soll um Viertel vor vier im Gefängnis Baumettes in Marseille sein.« Er begann zu weinen. »Er ist noch ein Kind, die metzeln ein Kind nieder! Nur einer der Widersprüche in der Akte hätte eigentlich genügen müssen, um den Tod zu verhindern!« Ich war erschüttert. Ich riet ihm, ein Schlafmittel zu nehmen. Er flehte mich an, nicht aufzulegen. »Was soll ich bloß einem Kind sagen, das man in den Tod schickt?« Ich wusste es auch nicht. Mir fiel nichts ein, das einen Menschen beruhigen könnte, den man gleich zerteilt. Kein Satz, der das Grauen bannen könnte. »Sprechen Sie mit ihm. Betäuben Sie ihn mit Worten. Halten Sie ihm die Hand, das ist wichtig. Und nehmen Sie ihn in den Arm!«

Was im Algerienkrieg geschah, war Wahnsinn. Ich konnte nicht anders als mich zu engagieren. Es ging in erster Linie um ein Volk, das seine Freiheit einforderte. Und für kein anderes Thema bin ich so empfänglich. Es ging um mein Ideal, nichts konnte mich also aufhalten. Das ist meine DNA. Kein Heldentum, sondern der Kern meines Lebens. Meine Freiheit ist nur sinnvoll, wenn sie hilft, andere zu befreien. Und die Sondergesetze, die 1956 verabschiedet worden waren, hatten das Recht quasi als Geisel genommen. Die Justiz – mein Beruf – war nur noch ein Täuschungsmanöver im Dienst einer Kriegslogik. Soldaten und Richter arbeiteten Hand in Hand, um die repressive französische Ordnung wiederherzustellen: die einen wurden getötet, die nächsten verurteilt. Bestürzt sah ich das Ausmaß des Machtmissbrauchs durch die französische Armee, der systematischen Folter, der Vergewaltigungen von Aktivistinnen im Gefängnis, der Verurteilungen aufgrund erpresster Geständnisse. Was konnte ich also tun? Hatte der Widerstand noch Sinn? Lieferte er der zur Farce verkommenen Justiz nicht womöglich ein Alibi? Ich wollte um jeden Preis an meine Rolle glauben, und von 1956 bis zu den Verträgen von Évian 1962 pendelte ich ständig zwischen Algier und Paris hin und her. Dort lebte ich inzwischen mit meinen beiden Söhnen, nachdem ich mich von ihrem Vater getrennt hatte, der in Tunesien geblieben war. Widerstand leisten. Man musste Widerstand leisten gegen das Böse. Mehr als je zuvor fühlte ich mich meinem Beruf verbunden.

Doch es wurde alles dafür getan, den Anwälten das Leben schwer zu machen, sie regelrecht zu sabotieren. Die Zahl der algerischen Verteidiger war dezimiert worden: durch Verhaftungen, Internierungen in Lagern, Morde, die als Suizide kaschiert wurden. Uns anderen, den französischen Anwälten, konnte es durchaus passieren, dass wir, kaum in Algier gelandet, sofort wieder ins Flugzeug gesetzt oder wenige Stunden vor der Gerichtsverhandlung, in der wir vor einem Militärgericht auftreten sollten, von zwei Polizisten zum Flughafen zurückgebracht wurden. Ich war eine von wenigen Frauen, die als Anwältinnen die Fellagha verteidigten und somit bei den Militärs und den Verfechtern eines französischen Algeriens als »Verräterinnen Frankreichs« galten. Was natürlich schlimmer war als ein »Verräter«. Wir wurden bespuckt, ausgebuht, beleidigt und geschlagen, wenn wir ins Gericht kamen. Ich bekam mitten in der Nacht Anrufe – »Kümmere dich lieber um deine Kinder, du Schlampe!« oder »Dreckige Araber-Hure, wenn du nicht mit dem Postflugzeug wieder abhaust, verlässt du Algerien mit den Füßen zuerst!« Ich erhielt Drohungen, dass meine Wohnung in die Luft gesprengt würde, und kleine Särge mit der Post. Aber abgesehen von großen Gesten und Einschüchterungsversuchen passierte lange nichts. Bis zwei meiner engen Kollegen in Algier ermordet wurden (der eine erstochen, der andere erschossen). Danach erhielt ich 1961 ein Schreiben mit dem Briefkopf der OAS, der Geheimarmee zum Verbleib Frankreichs in Algerien, mit meinem Todesurteil und dem Aufruf an alle Kämpfer, mich »unverzüglich« und »allerorts« zu töten. Aber ich hatte keine Angst. Meine Überzeugung trug mich, und ich glaubte immer an mein Glück. Außer in einer Nacht, das gebe ich zu, als mich die Militärs ins Casino de la Corniche in Algier gebracht hatten, wo gefoltert wurde. Sie warfen mich in eine Zelle, in der ich auf meine Exekution wartete und schuldbewusst an meine beiden kleinen Jungen dachte, die drei und sechs Jahre alt waren.

Derjenige, unter dessen Kommando Folter und Machtmissbrauch stattfanden und die Barbarei nach Algerien zurückkehrte, war General Massu. Ich landete an einem Herbsttag im Jahr 1957 in seinem Hauptquartier, als in Algier gerade gekämpft wurde. Ohne Termin. Wutentbrannt. Ich hatte umsonst auf einen Mandanten im Gefängnis von Barberousse gewartet. Er war nicht in seiner Zelle gewesen und von den Militärs zu weiteren Folterungen abgeholt worden, was mir unbegreiflich war. Als ich ihn am Tag zuvor getroffen hatte, hatte ich seinen schwerfälligen Gang bemerkt, sein geschwollenes Gesicht und dass er seinen Arm nicht mehr bewegen konnte. »Ich bin am Boden«, hatte er vorsichtig gesagt. »Endlich sind Sie da …« Der Alptraum der Folter dieses Widerstandskämpfers schien beendet, und ich beruhigte ihn, dass wir die Gerichtsverhandlung sorgfältig vorbereiten würden. Als ich nun erfuhr, dass die Fallschirmjäger ihn direkt am Tag nach unserem Treffen erneut mit einem Sack über dem Kopf für ein weiteres Verhör mitgenommen hatten, versetzte mich das in Rage. Ich musste ihn um jeden Preis aus den Händen seiner Peiniger befreien. Also machte ich die Villa von Massu ausfindig, die von Fallschirmjägern bewacht wurde. Ich stellte mich vor, und wider Erwarten empfing mich der General. Knochiges Gesicht, schmaler Schnurrbart. Er hörte sich meine Protesttiraden und meine Drohung an, Anzeige wegen Entführung und Freiheitsberaubung zu erstatten. Und auf einmal fing er an, mir gegenüber Folter zu verteidigen. »Finden Sie es akzeptabel, dass Kinder in Bussen von Bomben des FLN zerfetzt werden? Sie als Mutter, akzeptieren Sie das?« Um diesen Attentaten, die unschuldige Menschen töten, ein Ende zu setzen, bräuchte man Informationen, beharrte er. »Und glauben Sie mir, Folter ist da sehr wirksam!« Ich konnte es nicht glauben, dass er tatsächlich seinen niederträchtigen Bekehrungseifer an mir ausprobierte. Ich war angewidert. Ich wollte mich gar nicht auf diese Diskussion einlassen. Folter ist entmenschlichend, sowohl für den Peiniger als auch für das Opfer. Punkt. Ich verließ also sein Büro, vollkommen niedergeschlagen. Und dabei hatten wir noch nicht einmal über die Vergewaltigungen gesprochen. Wahrscheinlich hätte er alles abgestritten, das Thema war Tabu. Und trotzdem, was für ein Skandal!

Gisèle Halimi gibt eine Pressekonferenz während des Abtreibungsprozesses in Bobigny, 1972.

VERGEWALTIGUNG – ALLTÄGLICHER FASCHISMUS

Der Fall Djamila Boupacha war genau die Gelegenheit, das Tabu der Folter durch Vergewaltigung zu brechen und anzuprangern. Wussten Sie, als Sie die Verteidigung dieser jungen Unabhängigkeitskämpferin übernahmen, dass daraus einer der symbolträchtigsten Fälle des Algerienkrieges werden würde?

Nein, selbstverständlich nicht! Aber Djamila Boupacha stand für all das, für das ich eintreten wollte. Ich würde sagen, ihre Akte war die Essenz meines kämpferischen Engagements: Es ging darin um den Kampf gegen Folter, die Anprangerung von Vergewaltigung, die Unterstützung der Unabhängigkeit und des Selbstbestimmungsrechts der Völker, um Solidarität mit den Frauen, die an öffentlichen Aktionen teilnahmen und sich für die Zukunft ihres Landes einsetzten, um die Verteidigung einer bestimmten Rechtsauffassung und schließlich auch um Feminismus. Alles hing miteinander zusammen. Dieser Fall war exemplarisch.

Als ich sie zum ersten Mal im Barberousse-Gefängnis in Algier sah, humpelte sie, sie hatte gebrochene Rippen und auf ihren Brüsten und Oberschenkeln waren Brandwunden von Zigaretten. Man hatte sie dreiunddreißig Tage lang auf fürchterliche Weise gefoltert, man hatte sie mit einer Flasche vergewaltigt und ihr damit ihre Jungfräulichkeit genommen, an der diese 22-jährige, sehr gläubige Muslimin mehr als an ihrem Leben hing. Trotzdem hatte sie die Tatbestände anerkannt, derer man sie beschuldigte: Als Verbindungsfrau des FLN hatte sie am 27. September 1959 eine Sprengstoffgranate in einem Café in Algier deponiert, die rechtzeitig entschärft wurde und somit weder Opfer gefordert noch einen Schaden angerichtet hatte. Warum hatte man sich dennoch auf sie versteift? Massu wollte, dass sie redete, dass sie das Aktivistennetz verriet, dass sie ihre »Brüder« denunzierte. Das hatte sie bislang nicht getan. Dieses junge Mädchen, dem die Todesstrafe drohte, musste also dringend gerettet werden. Die Misshandlungen, die sie erlebt hatte, mussten angeprangert und es musste Anklage wegen Folter erhoben werden, damit ihre Peiniger bestraft wurden. Aus diesem Fall musste ein Symbol für die Schandtaten Frankreichs werden, das die ganze Welt sah.

In Algier wurde alles getan, um eine normale Verteidigung Djamilas zu verhindern und die Sache zu vertuschen. Aber ich kämpfte. Ich war wie besessen. Kaum dass ich zurück in Paris war – meine Aufenthaltsgenehmigung in Algier war auf ein striktes Minimum begrenzt, und manchmal musste ich Algerien am Vortag der Verhandlung verlassen –, tat ich alles, um Alarm zu schlagen. Ich schrieb an Charles de Gaulle, André Malraux und Edmond Michelet, damit man nicht sagen konnte »Paris wusste von nichts … Das war Algier!« Ich informierte François Mauriac, der für

L'Express schrieb, Hubert Beuve-Méry, den Herausgeber von *Le Monde*, der ein langes Gespräch mit mir führte und alles genau wissen wollte, und Daniel Mayer, den Präsidenten der Französischen Liga für Menschenrechte. Und vor allem traf ich Simone de Beauvoir in einem Café in der Nähe von Denfert-Rochereau und erzählte ihr ausführlich von Djamilas Geschichte und der Folter, die sie erlitten hatte. Ich zweifelte nicht einen Moment daran, dass sie sie mit Feuereifer unterstützen würde. Beauvoir überlegte sofort, was das richtige Mittel wäre, um etwas zu bewirken und die Öffentlichkeit zu alarmieren. Sie schrieb einen schonungslosen Artikel, der auf der Titelseite von *Le Monde* am 2. Juni 1960 unter der Überschrift »Für Djamila Boupacha« erschien. Die Sache war angestoßen. Die Regierung ließ die Zeitung zwar in Algier beschlagnahmen, aber uns erreichten Briefe aus der ganzen Welt. Und ehemalige Résistance-Mitglieder waren entsetzt und schrieben, die Methoden der französischen Armee erinnerten sie an die Gestapo.

Der *Le Monde*-Artikel brachte eine kleine Streiterei mit sich. Simone de Beauvoir beschrieb die Folter, die Djamila erlitten hatte, sehr genau, auch das Schlimmste: die Vergewaltigung durch das Einführen eines Flaschenhalses in ihre Vagina. Doch bei diesem Wort sträubte sich der stellvertretende Chefredakteur Robert Gauthier. »Das Wort ›Vagina‹ können wir in *Le Monde* nicht schreiben, Madame, das ist unmöglich. Wir vertreten schließlich das Erbe von *Le Temps!*« Wir staunten. Die Zeitung *Le Temps* hatte doch wohl hoffentlich auch die Wahrheit geschrieben! Castor, wie Beauvoir von uns Freunden genannt wurde, war aufgebracht und drohte damit, ihren Text zurückzuziehen. Ich verhandelte und schlug vor, »Vagina« durch »Bauch« zu ersetzen. Simone war empört. »Das ist doch lächerlich, Gisèle. Sie reden Blödsinn! Wie wollen Sie denn eine Flasche in einen Bauch stoßen?« Aber alle verstanden, was gemeint war. Und der Artikel schlug ein wie eine Bombe. Die unterschiedlichsten Persönlichkeiten aus Politik, Philosophie und Religion wollten der Initiative »Für Djamila Boupacha« beitreten: Aimé Césaire, Jean-Paul Sartre, Germaine Tillion, René Julliard, Louis Aragon, Geneviève de Gaulle, André et Anise Postel-Vinay … Sogar Françoise Sagan, die ich in ihrem Haus in Équemauville besucht hatte und mit der niemand bei dieser Sache gerechnet hätte. Ihr Artikel über Djamila, der im *Express* erschien – »Das junge Mädchen und die menschliche Größe« – erschütterte die Leser.

Um die Gerechtigkeit zu erlangen, die ich wollte, musste ich – wie ich es bereits vor meiner Vereidigung geahnt hatte – manchmal gegen das Gesetz verstoßen und sogar gegen das Berufsethos. Ich hatte das Berufsgeheimnis verraten, indem ich Details aus der Akte Boupacha veröffentlicht hatte. Aber ich hatte ihr damit vielleicht die Todesstrafe erspart und die Aufmerksamkeit auf ein wesentliches Thema gelenkt: die Vergewaltigungen durch die französischen Truppen, von denen niemand etwas hören wollte. Es gab Demonstrationen in Washington und Tokio. Wir gaben Pressekonferenzen, befragten die Regierung, erreichten Djamilas Verlegung nach Frankreich (denn in Algerien gab es unter der OAS keinerlei Hoffnung auf Gerechtigkeit) und bekamen die Fotos der mutmaßlichen Folterer, allerdings ohne Namen und Personenkennziffern, da das Verteidigungsministerium argumentierte, das sei schlecht für »die Moral der Armee«. Ich erstattete Anzeige wegen Unredlichkeit gegen den Minister und gegen den Armeegeneral. Schließlich wurde Djamila mit der Unterschrift der Verträge von Évian begnadigt, die den Algerienkrieg 1962 beendeten. Sie hatte davon geträumt, Simone de Beauvoir zu treffen, wenn sie aus dem Gefängnis käme. Es war ein gemeinsames Essen geplant gewesen. Aber sie hatte keine Zeit mehr dafür: Der FLN entführte sie quasi, um sie so schnell wie möglich nach Algerien zurückzubringen.

Nach dem Ende des Algerienkrieges hatten Sie mehrmals die Gelegenheit, Vergewaltigung anzuprangern, indem Sie verschiedene Frauen verteidigten, die Opfer von Vergewaltigung geworden waren. Einer Ihrer großen Prozesse ist allen in Erinnerung geblieben, denn er rief eine landesweite Debatte hervor, führte zu einer Gesetzesänderung und leistete der Frauenfrage Vorschub. Es handelt sich um den Prozess von Aix-en-Provence im Jahr 1978, der als der »Vergewaltigungsprozess« bekannt wurde.

In der Tat war dieser Fall genau das, was ich machen wollte. Zwei junge belgische Touristinnen waren in einer Nacht im August 1974 beim Campen in den Calanques in der Nähe von Marseille brutal angegriffen worden. Drei Männer waren in ihr Zelt eingedrungen, hatten sie fast fünf Stunden lang misshandelt und vergewaltigt und sie blutend, verstört und traumatisiert zurückgelassen. Die Geschichte war grauenvoll und zugleich exemplarisch. Die Gewalt der drei Männer, die eindeutige Weigerung der beiden Frauen, Sex mit ihnen zu haben, die Wunden, die der diensthabende Polizist am Morgen nach ihrer Flucht festgestellt und die das Krankenhaus, in das er sie schickte, bestätigt hatte … Alles kam zusammen und war dazu angetan, die Gesellschaft aufzurütteln und einen großen, symbolträchtigen Prozess ins Rollen zu bringen. Einen Prozess, der eher aufklären sollte als sühnen. Der zum Nachdenken anregen, grundlegende Veränderungen herbeiführen und die Tabus einer weltweiten Kultur infrage stellen sollte, die Vergewaltigung erlaubte oder sich vielmehr damit abfand: auf der einen Seite die männliche Natur, auf der anderen Seite der Fluch, eine Frau zu sein. Sicher, der Präsident des Schwurgerichts hatte bei der Eröffnung des Prozesses förmlich gewarnt: »Hier wird den Angeklagten der Prozess gemacht. Nicht der Vergewaltigung an sich!« Egal. Ich wollte den Vergewaltigungsprozess, ich bekenne mich schuldig.

Wie soll man einen Prozess aus seinem Kontext lösen: ohne Kultur und Politik eines Landes einzubeziehen? Und warum nicht die Öffentlichkeit aufrütteln und Sitten und Bräuche infrage stellen? Genau! Die Gesellschaft erneuern. Dafür sorgen, dass das Recht der Frauen, über ihren Körper zu bestimmen, anerkannt wird und dass sich das Kräfteverhältnis zwischen den Geschlechtern ändert. Im Grunde war all das mein Ziel. Eine Justiz, die sich damit zufriedengab, Vergehen gegen die öffentliche Ordnung zu ahnden, ohne sie zu hinterfragen oder in einem größeren Zusammenhang zu betrachten, das wäre eine tote Justiz. Darum: Ja, ich wollte einen Prozess, der eine Debatte auslöst. Einen

Prozess im großen Stil. Einen »Schau-Prozess«, wie mir manche vorwarfen, weil ich namhafte Zeugen vorgeladen hatte und Fernsehen und Zeitungen die Sache aufmerksam verfolgten. Na und? Wenn das einen Bewusstseinsschock herbeiführen würde wie beim Prozess von Djamila Boupacha, so war das sehr in meinem Sinne. Man musste die Gelegenheit nutzen, um die Rechtsprechung und die Gesetze der Zukunft zu verändern. Ein neues Kapitel aufschlagen im langen Kampf für Frauenrechte!

Der Rechtsstreit hatte äußerst schlecht begonnen, denn die beiden jungen Mädchen, Anne Tonglet und Araceli Castellano, waren von einer ungeheuerlichen Untersuchungsrichterin verhört worden. Obwohl das erste Polizeiprotokoll sie als blut- und spermaverschmiert und dringend behandlungsbedürftig beschrieb, hatte die Richterin sie in diesem Zustand ohne jede Feinfühligkeit befragt, sie quasi wie Schuldige behandelt und den Fall als Körperverletzung an die Strafkammer weitergeleitet. Ja, tatsächlich als Körperverletzung. Als einfache Straftat. Obwohl Vergewaltigung ein Verbrechen ist, das in die Zuständigkeit des Schwurgerichts fällt. Vier Jahre lang dauerte das kafkaeske Ermittlungsverfahren, bis die Beschuldigten, die fünf Wochen nach ihrem Verbrechen wieder freigelassen worden waren, endlich vor dem Schwurgericht in Aix-en-Provence erschienen. Und zwar in einer hasserfüllten, aggressiven Atmosphäre, die mir noch heute als schrecklich in Erinnerung ist. Aktivistinnen der Organisation »Choisir la cause des femmes« (deutsch etwa »Sich für die Sache der Frauen entscheiden«) waren gekommen, um Anne und Araceli zu unterstützen und ihnen ihre Verbundenheit zu zeigen. Sie wurden angegriffen, beleidigt und angepöbelt von einem nichtsnutzigen Trupp aus lauter Kameraden der Vergewaltiger, die sich vom ersten Tag an mit dem Einverständnis der Sicherheitskräfte in dem kleinen Gerichtssaal breitgemacht hatten. Am zweiten Tag blockierten sie sogar den Durchgang zum Saal. Als die beiden jungen Frauen ankamen, schrien die Männer völlig entfesselt: »Schlampen, Huren, Lesben, Arschlöcher«. Eine meiner Mitarbeiterinnen bekam eine Ohrfeige, einer anderen wurde ins Gesicht gespuckt. Ich selbst wurde geschlagen und mir wurde gedroht: »Wenn sie wegen dir verurteilt werden, dann kriegen wir dich!«, sodass ich den Präsidenten einschalten musste. Man kann sich heute kaum noch vorstellen, für wie viel Unruhe ein solcher Prozess in unserer patriarchalen Gesellschaft sorgte und wie viel Mut es den beiden Frauen abverlangte, ihre Strafanzeige aufrechtzuerhalten und sich nicht unterkriegen zu lassen.

Denn die Verhandlungen waren nicht besser. Sie beförderten eine derart primitive, phallokratische, schändliche Haltung zutage, dass der Prozess für die Klägerinnen zu einer weiteren traumatischen Erfahrung wurde. Man stelle sich vor, die drei Männer besaßen tatsächlich die Frechheit zu behaupten, und zwar trotz der Beweise für die Gewalt, dass die beiden Camperinnen einverstanden gewesen seien. Das Übliche! Dass sie letztlich alle nur ihren Spaß haben wollten. Dass diese Erfahrung den Opfern übrigens nicht geschadet haben konnte, weil sie sie auf diese Weise auf den Weg der »Normalität« zurückgebracht hätten, sprich: den der Heterosexualität, die vermutlich die wichtigsten Leute im Verfahren – Jury, Richter, Zuschauer, Anwälte – miteinander verband, mit denen die Angeklagten auf diese Weise eine geheime Komplizenschaft begründeten. Zumindest schien die Bemerkung auf Zustimmung zu stoßen, sowohl bei den Richtern (stillschweigend) als auch beim Publikum (mit Gelächter). Das war der Gipfel. Nicht nur, dass die Liebe zwischen den beiden Frauen nicht als zusätzlicher Beweis ihres Desinteresses an einer sexuellen Beziehung mit diesen drei Männern gewertet wurde, sie wurde noch dazu als Beweisstück gegen sie verwendet: ihre Homosexualität stempelte sie zu Außenseiterinnen mit einem ausschweifenden Lebensstil ab und war allein Grund genug für den Hass der Männer und die verleumderischen Anschuldigungen. Ich war entsetzt.

Vergewaltigung ist wie ein Tod, der die Frauen am Tag der Gewalterfahrung heimsucht. Er ist fortan ihr beängstigender Begleiter und stets präsent in ihrem Leben. Von dieser Erfahrung berichteten uns Anne und Araceli, als sie ein paar Tage bei uns zu Besuch waren. Wir hatten lange geredet, um die Verhandlung vorzubereiten. Und beim Kochen, Essen und Erzählen kam nach und nach zum Ausdruck, was sie ständig umtrieb: das Gefühl, eine »lebende Tote« zu sein. Annes Mutter bestätigte dies vor Gericht und erzählte, die beiden hätten sich »ganz hinten im Krankenhauszimmer verkrochen«, als sie sie besuchte, »wie völlig verschreckte Tiere«. Doch das verhinderte nicht die Angriffe, die Lügen und eine wahre Inquisition, um zu prüfen, inwieweit sie sich gewehrt hatten. Das findet sich in allen Vergewaltigungsprozessen wieder. »Aber was wollen Sie denn noch?«, fragte ich eines Tages verzweifelt vor Gericht. »Ist eine vergewaltigte Frau denn nur anständig, wenn sie tot ist? Tot, weil sie sich gewehrt hat? Bemisst sich ihre Glaubwürdigkeit zwangsläufig in ihrem Tod?« Ich hatte solche Fälle schon erlebt, zum Beispiel den einer jungen Frau, deren Angreifer ihr die Hand abschnitt, als sie versuchte zu fliehen, indem sie in einen Fluss sprang und sich an einem Baumzweig festklammerte. Was ist normaler, als sich den Körper der Frauen anzueignen? Gibt es nicht immer eine Beute, egal ob im Krieg oder im Frieden, während der Ferien oder bei der Arbeit? Haben Kultur, Erziehung und Religion etwa nicht die Herrschaft des Mannes über die Frau als Normalität verbreitet? Und bedeutet Vergewaltigung für viele nicht Anmache im weiteren Sinne? Genau das dachte sich wohl auch der diensthabende Polizist im Justizpalast von Aix, als er quer durch den Raum rief: »Hey! Matteo, du hast einfach nur Sex, und am Ende stehst du vor Gericht. Kapierst du?« Was für ein Elend! Die Vergewaltigung einer Frau durch einen Mann ist ein Verbrechen an der Liebe. An dem »Moment Unendlichkeit«, von dem Cyrano spricht. Doch was noch schlimmer ist: Vergewaltigung findet in einer von körperlicher Gewalt geprägten Beziehung statt und ist zugleich Ausdruck von Missachtung und Leugnung der anderen Person. Darum hat sie meiner Meinung nach äußerste Ähnlichkeit mit einer ganz gewöhnlichen faschistischen Tat.

Um dieses drastische Verbrechen auf verständliche Weise zu beleuchten, das zugrundeliegende soziokulturelle Übel genauer zu untersuchen und Maßnahmen anzuregen, damit die geschädigten Frauen ihre Würde wiedererlangten, hatte ich Zeugen zur Stützung der Glaubwürdigkeit geladen. Der Vorsitzende Richter verweigerte deren Anhörung ungewöhnlich plump. »Waren Sie denn vor Ort? Können Sie die Tat bezeugen?«, fragte er. Aber es gibt nun einmal niemals Zeugen bei einer Vergewaltigung, ansonsten könnte man schließlich hoffen, dass sie nicht geschieht. Doch er wollte nichts weiter davon hören und forderte sogar die Polizisten auf, die Zeugen zu entfernen, die sich am Zeugenstand festklammerten. »Sie sind keine Tatzeugen. Ich erteile Ihnen nicht das Wort. Hinaus!« Arlette Laguiller hielt sich mit aller Kraft fest und schrie, um den Tumult zu übertönen: »Aber das sind meine Schwestern! Nein, ich werde nicht gehen! Wäre das hier ein Banküberfall, dann …« Dann würde das Verbrechen mit viel größerer Ernsthaftigkeit betrachtet und bestraft werden, meinte sie wohl, konnte das aber nicht ausführen. »Wächter, bringen Sie den Zeugen hinaus!« Die Wächter traten auf Arlette zu und waren kurz davor, sie zu packen, als ich mich dazwischen stellte und rief: »Rühren Sie sie nicht an! Und rühren Sie auch mich nicht an!« Eine Schlägerei war unwahrscheinlich. Oder hatte man schon mal Wachleute in Uniform gesehen, die sich mitten im Schwurgericht auf eine Anwältin in Robe stürzen? Sie ließen ab und schauten den Vorsitzenden an. Ich nahm Arlette beim Arm, und wir gingen hinaus. »Die Anhörung wird unterbrochen«, entschied der Vorsitzende vollkommen verwirrt.

Es war offensichtlich, dass Professor Minkowski und Pierre Emmanuel, Mitglied der Académie française, sowie mehrere weibliche Abgeordnete aus verschiedenen Kontexten, die ich gern hören wollte, weder Tatzeugen waren noch Zeugen zur Stützung der Glaubwürdigkeit der Klägerinnen. Aber es handelte sich um Persönlichkeiten, die in der Lage waren, dieses Verbrechen einzuordnen. Im Wesentlichen ging es darum, den kulturellen Aspekt in die Gerichtsverhandlung einzubeziehen. Um unser Denken und unser Verhalten zu ändern. Denn genau darauf hatte ich es abgesehen. Nachdem man sie alle aus dem Gericht geworfen hatte, machten sie also ihre Aussagen auf den Stufen des Justizpalastes in Aix im Beisein von Fernseh-, Radio- und Zeitungsjournalisten. Ich stellte ihnen Fragen, und die Journalisten griffen Punkte auf, die mir wichtig erschienen. Und anschließend kämpften wir weiter gegen eine von Grund auf frauenfeindliche Justiz. Ein feministischer Kampf. Im Namen aller Frauen, der gedemütigten und gekränkten. Ein Kampf für uns alle, mich inbegriffen. Denn während meines Plädoyers hatte ich im tiefsten Innern gespürt, dass ich all das auch für mich selbst tat. Es gibt diese Gemeinsamkeit, die Sache der Frauen.

Die drei Angeklagten bekamen eine harte Strafe. Wir veröffentlichten die Verhandlungsprotokolle, und meine Organisation »Choisir la cause des femmes« machte sich an die Arbeit, um einen neuen Gesetzestext auszuarbeiten. Seit dem Tag nach dem Urteilsspruch wurden Gesetzesvorschläge beim Senat eingereicht, die deutlich zeigten, dass der Prozess von Aix die öffentliche Meinung erschüttert hatte. Das Gesetz vom 23. Dezember 1980 beinhaltete eine überarbeitete Definition von Vergewaltigung, die ab sofort jegliche sexuellen Angriffe umfasste, auch solche, die vorher als »Sittlichkeitsdelikte« galten. Nur die Opfer konnten nun den Antrag auf Ausschluss der Öffentlichkeit stellen. Vereine zur Verteidigung von Frauenrechten, wie »Choisir«, konnten jetzt als Nebenkläger an der Seite der vergewaltigten Frauen auftreten. Das war zweifellos ein Fortschritt.

Mit Simone de Beauvoir und Jean-Paul Sartre beim Mittagessen in Paris, 1970.

SCHWESTERNSCHAFT

Wie haben Sie Simone de Beauvoir kennengelernt? Hatten Sie vorher viel von ihr gelesen? Gehörte sie zu Ihren Vorbildern oder wichtigen Inspirationsquellen?

Ich hatte mit 23 Jahren *Das andere Geschlecht* gelesen und war voller Bewunderung und zugleich verblüfft. Es war wirklich unglaublich: Dieses Buch hatte Worte für das, was ich erlebt hatte, für den Ursprung meines Protestes, für meine beständige Empörung angesichts der Abhängigkeit und Erniedrigung von Frauen. Es war ein Schlüssel, um das Verhältnis zwischen den Geschlechtern zu analysieren und die verhängnisvollen Mechanismen zu erklären, die uns zur Frau werden lassen. Denn man wird es … »Die Gesamtheit der Zivilisation gestaltet dieses Zwischenprodukt zwischen dem Mann und dem Kastraten, das man als Weib bezeichnet«, schrieb sie, und bewies damit, dass der Unterschied zwischen der Stellung des Mannes und der der Frau vor allem kulturell bedingt war. Das war aufregend, umwerfend und mitreißend! Ich hatte den Eindruck, dass da auf einmal eine Art Licht auf meinem Weg war.

Bis dahin war mein Feminismus rein instinktiv gewesen und hatte sich nach und nach anhand meiner Erfahrungen geformt. Und auf einmal war da eine Frau, die nicht unter Armut gelitten hatte, die weder die Herrschaft der männlichen Familienmitglieder hatte erdulden müssen noch mit 15 Jahren von Zwangsheirat bedroht gewesen, sondern im Gegenteil zum Studieren ermutigt worden war, und die auf brillante Weise Theorien zum Feminismus aufstellte. Sie verallgemeinerte die Situation der Frauen. Und mir, die ich mich mit meiner Empörung so allein gefühlt hatte, wurde ganz plötzlich bewusst, dass ich Teil einer riesigen Gemeinschaft war. Das große Abenteuer Feminismus hatte ein theoretisches Fundament bekommen. Es galt also nur noch, den Kampf auszufechten.

Ich begegnete ihr an einem Abend im September 1958 bei einem Treffen gegen das Referendum von de Gaulle. Sie erschien zusammen mit Sartre, und ich beobachtete sie, ihren etwas schwerfälligen Gang, ihren tadellosen Haarknoten, ihre unglaublich wachen Augen. Ich war äußerst beeindruckt. Wir saßen auf demselben Podest, und ich flüsterte ihr zu, wie wichtig sie für alle Frauen meiner Generation sei. Sie lächelte und sagte, sie bewundere mich als junge kämpferische, engagierte Frau. Und dann schlug sie ein gemeinsames Mittagessen vor. Nicht einmal im Traum hätte ich mir das vorgestellt!

Ein paar Tage später trafen wir uns in der Brasserie La Coupole. Sie fragte mich nach meinem Beruf und nach Algerien, und auch ich stellte ihr tausend Fragen. Vom ersten

Augenblick an war sie für mich ein wichtiger Bezugspunkt. Ihre Intelligenz, ihre Scharfsinnigkeit, ihr Kampfgeist faszinierten mich. Sie nahm sich Zeit und war bereit, mich zu unterstützen. Sie war stets verlässlich und aufrichtig. Und von da an wusste ich, dass ich auf sie zählen konnte. Wir sind übrigens immer in Kontakt geblieben, bis zu ihrem Tod.

Trotzdem war ich irritiert, weil ich eine Herzlichkeit vermisste, und ich konnte nicht anders, als das als einen gewissen Mangel zu empfinden. Ich hatte eine Kampfgenossin erwartet und lernte, wie ich einmal schrieb, »eine Entomologin« kennen. Sie weigerte sich, Emotionen mit ins Spiel zu bringen, und war verschlossen gegenüber jeder noch so kleinen Gefühlsregung. Sie zeigte keine Zuneigung, kein Mitgefühl oder Verbundenheit mit den Persönlichkeiten, die hinter meinen großen Prozessen standen, die sie in erster Linie als »Fälle« betrachtete, die nützlich für den Kampf waren. Während einer Pressekonferenz der Gruppe »Pour Djamila Boupacha«, deren Vorsitzende sie war, hatte ich ihre junge Freundin, Bianca Lamblin, gebeten, den Brief von Djamilas Vater vorzulesen, der selbst ebenfalls gefoltert worden war. Sein Bericht war erschütternd, die Aufzählung der Folterungen grauenvoll. Bianca fing an zu weinen. Eine ganze Weile herrschte Stille, die Journalisten hielten den Atem an. Da riss Simone de Beauvoir, sehr unzufrieden über den Vorfall, Bianca das Blatt aus der Hand und beendete den Bericht mit barscher Stimme. Schwäche und Gefühlsäußerungen ertrug sie einfach nicht. Später war ich ein weiteres Mal überrascht von ihrer kühlen Reaktion, als ich ihr mit Bedauern mitteilte, dass sie Djamila, für die sie so sehr gekämpft hatte, nicht würde kennenlernen können, weil diese gerade kurzerhand nach Algerien geschickt worden war. Es war ihr vollkommen egal. Djamila war für sie nichts weiter als das Symbol der Sache, für die sie eintrat. Themenwechsel.

Sartre war ganz anders. Ihn liebte ich wie einen Vater. Und ich war wesentlich vertrauter mit ihm. Beispielsweise zog ich, wenn ich ein Problem mit einem meiner Söhne hatte, immer ihn zurate. Er war ein gerechter Mensch, großzügig, wohlwollend und außerordentlich respektvoll gegenüber den Gedanken anderer. Nach unserer Begegnung damals 1958 auf dem Podest beim Treffen gegen das Referendum wurde ich seine Anwältin. Und das war auch dringend nötig! Für seine Verträge, seine Prozesse, die Steuern und die Tantiemen für seine Theaterstücke, die überall auf der Welt aufgeführt wurden, ohne dass man ihm Lizenzgebühren dafür zahlte. Ich gab alles, um ihn zu schützen und alle Scherereien von ihm abzuwenden. Manchmal traf ich mich sogar an seiner Stelle mit einem Regisseur, der davon träumte, eines seiner Stücke zu inszenieren, oder mit einem Schauspieler, der ihn unbedingt kennenlernen wollte. Er war einzig und allein darauf versessen zu schreiben. Alles andere war belanglos für ihn, und er fand immer irgendwelche Ausreden für diejenigen, die sich seiner Texte illegal bedienten. Das Geld war ihm egal. Trotzdem brauchte er welches, denn er beschäftigte mehrere Personen. Ich lernte auch seine Mutter kennen, die ihn »Poulou« nannte und mit der er lange in der Nähe der Kirche Saint-Germain-des-Prés zusammenwohnte. Sie hatten eine sehr innige Beziehung, und er sagte immer »chère Maman« zu ihr. Und wir, mein Mann Claude Faux und ich, wurden Teil dessen, was Simone de Beauvoir »die Familie« nannte. Sie kamen abends oft zu uns zum Essen. Claude ging auf den Markt – er war immer auf der Suche nach den »besten« Zutaten –, und ich kochte eine leckere Tajine oder einen Couscous. Aber Achtung: Das war keineswegs ein Rückschritt in meiner Stellung als Frau. Ich stand in der Küche, weil ich es so wollte. Das war eine Freude, die ich mir gönnte. Eine wohltuende Auszeit vom Gerichtssaal und meiner Kanzlei. Und so kümmerte ich mich schon am Abend vorher darum. Ich rieb den Couscous mit den Händen und wartete, bis er Wasser und Salz aufnahm. Oder ich machte gebratene Nudeln mit Knoblauch aus der Pfanne für Sartre, nach denen er ganz verrückt war. Dazu gab es guten Wein. Castor und er genossen es.

Wie kam es, dass Sie sich als Anwältin getraut haben, das berühmte »Manifest der 343« zu unterzeichnen, das Le Nouvel Observateur *am 5. April 1971 veröffentlichte und in dem berühmte Frauen – darunter Catherine Deneuve, Françoise Sagan, Marguerite Duras, Delphine Seyrig und Ariane Mnouchkine – erklärten, abgetrieben und damit gegen das Gesetz verstoßen zu haben?*

Ich habe nicht eine Sekunde gezögert. Dieser Text war Ausdruck einer grundsätzlichen Freiheitsforderung, und ich stand vollkommen dahinter. Mitmachen, selbstverständlich. Als Simone de Beauvoir mich anrief und mich bat, die

Unterschriften der berühmten Frauen zu sammeln, sagte sie: »Sie natürlich nicht, Gisèle, Ihnen als Anwältin drohen besondere Strafen.« Aber ich entgegnete: »Das ist mir egal! Ich unterschreibe!« Übrigens bekam ich dafür später tatsächlich eine Strafe in Form einer Rüge des Präsidenten der Anwaltskammer. Aber was war das schon? Der Text war kurz und knapp: »Eine Million Frauen treiben jedes Jahr in Frankreich ab. Sie tun das unter gefährlichen Umständen, weil sie dazu gezwungen sind, es heimlich zu tun, dabei ist dieser Eingriff, wenn er unter ärztlicher Kontrolle stattfindet, eine der einfachsten Operationen. Über diese Million Frauen spricht man nicht. Ich erkläre hiermit, eine von ihnen zu sein. Ich habe abgetrieben. Wir fordern freien Zugang zu Verhütungsmitteln ebenso wie freie Abtreibung.«

Berühmte Schriftstellerinnen, Theaterleute und Schauspielerinnen wagten den Schritt. Persönlichkeiten, die der französischen Kultur ein Gesicht gaben und als »unantastbar« galten. Schade, dass Simone Signoret sich nicht getraut hat zu unterschreiben, ihr Vorwand war, sie wolle unbedingt ein Kind mit Montand. Als wäre das die Frage gewesen! Simone de Beauvoir hatte nie abgetrieben und unterschrieb den Text trotzdem, im Namen der Sache. Und sie war so erbost über Signorets Verhalten, dass sie sie nicht kennenlernen wollte, obwohl Signoret es beharrlich versuchte. Als die »großen Unterschriften« beisammen waren, brauchten wir allerdings noch weitere, um zu beweisen, wie viel Bedeutung die Bewegung hatte. Ich sorgte für zahlreiche Unterstützung durch linke Aktivistinnen aus einfachen Berufen, die ich von politischen Versammlungen kannte. Und tatsächlich hatte das Manifest den erhofften Erfolg: Es erregte enormes Aufsehen, auch im Ausland. Endlich kam das Thema aus der Heimlichkeit heraus. *Charlie Hebdo* titelte witzig »Wer hat die 343 Schlampen geschwängert?« Fakt ist, dass die 343 Frauen an die Öffentlichkeit appellierten. Sie hatten gegen das Gesetz verstoßen, verkündeten dies laut und deutlich und forderten seine Abschaffung. Eine Frau darf nicht Sklavin ihres Körpers und der biologischen Gegebenheiten sein. Ihr Körper gehört ihr, sie bestimmt darüber.

Doch all die »Anonymen«, wie sie sich selbst nannten, mussten Unannehmlichkeiten mit der Polizei und Ärger bei der Arbeit hinnehmen: Ihre Verträge wurden nicht verlängert, sie wurden erpresst und erniedrigt ... Also riefen sie mich zu Hilfe. »Deine Beauvoirs und Deneuves haben nichts zu befürchten, aber wir, wir müssen die Sache für alle anderen ausbaden. Du hast uns unterschreiben lassen, aber für die Konsequenzen hast du keinen Plan!« Ich fühlte mich verantwortlich. Ich musste ihnen helfen. Und so entstand »Choisir«: eine Organisation, deren Ziel die kostenlose Verteidigung all derer war, die wegen einer Abtreibung belangt wurden. Und darüber hinaus die Streichung des Strafgesetzes von 1920 ebenso wie die Einführung von Sexualkundeunterricht und der Zugang zu Verhütungsmitteln.

Ich rief Simone de Beauvoir an, um ihr von meiner Idee zu erzählen. »Ich bin dabei«, sagte sie sofort. Ich telefonierte auch mit Jean Rostand, einem wunderbaren Wissenschaftler und Mitglied der Académie française, der mich zu sich nach Ville-d'Avray einlud. Der Kampf der Frauen interessierte ihn, er wollte einer von uns sein. Und ich erinnere mich noch an seine Frage zur Geschlechterkonstruktion, die zugleich Antwort war: »Sind Puppen und Zinnsoldaten nicht nahezu genauso verantwortlich für die psychische Unterscheidung zwischen Mann und Frau wie die Hormone?« Wir waren tatsächlich auf derselben Wellenlänge. Und dann war da noch die wunderbare Delphine Seyrig mit ihrem unnachahmlichen Tonfall. Sobald sie von der Initiative hörte, meldete sie sich bei mir. »Gisèle, ich bin voll und ganz bei Ihnen. Ich steige gerade aus dem Flugzeug und habe einen Jetlag, aber sagen Sie mir, was ich tun soll, und ich mache es!« Und Christiane Rochefort, die uns sofort von der Bretagne aus unterstützte. Und Françoise Parturier, die sagte: »Ich bin beim Figaro von lauter alten Knochen umgeben. Aber keine Sorge, das wird mich nicht daran hindern, dort die Sache der Frauen zu verteidigen.« Der Name »Choisir« (»sich entscheiden können«) drängte sich schon beim ersten Treffen in meiner Kanzlei auf. Ich war diejenige, die darauf kam. Er brachte das Recht der Frauen auf den Punkt, darüber zu entscheiden, ob sie Leben schenken wollten oder nicht. So, wie es das Gedicht von Éluard zum Ausdruck bringt: »Leben soll man nur verheißen und schenken, um es zu verewigen, wie man einer Rose Ewigkeit verleiht, indem man sie in glückliche Hände schließt.« Kinderkriegen muss eine eigene Entscheidung sein, und dazu gehört Freiheit. Das Ziel von »Choisir« war es, die Frau als solche zu befreien.

Und dann kam 1972 der Bobigny-Prozess. Oder genauer gesagt die Geschichte von Marie-Claire Chevalier, die mit

16 Jahren vergewaltigt und bei der Polizei von ihrem Vergewaltiger dafür verraten wurde, dass sie abgetrieben hatte. Ein Fall von himmelschreiender Ungerechtigkeit, bei dem es um Misshandlung und soziale Diskriminierung ging. Eine Geschichte, die von vorn bis hinten empörend war und in der es um mehrere Menschen ging – die junge Marie-Claire, ihre Mutter, die ihr geholfen hatte abzutreiben, und drei »Komplizinnen« –, die allesamt gänzlich ehrlich und aufrichtig waren, moralisch unangreifbar. Das perfekte Beispiel, um einen ambitionierten »politischen« Prozess anzustrengen und mich, über die Köpfe der Richter hinweg, an die Öffentlichkeit und das ganze Land zu wenden und das Gesetz anzuprangern. Meine anfänglichen Vorbehalte dem Amtseid gegenüber waren also durchaus begründet. Es gab sinnlose Gesetze. Meine Aufgabe war es, damit hart ins Gericht zu gehen.

Ich erklärte meinen Plan dem jungen Mädchen und seiner Mutter, einer klugen, respektablen, energischen Frau. Es sollte etwas Einschneidendes passieren in diesem Gericht in der Pariser Vorstadt, in dem sie vorgeladen waren. Die Angeklagten würden gar nicht versuchen, die Fakten zu leugnen. Im Gegenteil. Sie würden sie anerkennen, sich nicht dafür entschuldigen und sie nicht bereuen. Und sie würden sich als Angeklagte zu Anklägerinnen des Gesetzes von 1920 machen, das Abtreibung unter Strafe stellte. »Choisir« würde die Prozesskosten übernehmen.

Ich wollte berühmte Zeugen. Simone de Beauvoir natürlich. Michel Rocard, Aimé Césaire. Delphine Seyrig, Françoise

Fabian. Aber auch Professor Jacques Monod, Nobelpreisträger für Medizin, sagte sofort zu, ebenso wie sein Mitpreisträger Professor François Jacob. Schwieriger war es, die Unterstützung von Professor Paul Milliez zu erhalten, der ein glühender Katholik war. Als ich ihn besuchte, erklärte er mir gleich vorweg: »Ich bin gegen Abtreibung.« Woraufhin ich meine Sachen gleich wieder packte und sagte: »Unter diesen Umständen kann ich Sie nicht bitten, als Zeuge aufzutreten.« Ich hatte schon die Tür geöffnet, da hielt er mich am Mantel fest. Das verzerrte Gesicht verriet sein Hadern. »Bleiben Sie. Der Fall ist ungerecht und unerträglich. Ich kann da nicht wegsehen, ich kann mich nicht einfach davonstehlen. Ich werde in Bobigny aussagen.« Ich verstand, was das für ein Kraftakt für ihn war, verstand seine Anspannung und seine Bedenken. Aber ich stellte noch einmal klar: »Ich werde Sie im Zeugenstand fragen ›Wenn Marie-Claire Sie um Rat gebeten hätte, was hätten Sie dann getan?‹« Er sah mir in die Augen und antwortete: »Ich hätte es abgetrieben.« Auf diese Weise wurde er mein wichtigster Zeuge. Ich war tief bewegt, denn ich konnte mir sehr gut vorstellen, wie zerrissen er war.

Tag und Nacht verfolgten mich die Gesichter der fünf angeklagten Frauen. Wir mussten gewinnen. Für sie und für alle anderen. Und auch für mich selbst, die ich zweimal abgetrieben hatte und das vor Gericht quasi als Auftakt sagen würde:

»Herr Vorsitzender, meine Herren, mir kommt heute das höchst seltene Privileg zu, sowohl in meinem Beruf als Anwältin und Verteidigerin als auch als Frau hier zu stehen.

Noch nie zuvor habe ich mich so sehr wie heute gleichzeitig als Angeklagte auf der Anklagebank und als Anwältin vor Gericht gefühlt.

Wenn unser korrektes Berufsethos Anwälten den nötigen Abstand und die Distanz zu ihren Mandanten vorschreibt, so wurde dabei offensichtlich nicht bedacht, dass auch Anwältinnen, ebenso wie alle anderen Frauen, abtreiben können und dass sie es sagen können, und zwar öffentlich, so wie ich es heute tue.

Ich habe abgetrieben. Und ich sage es. Meine Herren, ich bin eine Anwältin, die gegen das Gesetz verstoßen hat.«

Ein Skandal. Ich hatte »die Ehre der Robe« und »den Beruf des Anwalts« verletzt. Anwalt? Wie bitte? Jedes Mal musste ich berichtigen: »Ich bin kein Anwalt. Ich bin Anwältin.« Auf meine Papiere, meine Akten, meine Visitenkarten schrieb ich grundsätzlich: Gisèle Halimi, Anwältin. Etliche Male nahm die Kammer daran Anstoß. Das Gesetz und die Berufsvorschriften erwähnten nur Anwälte. Wie sexistisch! Ich bin Anwältin und das ist durchaus nicht dasselbe. Es ist derselbe Beruf, dasselbe Examen, aber ich behaupte, dass eine Frau nicht auf dieselbe Weise ein Plädoyer hält wie ein Mann. Ich sage nicht, dass sie besser oder schlechter plädiert. Ich sage, dass es Nuancen gibt aufgrund einer bestimmten Sensibilität gepaart mit einem anderen Geist. Unser Leben und unsere Diskriminierungserfahrungen sind der Nährboden für diese Andersartigkeit. Wenn ich den Gerichtssaal betrete, dann gebe ich mein Leben nicht an der Garderobe ab. Und die Anwältin, die sich damals an die Richter in Bobigny wandte, hatte nun einmal abgetrieben. Das war ein Unterschied.

Ich war mit 19 Jahren schwanger geworden. Ich war Studentin in Paris, war mit einem Studenten auf sein Zimmer gegangen – vielleicht um mich über die familiären Verbote hinwegzusetzen –, und mein Körper hatte mich betrogen. Er plante mich als Mutter ein, wohingegen ich mit aller Kraft frei sein wollte. Es ergab überhaupt keinen Sinn. Was sollte das? Ein Spermium war zufällig auf ein Ei gestoßen, und ich sollte es diesem Zufall überlassen, über mein gesamtes Leben zu bestimmen? Und noch dazu, ein weiteres Leben zu schaffen? Eine derartige Selbstverleugnung! Mutter zu werden schien mir ein viel zu einschneidender Schritt zu sein, um darüber nicht eine verantwortungsvolle Entscheidung treffen zu können. Zufällig Mutter zu werden, war nicht hinnehmbar. Das musste aufgehalten werden. Ich war bereit, alles zu tun, um dieses ungeheuerliche Etwas zu beseitigen, das die Kontrolle über meinen Körper ergriff und mir mein Leben wegnahm.

Selbstverständlich durfte meine Familie davon nichts erfahren. Mein Vater hätte mich oder sich selbst umgebracht oder uns beide oder ich weiß nicht, was sonst noch getan. Seine Tochter schwanger und unverheiratet, das war undenkbar. Ohne ein Wort zu irgendwem machte ich mich also ganz allein auf die Suche nach »einer Adresse«. Schließlich fand ich eine. Mir wurde ein Katheter gelegt. Ich bekam eine Infektion und hohes Fieber. Mit der Hilfe der Freundin einer Freundin wurde ich als Notfall im Krankenhaus aufgenommen. Dann ging alles ganz schnell. Sie machten eine Ausschabung ohne Betäubung. Eine der abscheulichsten Erinnerungen meines Lebens. Gar nicht wegen der Schmerzen, obwohl sie durchaus schrecklich waren, sondern wegen des Gefühls, dass man mich absichtlich gequält hatte, um mich für die Freiheit, die ich mir als Frau genommen hatte, zu bestrafen und mich daran zu erinnern, dass ich von Männern abhängig war. Ich höre noch immer die unangenehme Stimme des jungen, sadistischen Arztes, der mich behandelte. »Damit du es nicht wieder machst.« (Worin er sich täuschen sollte.) Ich habe viel geweint in dieser Nacht, in der ich gedemütigt und niedergeschlagen auf einer Bank im Krankenhaus saß. Ich war auf die unmenschlichste Art unterdrückt worden. Eine traumatische Erfahrung. Aber ich bereute nichts. Die Natur hatte mir eine Falle gestellt. Und ich hatte ihren Plan durchkreuzt. Ich wollte im Einklang mit meinem Körper sein, mir nichts von ihm diktieren lassen. Ich glaube, das war der Augenblick, in dem ich erwachsen wurde. Aus dem rebellischen Mädchen wurde eine ungehorsame Frau.

An diesem 11. Oktober 1972 also, als ich vor dem Jugendgericht in Bobigny mein Plädoyer hielt, hörte ich die Menge draußen zusammen mit Delphine Seyrig rufen »Wir alle haben abgetrieben!«, »Freiheit für Marie-Claire!« und »England für die Reichen, Gefängnis für die Armen!«. Das hat mich getragen. Genauso wie die Wut, die ich spürte, gegenüber diesen Männern, die über uns urteilen würden und die nichts vom Leben einer Frau wussten. Ängstlich erwartete ich den Richterspruch. Die Anspannung aus den großen politischen Prozessen kam wieder hoch, in denen meinen Mandanten die Todesstrafe drohte. Marie-Claire wurde am Ende freigesprochen. Das war eine unglaubliche Freude. Doch es blieb noch der Prozess gegen ihre Mutter, Michèle Chevalier, und deren »Komplizinnen« drei Wochen später, die beschuldigt wurden, die Abtreibung organisiert zu haben. Ein schwierigeres Unterfangen, das wusste ich. Und ich fragte mich, wie die Frauen für diese Prüfung gerüstet waren, wie sie auf die zudringlichen Fragen zu ihrem Privatleben reagieren und die unangenehmen technischen und sexuellen Details erklären würden. Sie waren perfekt gerüstet, sowohl in der Sache als auch im Hinblick auf ihre Glaubwürdigkeit. Und unsere Zeugen waren ebenfalls bemerkenswert. Aber es gab mehrere absurde Momente, groteske Einwürfe der Richter und Staatsanwälte, über die man hätte lachen können, wären sie nicht Ausdruck ihrer totalen Unkenntnis gewesen. So zum Beispiel, als der Vorsitzende Richter diejenige, die als »Engelmacherin« betrachtet wurde, fragte:

»Wie sind Sie vorgegangen, um die Abtreibung bei Marie-Claire vorzunehmen?«

»Ich bin zu ihr gegangen und habe ihr zunächst ein Spekulum eingeführt.«

»In den Mund?«

Erbärmlich. Eine Richterin hätte niemals eine solch dumme, unaufgeklärte Frage gestellt. Darum habe ich in meinem Plädoyer Folgendes gesagt: »Schauen Sie sich an, meine Herren, und schauen Sie uns an. Vier Frauen werden von vier Männern vor Gericht vorgeladen, um worüber zu sprechen? Über ihre Gebärmutter, ihre Schwangerschaften, ihre Abtreibungen, über ihre Forderung nach Selbstbestimmung über ihren Körper … Beginnt die Ungerechtigkeit denn nicht schon da?«

Doch diese Geschichte war von vorn bis hinten ungerecht. Vor allem die ökonomische Schwäche der belangten Frauen. Es waren immer dieselben, die die Rechnung zahlen mussten! In zwanzig Jahren vor Gericht, so erklärte ich den Richtern, hatte ich noch nie erlebt, dass die Frau eines Geschäftsführers, eines hohen Beamten oder Ministers wegen Abtreibung oder Beihilfe zur Abtreibung vor Gericht geladen wurde. Noch nicht einmal die Geliebte eines solchen Herrn. Und doch waren sie alle wie wir: Sie wurden schwanger und trieben ab. Sie trieben lediglich unter besseren Bedingungen ab. Sie nahmen heimlich ein Flugzeug nach England oder in die Schweiz oder wurden in einer angenehmen Klinik in Paris aufgenommen. Wir hatten es eindeutig mit Klassenjustiz zu tun.

Aber wir gewannen. Das Urteil brachte das Gesetz von 1920 zu Fall, und der große Medienrummel rund um den Prozess brach das Tabu, das mit Abtreibung verbunden war. Schluss mit dem Schweigen.

Der Rechtsspruch von Bobigny fand sich auf der Titelseite vieler Tageszeitungen, Radio- und Fernsehsender, Zeitschriften … alle Medien stürzten sich auf das Thema, was eine ganze Flut von Briefen nach sich zog. Frauen von überall her schrieben uns, um uns zu unterstützen, uns zu beglückwünschen und gemeinsam weiterzukämpfen. Das hatten sie in den Tagen vor dem Prozess bereits unablässig getan. Die Geschäftsstellen der Gerichte in Bobigny waren mit Petitionen, Briefen und Telegrammen überhäuft worden, in denen die Freilassung von Michèle Chevalier und ihren Mitangeklagten gefordert wurde. Und die Frauen schrieben uns auch, um uns um Hilfe zu bitten. Man kann sich nicht vorstellen, welche Menschenmengen sich in den Wochen nach dem Prozess im Treppenhaus zu meiner Kanzlei drängten. Manche kamen spontan vorbei, weil sie dachten, wir könnten selbst Abtreibungen vornehmen oder Adressen verteilen. Die Warteschlagen waren so lang, dass die Nachbarn sich beschwerten.

Aber wir wollten den Erfolg von Bobigny nutzen, um noch mehr Gehör zu finden. Wir entschieden uns also, mit »Choisir la cause des femmes« die komplette Mitschrift des Prozesses zu veröffentlichen – illegal. Eine Premiere in der Justizgeschichte. Schließlich war dieser Prozess ohnehin historisch. Alle sollten wissen, was hier gesagt worden war: Von den extrem harten, schonungslosen Schilderungen eines verzweifelten jungen Mädchens, das unverschuldet schwanger geworden und mittellos war, bis zu den dummen, ahnungslosen, unangemessenen Fragen der Richter sollte alles nachzulesen sein. Gallimard brachte das Buch innerhalb eines knappen Monats heraus, und zwar in einer erschwinglichen Ausgabe. Die Aktivistinnen organisierten sich. Und innerhalb von ein paar Wochen hatten sie 30 000 Exemplare verkauft. Die Politiker konnten die Frage nicht mehr ignorieren. Die Präsidentschaftswahlen von 1974 rückten näher. Alle waren sich einig, dass das Gesetz von 1920 nicht mehr zeitgemäß war. Selbst die Regierung von Premierminister Messmer begann, ein erstes Konzept für das Gesetz auszuarbeiten – der Beweis dafür, dass unser Kampf Früchte trug. Wir machten uns sofort daran, einen echten Gesetzesentwurf auszuarbeiten.

Wer mich weiterhin stark beeindruckte, war Michèle Chevalier, Metrokontrolleurin und unverheiratete Mutter dreier Töchter. Wir waren von amerikanischen Feministinnen, die den Bobigny-Prozess fasziniert verfolgt hatten, nach New York eingeladen worden. Um mich zu begleiten, reichte sie Urlaub bei den Pariser Verkehrsbetrieben ein und übernachtete bei Aktivistinnen. Sie war nie zuvor geflogen oder sonst gereist, und sie erlebte geschmeichelt, wie es war, plötzlich bekannt zu sein, blieb dabei aber mit beiden Füßen auf dem Boden. Es gab ein großes Treffen im City Hall Park in Manhattan. Mehrere Frauen traten auf die Bühne, um uns vorzustellen. Und dann erhielt Michèle als Ehrengast das Wort. »Ich bin nicht gut im Reden«, sagte sie, »aber ich werde Ihnen jetzt mein Leben erzählen …« Und das tat sie auf großartige Weise. Wenn man federführend begleitet, wie aus einem Gerichtsprozess eine echte »Bewegung« entsteht, dann braucht man außergewöhnliche Menschen, die dafür in Erscheinung treten. Im Bobigny-Fall, wo es um das Recht auf Abtreibung ging, waren die Unbescholtenheit und der Mut von Michèle Chevalier mein Trumpf.

Die Mitgliederzahl bei »Choisir la cause des femmes« ging förmlich durch die Decke. Von August bis November 1972 stieg sie von 300 auf 2000. Es mussten Regionalgruppen außerhalb von Paris gegründet werden, wir mussten reisen und auf tausend Einladungen zu Konferenzen und Diskussionsveranstaltungen antworten. In Paris trafen wir uns immer sonntags bei mir in der Kanzlei. Das war intensiv! Sich mit anderen Frauen zusammenzusetzen und zu spüren, dass man vollkommen frei reden konnte, hatte etwas Euphorisierendes. Das gibt es nicht häufig. Anfangs akzeptierten wir, dass auch Männer dabei waren. Aber das erwies sich als falsch. Denn manche Frauen hielten sich deshalb zurück, weil sie das Urteil der Männer fürchteten, ihr Unverständnis und ihre Unkenntnis all dessen, unter dem wir Frauen leiden. Letztlich sprachen wir ja über unseren Bauch. Was wussten sie schon davon? Also vereinbarten wir, unter uns zu bleiben. Und die Kraft, die Ehrlichkeit und die Tiefgründigkeit dessen, was hier über das Leben erzählt wurde, haben mich verändert. Die Scham war verschwunden. Die Worte fanden ihren Weg und holten Verzweiflung, Leid und Wut ans Licht. Alles, was Frauen erleben, kam schonungslos zum Vorschein, und ich hatte den Eindruck, dass wir uns alle die Hand reichten. Dasselbe Geschlecht, derselbe Kampf, dieselbe Sprache. Aber es gab auch Momente, in denen wir völlig ausgelassen und fröhlich waren. Wir hatten Lachkrämpfe, erzählten uns komische Anekdoten und bekamen nachts um zwölf auf einmal Lust, Nudeln zu kochen, weil wir nicht auseinandergehen wollten und noch lauter Ideen hatten, haufenweise Ideen …

Als Giscard d'Estaing mit seinem Versprechen, Abtreibung zu liberalisieren, an die Macht kam, gab es dazu noch keinerlei konkrete Pläne. Die meisten, die ihn unterstützten, wollten dieses Gesetz nicht, er musste clever sein. Und die Entscheidung für Simone Veil war ein genialer Schachzug. Sie war großartig. Meiner Ansicht nach war Giscard der feministischste Präsident, den wir je hatten. Zumindest war er feministischer als Mitterrand, der nur aus wahltaktischen Gründen an die Frauen dachte und der für mich immer etwas von Sacha Guitry hatte. »Choisir« und auch ich selbst beschlossen sofort, Simone Veil zu unterstützen. In zahlreichen gemeinsamen Arbeitssitzungen tauschten wir uns über die Texte aus (wobei ich mich selbstverständlich für die Kostenübernahme der Abtreibung einsetzte). Ihre traditionelle, bürgerliche Art irritierte mich. Aber ihre Augen waren so klar, so offen … Wir waren zweifellos im selben Lager zu verorten, dem der Frauen. Konkurrenz stand gar nicht zur Debatte. Im Gegenteil. Wir brauchten unsere gegenseitige Unterstützung. Ich erlebte, wie ihr Feminismus stärker wurde. Sie lud mich zu sich nach Hause zum Essen ein, an der Place Vauban, und warf ihren Mann kurzerhand hinaus, damit wir beide in Ruhe plaudern konnten. »Antoine, du störst uns!« Oder sie nahm mich mit auf eine Tour in ihrem Wagen mit Chauffeur auf der Suche nach irgendeiner hässlichen, abseitigen Kneipe, in der sie rauchen konnte, ohne erkannt zu werden …, denn sie war Gesundheitsministerin und hatte gerade eine Anti-Tabakkampagne veranlasst. Wir tranken ein Glas Wein, amüsierten uns und tauschten uns darüber aus, was wir von den einzelnen Regierungsmitgliedern hielten, oder sprachen über unsere Männer und Kinder. Wir hatten beide drei Söhne. Ungewöhnlich! Aber im Gegensatz zu mir bedauerte sie es nicht, kein Mädchen zu haben.

Gisèle Halimi zusammen mit François Mitterrand auf einer Podiumsdiskussion der Frauenbewegung »Choisir«, 1981.

EINE FEMINISTIN IN DER POLITIK

Wann begannen Politik und Macht, Sie zu reizen? Hatte es etwas damit zu tun, dass Sie in Ihrem Beruf als Anwältin das Leben der Menschen – insbesondere das von Frauen – nur begrenzt verändern konnten und zu der Überzeugung gelangt waren, dass echte Macht in den Händen des Gesetzgebers liegt?

Der Grund, weshalb ich Jura studiert habe, war das Wissen darum, dass die von den Volksvertretern erarbeiteten Gesetze in der Lage waren, meine Zukunft und die aller Unterdrückten zu verändern – unter der Voraussetzung, dass Frauen daran mitwirkten. Das war eine Selbstverständlichkeit für mich. Sie mussten dabei sein. Massenhaft. Ich betone: massenhaft. Sie mussten die Dämme brechen.

Aber der Feminismus der Sechziger- und Siebzigerjahre misstraute dem politischen System. Er orientierte sich vorrangig an der Forderung nach grundlegenden Freiheitsrechten: Verhütung, Kampf gegen Vergewaltigung, berufliche Gleichstellung und so weiter. Es gab große gesellschaftliche Kämpfe, und – so seltsam das auch scheinen mag – es reizte weder Theoretikerinnen wie Simone de Beauvoir noch die Aktivistinnen der Frauenbewegung, den Platz in der Politik einzunehmen, der den Frauen auf Entscheidungsebene zustand (in den Rathäusern, den Regionalverwaltungen und im Parlament). Unter linken Aktivistinnen herrschte damals eine Art marxistische Lehre, die die Diskriminierung von Frauen leugnete und Einzelkämpfe generell nicht zuließ. Aus der Befreiung des Proletariats würde zwangsläufig auch die der Frauen folgen … Und die amerikanischen Feministinnen, die großen Einfluss auf einige unserer Gruppen hatten, lehnten jegliche Nähe zur männlichen Macht in der Politik entschieden ab. Völlig egal übrigens, ob links oder rechts. Alles, was damit zu tun hatte, war abstoßend, gleichbedeutend mit Herrschaft und Unterdrückung (Geschlecht, Klasse, Rasse), die geballte Schlechtigkeit der Welt. Kurzum, die Frauen konnten nichts gewinnen, wenn es darum ging, die Krümel vom »patriarchalen Festessen« abzukriegen. Und nur verlieren, wenn sie sich mit der »Männerpolitik einließen«.

Ich aber brannte darauf, voranzukommen. Das Ende des Algerienkrieges und die algerische Unabhängigkeit fachten meinen Wunsch nach starkem Handeln für die Sache der Frauen an. Es gab so viel zu verändern, Überkommenes zu bekämpfen, Ungerechtigkeiten zu beheben. Man musste sich der großen Themen annehmen und die Gesetze ändern. Wie oft hatte mir der Vorsitzende Richter entgegnet: »Frau Kollegin, ich bin nicht derjenige, der die Gesetze macht! Wenn Sie sie infrage stellen, dann wenden Sie sich an die Abgeordneten! So lange müssen wir alle sie anwenden!« Die Politik also … Ich war noch nicht an dem Punkt, dass ich

Theorien über den Zusammenhang von politischem und feministischem Handeln aufstellte, aber ich war überzeugt davon, dass beide Seiten durch ein gemeinsames Vorgehen profitieren würden. Doch ich wollte unter keinen Umständen irgendeiner politischen Partei beitreten, selbst wenn diese meinen Zielen nahestand. Meine Unabhängigkeit und mein unbeugsamer Freiheitswille waren mir heilig.

Und eines Tages erfuhr ich aus dem Umfeld Mitterrands, der de Gaulle bei den Präsidentschaftswahlen 1965 herausgefordert hatte, dieser wolle gern, dass ich mich bei den Parlamentswahlen 1967 zur Wahl stelle. Ich, die Feministin, die Anwältin von Djamila Boupacha und des FLN. Ich war verblüfft und ziemlich unvorbereitet. Wäre das vernünftig? Meine Anwaltskanzlei war zwar immer gefragter, aber noch nicht gänzlich etabliert. Außerdem standen mehrere Reisen nach Algier für Rechtsberatungen an. Und ich war besorgte Mutter dreier Jungen, von denen der jüngste, Emmanuel, noch nicht einmal drei Jahre alt war … Doch Mitterrand überzeugte mich. Ich war links und wollte mit aller Macht eine andere Politik als die der gaullistischen Rechten, ich musste die Herausforderung annehmen. Es war an der Zeit, dass die Frauen aus dem Widerspruch zwischen Absichtsbekundungen und der Weigerung, zur Tat zu schreiten, heraustraten. Also stürzte ich mich in den Wahlkampf im 15. Pariser Arrondissement, ohne jede Erfahrung im Redenhalten auf Versammlungen, Märkten oder Schulhöfen, aber mit Unterstützung einer Gruppe von Intellektuellen und Freunden, darunter Henri Cartier-Bresson, der mir mit seiner kleinen Leica in der Hand überall hin folgte, sowie ein ganz außergewöhnlicher Kampagnenleiter: Claude Faux, mein Mann, mein ständiger, liebenswerter Mitstreiter. Es war ein berauschendes Erlebnis, enthusiastisch und voller Ideen. Eine Art Probelauf, der zwar mit einer Niederlage am Abend des 5. März 1967 endete, aber der meine Begeisterung entfachte. Mein Drang, etwas in größerem Umfang zu erreichen, wurde dadurch noch bestärkt.

Zehn Jahre später boten mir die Parlamentswahlen von 1978 eine weitere, auf andere Weise großartige Erfahrung. Die Bewegung »Choisir« beschloss, unter dem prägnanten Slogan »100 Frauen für die Frauen« lauter Kandidatinnen aufzustellen. Etwas noch nie Dagewesenes in Frankreich, ein Wendepunkt in der Geschichte des Feminismus. Keine politische Partei hatte sich dazu herabgelassen, uns auf unsere Bitte hin einen Wahlkreis zuzuordnen. Aber wir waren schließlich nicht auf sie angewiesen. Wir würden den Kampf auch allein aufnehmen, gewappnet mit unseren Überzeugungen, unserer Solidarität und einem »Gemeinsamen Programm der Frauen«, das in einem 364 Seiten dicken Buch veröffentlicht wurde und ein Dutzend Gesetzesvorschläge enthielt. Ein echtes Meisterstück! In dem beträchtliche Arbeit von 73 Frauen steckte: Soziologinnen, Medizinerinnen, Lehrerinnen, Anwältinnen, Hausfrauen und Gewerkschaftsfrauen. Heutige Leserinnen wären vermutlich erstaunt, wie kühn es war und wie humorvoll (denn Frauen zusammen sind sehr lustig), vor allem aber, welche Wirkung es in der Politik des darauffolgenden Jahrzehnts entfaltete und wie aktuell es nach wie vor ist.

Die Mittel, die uns zur Verfügung standen, waren sehr begrenzt. Und wenn schon! Es gab viele Künstler, die uns halfen: die Maler Matta und Leonor Fini, der Komiker Guy Bedos, der Schauspieler Bernard Haller, die Schriftstellerinnen Christiane Rochefort und Françoise Mallet-Joris, die Sängerinnen Juliette Gréco und Marie-Paule Belle. Claire Bretécher schickte einen Scheck mit einer hübschen Zeichnung für »Choisir« und einem Gruß: »Hier kommt ein bisschen ›Knete‹ für die Mädelskampagne … Ihr seid der einzige Trost bei dieser jämmerlichen Wahl!« Uns erreichten zahlreiche kleine Privatspenden mit mutmachenden Botschaften und viel Zuspruch für die Forderungen auf unseren programmatischen Plakaten. »500 000 Krippenplätze und 30 000 neue Stellen statt einer neuen Concorde.« Unsere Slogans trafen genau ins Schwarze: »Die Politik ist eine viel zu ernste Angelegenheit, um sie den Männern allein zu überlassen.«

Was für ein Wahlkampf! Eigenwillig, kreativ, spendabel. Wir standen zu unserer politischen »Unprofessionalität«. Und zu den äußerst aufrichtigen Kandidatinnen, die ehrliche und einfache Reden hielten. Das typische Profil: 39 Jahre, zwei Kinder, in einer Beziehung lebend oder geschieden, wirtschaftlich unabhängig und im Dienstleistungssektor. Weit entfernt von den Anti-»Choisir«-Karikaturen von Powerfrauen oder frustrierten Kämpferinnen. »Welches Ziel verfolgen Sie damit, für die Wahlen zu kandidieren?«, lautete die Frage, die uns ständig gestellt wurde. Sie implizierte, dass unsere Chancen, tatsächlich gewählt zu werden, gleich Null standen und wir notgedrungen eine andere Absicht haben mussten. Aber war es denn nicht schon an sich ein Ziel, endlich den Frauen das Wort zu erteilen und zu zeigen, dass es kein Wunschtraum war, 100 Frauen wählen zu können? Und dass ein Programm für Frauen und von Frauen dringend notwendig war, um die großen Ungleichheiten wettzumachen? Genau das betonte ich immer, wenn ich vor der Presse unser Vorgehen erläuterte: »Die Zukunft wird auf wackeligen Beinen stehen, wenn sie ausschließlich von Männern gemacht wird und die Erwartungen der Frauen dabei auf der Strecke bleiben.«

An den Wänden wurden unsere Plakate schnell zu beliebten Zielen für Graffitis. »Schlampe« und andere obszöne Ausdrücke waren über die Gesichter der »Choisir«-Kandidatinnen geschrieben. Die Schmierereien der extremen Rechten erkannte man an ihrem offen rassistischen Ton – »Gisèle Ben Halimi« oder »Choisir = Mörder der weißen Rasse«. Die Reaktion der Medien war umso wohlwollender. Denn all das war gänzlich neu! Und unsere Kandidatinnen waren so unverbraucht im Vergleich zu den herkömmlichen Wichtigtuern in der Politik. Manche antworteten mit ihren Kindern auf dem Schoß auf die Fragen. Es war nicht zu übersehen, dass sich wirklich etwas tat in der französischen Gesellschaft. »Verändern die Frauen die Welt oder die Wahlen?« titelte *Libération*. Doch die französischen Zeitungen kehrten uns schon bald den Rücken, um sich wieder den guten alten, traditionellen Parteien zuzuwenden. Dafür verfolgte das Fernsehen auf der ganzen Welt (in den USA, in Brasilien, Deutschland, Italien, Skandinavien und Japan) weiterhin mit unglaublicher Begeisterung unsere Aktivitäten in den einzelnen Städten. Ich vernachlässigte meinen eigenen Wahlkreis in Paris, um von Montpellier nach Clermont-de-l'Oise, von Le Havre nach Toulouse, von Marseille nach Saint-Étienne, von Pau nach Nantes, Nior und Bordeaux zu fahren … Ich unterstützte unsere Kamikaze-Kandidatinnen, die mich jedes Mal aufs Neue verblüfften. Das Publikum hörte derart aufmerksam zu, wie ich es noch nie zuvor in irgendeinem Wahlkampf erlebt hatte. Hier wurde vom Leben erzählt auf eine Weise, die nichts mit den üblichen Reden gemein hatte. Man lernte sich kennen, ließ die anderen am eigenen Unglück teilhaben. Die Diskussionen waren neu, ebenso wie die Gefühle, die Worte und das Engagement dahinter. »Lasst diese Hoffnung, die die Frauen im Land gesät haben – und die bestehen bleibt – am Sonntag Wirklichkeit werden in unserer Demokratie. Traut euch, Frauen zu wählen!«, rief ich am letzten Abend des Wahlkampfes, bevor eine hemmungslose Polonaise zu Sambarhythmen startete. Was für eine ausgelassene Stimmung! Einmalig! Ich glaube, ich habe nie wieder ein solches Freiheits- und Glücksgefühl erlebt, eine solche Lebensfreude. Als die Sonne an diesem 11. März 1978 aufging, waren wir so im Rausch, dass wir alle glaubten, gewählt zu werden … Keine wurde es. Mit einer Quote von 1,45 Prozent der Stimmen schied »Choisir« bereits im ersten Wahlgang aus. Wir hatten die Menschen überrascht, ihr Interesse geweckt und sie begeistert. Aber das reichte nicht. Es war »taktisch gewählt« worden. Und die Wähler und Wählerinnen waren dem frauenfeindlichen Geist der Revolution von 1789 gefolgt, der den Bürger für mündig erklärt hatte … und gleichzeitig die Bürgerin für politikunfähig.

Das hat Sie nicht davon abgehalten, drei Jahre später, im Juni 1981, für die Nationalversammlung zu kandidieren. Warum waren Sie derart beharrlich, obwohl Sie doch mit so viel Leidenschaft Anwältin waren, eine ziemlich bekannte noch dazu, die Freiheit genossen, nur Mandate und Prozesse anzunehmen, die Ihnen wirklich am Herzen lagen, und regelmäßig ins Ausland eingeladen wurden? Warum wollten Sie sich unbedingt in der Politik abrackern?

Abrackern trifft es ziemlich gut … Denn ich musste sehr zurückstecken. Die Politik erwies sich als ein schonungsloses Umfeld für eine Frau, die an ihrer Unabhängigkeit und ihrer Freiheit hängt. Man versuchte, mir Fesseln anzulegen, mich mundtot zu machen und mich zu drillen. Aber ich sträubte mich und ließ mich nicht bändigen. Und schließlich gab ich doch auf. Allein, als Parteilose, hatte ich keinerlei Chance, mich mit meiner Andersartigkeit in einem derart chauvinistischen Umfeld durchzusetzen.

Dabei hatte ich fest daran geglaubt. Nach der Wahl Mitterrands, den »Choisir« aufgerufen hatte zu unterstützen, war die Sozialistische Partei lediglich bereit gewesen, uns einen Wahlkreis anzubieten. Einen einzigen, obwohl Mitterrand uns vorher deutlich großzügigere Versprechen gemacht hatte. Das war die erste Enttäuschung. Aber dieses Mal schien die Wahl tatsächlich greifbar, zumal sie von dem großen Zuspruch für die Sozialisten ordentlich Schwung bekam und damit auch die Möglichkeit, die beiden Dinge zu vereinen, für die ich mich aus tiefstem Innern engagierte: Feminismus und linke Politik. Man setzte mich mit dem

Segen Mitterrands auf einen Posten im Departement Isère, und er machte geheimnisvolle Andeutungen. »Beeilen Sie sich, sich wählen zu lassen. Ich werde Sie in Paris brauchen … verstehen Sie?« Ich nahm die Herausforderung energisch an. Ich wollte gewählt werden. Mit aller Macht.

Dazu trug meine persönliche Geschichte bei. An der Macht teilzuhaben kompensierte eine Schwäche, kaschierte einen Fehler, der mir anhaftete und der manchmal von den Rechten angeprangert wurde: Ich war nicht in Frankreich geboren. Außerdem wollte ich Wiedergutmachung für meine Herkunft, die Armut, die Kulturlosigkeit meines Milieus, für das Unglück, als Mädchen geboren zu sein in einer Gesellschaft, die sie herabsetzte. Von einem Volk gewählt zu werden, von dem ich nur ein tunesisches Alter Ego war, das Gesetz einer Republik zu »machen«, die ich seit meiner Kindheit verehrte, entschädigte für alle Demütigungen, die ich erlebt hatte. Ich dachte an Victor Hugo, von dem ich in meiner Jugend so viel gelesen hatte: »Diejenigen, die leben, sind die, die kämpfen; es sind die, deren Herz und Geist ein unerschütterlicher Plan erfüllt«. Und ich stellte mir vor, wie mein Vater, der 1976 gestorben war, mich anlächelte und beeindruckt war von meinem Titel als Abgeordnete. »Ya benti (oh meine Tochter), welche Ehre für unsere Familie!« Ja, das wäre unbestreitbar eine Ehre, als erste Feministin in die Nationalversammlung einzuziehen.

Von meinem ersten Tag im Plenarsaal der Nationalversammlung im Palais Bourbon am 2. Juli 1981 habe ich ein erschütterndes Bild in Erinnerung behalten: Eine Flut an

Männern in dunklen Anzügen strömte in die Reihen, aus denen hier und da ein paar einzelne Frauen in farbigen Kostümen herausragten. Was für eine Misere! Hier wurde schonungslos die Lüge der Republik zur Schau gestellt, die demokratische Gleichheit zwischen Männern und Frauen verkündete, aber den Schlüssel zur Macht nur Ersteren in die Hand drückte. Die Zahlen sprachen für sich: 28 Frauen, 5,7 Prozent der Abgeordneten. 1945, nach der Verordnung, die Frauen zu »Wählerinnen und wählbar zu denselben Bedingungen wie Männer« erklärte, waren es 33 gewesen …

So entschloss ich mich an diesem ersten Tag zu einer Initiative. Es war inakzeptabel, die Zukunft des Landes ohne Frauen zu gestalten. Das war einer der größten Missstände, an denen unsere Demokratie krankte. Ich verfasste einen Text, der einen Konsens aller Parteien anstrebte, in der Nationalversammlung ebenso wie im Senat, und der für Kommunalwahlen Folgendes vertraglich festlegte: »Die Kandidatenlisten dürfen nicht mehr als 75 Prozent Personen desselben Geschlechts umfassen.« Auf diese Weise mussten mindestens 25 Prozent Frauen auf den Wahllisten stehen. Das war selbstverständlich das Minimum. Tatsächlich war mein Ziel die Parität – das einzige Mittel, um eine gerechte Machtverteilung zwischen Männern und Frauen zu gewährleisten. Doch man musste schlau vorgehen und durfte die chauvinistische Nationalversammlung nicht noch mehr abschrecken, die jedes Mal, wenn ich das Wort Feminismus in den Mund nahm, lauter Anzüglichkeiten in den Raum warf und an verbrannte Büstenhalter und entmannte Männer, Wut und Chaos dachte. Nach langen, lebhaften Diskussionen fügte sich die Nationalversammlung schließlich, vermutlich im Hinblick auf die Wählerschaft, die schließlich aus 53 Prozent Frauen bestand, und der Text wurde fast einstimmig vom Parlament angenommen …, bevor er vom Verfassungsrat rückgängig gemacht wurde, der zu 100 Prozent männlich und damals für seinen Konservatismus und seine Frauenfeindlichkeit bekannt war. Das war das Aus für die Quote. Die Politiker, allen voran Mitterrand, waren erleichtert darüber. Es bedurfte einer Verfassungsänderung im Jahr 1999, bis der gleiche Zugang von Männern und Frauen zu Wahlämtern gesetzlich verankert wurde. Ich konnte nicht anders, als mich an die Empfehlungen Rousseaus für Sophie in *Émile* zu erinnern, die unsere Kultur noch immer prägen: »Das Amt der Frau besteht darin, unbekannt zu bleiben«, denn »sie muss sich auf das häusliche Regiment beschränken.«

Doch das war nur eine von zahlreichen Enttäuschungen. Da ich mich weigerte, der Sozialistischen Partei beizutreten, war ich lediglich eine der Partei »Nahestehende« und damit sehr isoliert und eigentlich nur eine halbe Abgeordnete. Meine Freiheit als Feministin war mir wichtiger als alles andere, was sich als schwierig erwies. Und der Fraktionsvorsitzende der Sozialisten, Pierre Joxe, hatte mir den Krieg erklärt. »Die Halimi muss man ausbremsen, die ist unvorhersehbar.« Ich wurde lahmgelegt, man brachte mich um meine Redezeit in öffentlichen Sitzungen, und ich wurde nicht mehr als Referentin eingesetzt. Ich machte trotzdem weiter. Ich liebte meine Arbeit als Abgeordnete im Departement Isère. Nur in Paris hatte ich immer das Gefühl zu ersticken, denn wenn man mich überhaupt einmal ans Redepult ließ, wurde ich verhöhnt – mein Kleid, meine Stimme, meine Haltung, alles war Anlass zum Spott –, und ich bedauerte es, nicht die Rolle spielen zu können, von der ich geträumt hatte. Aber ich ließ nicht locker.

Während meiner Amtszeit reichte ich ein Dutzend eigene Gesetzesvorschläge zur Verbesserung der Rechte und Lebensbedingungen von Frauen ein. Mit meinem Vorschlag zur Erstattung der Abtreibungskosten hatte ich bereits die Fraktion der Sozialisten und die Regierung dazu veranlasst, ein entsprechendes Gesetz zu verabschieden. Aber ich regte auch an, dass Ermittlungen zum Lebenswandel von Vergewaltigungsopfern sowie jegliche Anstiftung zu Sexismus in Jugendpublikationen verboten wurden. Ich schlug vor, Frauen das Recht einzuräumen, ihren Namen weiterzugeben, einen Deckungsfonds für Unterhaltszahlungen einzurichten und bezahlte Elternzeit für beide Elternteile zu verankern – lauter Dinge, über die wir bei »Choisir« nachgedacht hatten. Kein einziger dieser Vorschläge wurde auf die Tagesordnung gesetzt und diskutiert. Die sozialistische Fraktion hätte damals als stärkste Fraktion die Möglichkeit dazu gehabt. Aber sie zog es vor, einige der Vorschläge von »Choisir« an das Frauenministerium zu übergeben, das auf diese Weise die Regierung – und Mitterrand – mit einem feministischen Anspruch schmückte. Und mich völlig in den Hintergrund drängte.

Aber immerhin konnte ich frischen Wind in den Anwaltseid bringen, der mir damals 1949 bei meiner Vereidigung in Tunis solche Probleme bereitet hatte. Ich bescherte mir dieses persönliche Vergnügen selbst, während ich mit dem Bericht über Anwaltsfehler vor Gericht betraut war. Schluss mit den unterwürfigen und ehrfürchtigen Angstbekundungen gegenüber Behörden, Gerichten und guten Sitten. Von nun an bestand der Eid nur noch aus einem Satz: »Ich schwöre, Verteidigung und Beratung als Anwalt mit Würde, Gewissenhaftigkeit, Unabhängigkeit und Menschlichkeit auszuüben.« Diese Kriterien verpflichteten uns auf die Grundfesten unseres Berufsethos. Sie ließen unsere kritische Freiheit gegenüber der Staatsgewalt, Konventionen und Ähnlichem unangetastet. Ein Gesetz von 1990 ergänzte später zeitgemäß noch die Forderung nach Redlichkeit. Außerdem wurde ich Referentin für den Gesetzesentwurf zur Abschaffung der Homosexualität als Straftat. Wobei man sagen muss, dass sich nicht gerade viele um dieses Thema rissen. Aber mir schien die Einmischung des Staates in das Liebesleben von Menschen ebenso absurd wie unverständlich, und so nahm ich mich der Sache energisch an und plädierte für die Streichung sämtlicher Diskriminierungen von Homosexuellen im Strafrecht und somit des Deliktes an sich. Ein ehemaliger Justizminister unterstellte mir, ich wolle in Frankreich »allgemeine Sexorgien« verbreiten. Unglaublich. Seither hat sich glücklicherweise einiges geändert.

François Mitterrand empfing mich zwar und hörte mir höflich zu, aber er unterstützte mich überhaupt nicht. Und ich machte mir keinerlei Illusionen über seinen Feminismus. Er gehörte zur alten Garde von Politikern und hatte ein höflich-charmantes Verhältnis zu Frauen, das von altmodischer Bevormundung geprägt war. Keinerlei Gespür für die Ungleichheit von Mann und Frau, kein echtes Bedürfnis, Frauen mehr Aufmerksamkeit zu schenken und mehr Verantwortung zu übertragen. Abgesehen von ein paar wenigen Ausnahmen förderte er übrigens nur Frauen, nachdem er sich ihrer bedingungslosen Unterstützung sicher war. Im Gegensatz zu Valérie Giscard d'Estaing war er entschieden gegen Abtreibung und zögerte das Gesetz zur Kostenübernahme, anders als versprochen, sogar solange er konnte hinaus. Er hat sich gewandelt, das stimmt, er hat sich geschickt mit den Freiheitsforderungen der Frauen arrangiert, und sei es nur, um die feministische Bewegung in seine Richtung zu lenken. Aber er war viel zu weit entfernt von unserem Denken, unserer Empörung, unserem Empfinden, um ein echter Weggefährte zu sein.

Nach der x-ten Demütigung durch Pierre Joxe, der mich als »bockig« bezeichnete – gedacht hat er vermutlich: »Was für eine Nervensäge!« –, entschied ich mich, die Nationalversammlung zu verlassen. Mein Sitz darin hatte keinen Sinn mehr, ich musste meine Freiheit zurückerobern und mein altes Leben wieder aufnehmen. Ich wollte mit meiner Kündigung keinen Skandal und damit eine Wahlniederlage der Linken auslösen. Also verschwand ich unauffällig, indem ich meinem Stellvertreter meinen Wahlkreis anvertraute und akzeptierte, ein halbes Jahr lang für das Außenministerium eine Erhebung im Rahmen der Krise internationaler Organisationen durchzuführen. Eine sehr spannende Aufgabe übrigens. Mein Mandat als Abgeordnete hatte drei Jahre, zwei Monate und neunzehn Tage gedauert.

»Was mache ich nur mit Ihnen?«, fragte Mitterrand mich, als er mich ein letztes Mal im Élysée-Palast empfing. Eine Bank? Eine Botschaft? Neu Delhi vielleicht? … Er tat so, als dächte er nach, und mir wurde die Omnipotenz des Staatschefs bewusst. Berufen, abberufen, auszeichnen … all das lag in seiner Macht und seinem Belieben. Reine Willkür. Zumindest kann man nicht behaupten, er hätte sie missbraucht, um Frauen zu unterstützen! Schließlich erfuhr ich im März 1985, als ich gerade in Havanna war, um am Frauentag teilzunehmen und mit Fidel Castro über den Abgang eines seiner Gegner zu verhandeln, von meiner Ernennung zur französischen Botschafterin bei der UNESCO …

Doch ich nahm schon bald meinen Beruf als Anwältin wieder auf, dem ich nach wie vor tief verbunden war. Die Frage nach Gerechtigkeit war meine Luft zum Atmen. Darum war ich froh, wieder vor Gericht zu stehen und parallel dazu an unseren Treffen von »Choisir« teilzunehmen. Sie waren so lebhaft und produktiv wie nie zuvor und angetrieben von den großen Debatten jener Zeit: Prostitution, Gewalt, Leihmutterschaft, Parität … Und natürlich Europa. Das Europa der Frauen.

Seit 1979, dem Jahr der ersten Europawahl, nach der Simone Veil Präsidentin des Europäischen Parlaments wurde, hatte ich große Hoffnungen in Europa gesetzt, ein Europa der Völker und nicht nur der Staaten. Vorausgesetzt, die Frauen trügen darin die ihnen zustehende Verantwortung. Und vorausgesetzt, diese Union der Bürgerinnen würde ihnen Auftrieb verschaffen: Alle Europäerinnen sollten von besseren, fortschrittlicheren, feministischeren Gesetzen profitieren. Das beste geltende Gesetz in einem der Mitgliedsländer sollte auch in allen anderen zur Anwendung kommen. Genau das war das Ideal der Union. Ich nannte dieses politische Ziel »die Klausel für die bestgestellte Europäerin«. Es galt den Blick nach vorn zu richten, einen Traum von Europa zu entwickeln, Europa mit einem Ideal vor Augen zu gestalten, und zwar so, dass es das Leben aller verbesserte. »Ich will Europa nicht verstehen, ich will es verändern« – so lautete der Titel meines Editorials unserer Zeitschrift »Choisir la cause des femmes« im Mai/Juni 1979. Ja, ich wollte die Dinge grundlegend verändern!

Leider wurde dieses Projekt wegen anderer Dinge vernachlässigt, die wichtiger waren, und mir wurde erst im Nachhinein bewusst, dass die Vortäuschung eines feministischen Fortschritts der linken Regierung uns Zeit gekostet hatte. Erst 2005, nach dem politischen Erdbeben durch das französische »Nein« zur EU-Verfassung, beschlossen wir bei »Choisir«, die Initiative für ein gerechteres und frauenfreundlicheres Europa wieder aufzugreifen. Ein Europa, von dem alle Frauen profitieren und zu dem wir endlich »Ja« sagen würden.

Die Idee war ganz einfach! Es ging darum, in den 27 Mitgliedsstaaten die Gesetze zu prüfen, die insbesondere Frauen betrafen: bei privaten Entscheidungen (Fortpflanzung, Abtreibung, Heirat, Scheidung), bezüglich ihrer Arbeit (Ausbildung, Bezahlung, Karriere, Rente), ihrer Teilhabe an politischen Entscheidungen (Parität) sowie im Hinblick auf die verschiedenen Formen von Gewalt, der sie ausgesetzt waren (Gewalt in der Ehe, Vergewaltigung, Prostitution). Anschließend musste alles zusammengetragen, das heißt gesichtet werden, in welchem Land ein Gesetz deutlich weiterentwickelt erschien als in den übrigen europäischen Ländern. Wenn ein Gesetz sich als nützlich für die Spanierinnen erwiesen hatte, warum sollte es dann nicht ebenso nützlich für die Italienerinnen sein? Wenn es in Schweden gut funktionierte, warum nicht auch in den Niederlanden oder in Frankreich? Und in ganz Europa? Eines unserer Ziele dabei war es, die Frauen über das Gesetz miteinander zu verbinden. Ein einheitliches europäisches Recht für sie einzuführen, und zwar das beste. Höher streben und dabei immer mehr Fortschritte machen. So stellte ich mir die europäische Zukunft vor.

Das war unglaublich motivierend. Ein echtes feministisches Glückserlebnis. Innerhalb weniger Tage gründete sich ein Team bei »Choisir«, das gut gelaunt zusammenhielt und entschlossen war, einen großen Sprung nach vorn für alle Europäerinnen zu erreichen – jung, unverbraucht und qualifiziert: Anwältinnen und andere Juristinnen, Lehrerinnen, Gewerkschafterinnen, Informatikerinnen und Soziologinnen. Trotz Beruf und Privatleben fanden sie Möglichkeiten, um sich am Wochenende Zeit zu nehmen und in meiner Kanzlei in der Rue Saint-Dominique zu uns zu stoßen. Wir aßen zusammen Mittag und plauderten über unser Anliegen – die positive Wirkung der spanischen Gesetzgebung im Kampf gegen eheliche Gewalt, den klugen dänischen Ansatz in der Sexualkunde, Estlands Entscheidung im Hinblick auf das Sorgerecht und Schwedens Prostitutionsgesetz. Das hinderte uns nicht daran, über das Rezept der Paprika-Tarte von Barbara zu diskutieren oder das der Mousse au Chocolat (das ich mich standhaft geweigert habe weiterzugegeben) oder über den guten Wein aus der Bourgogne, den Odile mitgebracht hatte. Um Feministin zu sein, musste man schließlich nicht auf irdische Genüsse verzichten …

Unsere Arbeitstreffen samt Festessen fanden selbst im Sommer statt. Dann lud ich zu meiner großen Freude alle in mein Haus in der Drôme ein, mitten im Grünen. Wir diskutierten, stritten und gerieten in Begeisterung über Gesetze, Listen und Berichte. Wir arbeiteten stundenlang, und anschließend machten wir einen ausgedehnten Spaziergang oder gingen schwimmen und waren glücklich über unsere Erkenntnisse und Fortschritte. Violaine Lucas war unsere Koordinatorin, und nach drei Jahren intensiver Arbeit und drei großartigen Sommern brachten wir 2008 ein Buch heraus – Die Klausel für die bestgestellte Europäerin – und organisierten ein internationales Symposium dazu in Paris. Manche nannten das Vorhaben utopisch. Viele verwiesen auf die Schwierigkeit eines geeigneten Verfahrens, um eine solche Klausel in den 27 Mitgliedsstaaten durchzusetzen. Ich hingegen glaube an politische Willenskraft.

Ist es hinnehmbar, dass in Europa noch immer nicht alle Frauen Zugang zu einer Abtreibung haben und dadurch ihre Gesundheit und manchmal sogar ihr Leben auf dem Spiel stehen? Ist es tolerabel, dass in Europa jede dritte Frau physische oder sexuelle Gewalt erlebt? Muss man die Not der armen Arbeiter – die vor allem arme Arbeiterinnen sind – als gegeben hinnehmen? Meine Antwort auf all diese Fragen ist Nein. Im Gegenteil! Man muss das Beste für alle fordern. Wenn Spanien einen Vaterschaftsurlaub von acht Wochen bei voller Lohnfortzahlung eingeführt hat, durch den der Vater sich dem Neugeborenen ebenso widmen kann wie die Mutter, dann können die anderen Staaten das genauso tun in dem Wissen, dass ein Gesetz zum Vorteil der Frauenemanzipation ein Vorteil für die gesamte Gesellschaft ist. Diese Angleichung von oben her im Sinne unserer Klausel wäre nicht nur ein starkes Instrument, um einen Fortschritt für Frauen zu erreichen, sondern ebenso ein Schutz angesichts der Sparpolitik, von der vor allem Frauen betroffen sind. Es ist ein ganzheitliches Projekt, das die europäische Staatsbürgerschaft mit Inhalt füllt. Eines ist sicher: Europas Zukunft ist nicht ohne die Frauen möglich. Aber aus der Zukunft der Frauen kann die Zukunft Europas erwachsen.

Porträt von Gisèle Halimi in La Courneuve, 1978.

ANWÄLTIN – FÜR IMMER

Es ist mehr als 70 Jahre her, dass Sie Ihren Eid geschworen haben. Aber unten an Ihrem Haus hängt noch immer das Kanzleischild von »Maître Gisèle Halimi«, und im vierten Stock hängt, jederzeit bereit zum Einsatz, Ihre Robe auf einem Bügel, die Sie als Anwältin vor Gericht in Algier, Bobigny, Aix und Paris getragen haben.

Meine »Kult«-Robe! Ich habe sie 1949 in Paris gekauft und mich darin immer geschützt gefühlt. Ich hänge sehr daran! Sie ist zigmal geflickt und ausgebessert worden. Zigmal wurden die Knopflöcher repariert, die ständig ausgerissen waren wegen meines Ticks, beim Warten während der endlosen Beratungen an den elf kleinen, schwarzen Perlmuttknöpfen zu hantieren. Ich knöpfe sie auf und wieder zu und kann nicht damit aufhören. Ich bin unruhig. Ich denke an meine Mandanten. Lasse mein Plädoyer noch einmal Revue passieren. Und ich zweifle. War ich überzeugend? Ist es mir gelungen, die Aufmerksamkeit der Richter oder Geschworenen einzufangen, was ich immer mit direktem Blickkontakt versuche oder indem ich jeden einzeln ansehe oder mich besonders auf denjenigen fokussiere, den ich als skeptisch oder geistesabwesend wahrnehme? Ich habe alles gegeben. Ich will gewinnen. Doch der Prozessausgang liegt nicht in meiner Hand. Und so lasse ich meine Unruhe an den Knöpfen aus …

Ich habe noch nie von den Nächten vor den Prozessen erzählt. Den durchgemachten Nächten, muss ich sagen, und den angsterfüllten Tagesanbrüchen danach mit einem Kaffee nach dem nächsten. Ich »beherrsche« die Akte, ich habe sie bis ins kleinste Detail durchgearbeitet. Vielleicht habe ich mir am Tag davor Zeit für einen langen Spaziergang genommen, habe mich durch die Straßen treiben lassen oder bin über den Champ-de-Mars gelaufen, ohne die Geräusche der Stadt wahrzunehmen, vollkommen auf den Fall konzentriert: die Unschuld beweisen oder eine »menschliche« Schuld aufzeigen, eine, der niemand unter denselben Umständen entkommen wäre. Immer den menschlichen Kern offenlegen, den jeder in sich trägt, selbst ein Krimineller. Eine faszinierende Aufgabe, die beinahe etwas Lustvolles hat. Wer dieses seltsame Glück nicht kennt, bei dem sich ein kleiner Schmerz in der Magengrube mit der Erregung mischt, die sich bei einer erfolgreichen Beweisführung einstellt, versteht nichts vom Beruf des Strafverteidigers.

Und dann kommt der Moment des Plädoyers. Jedes Mal ein Abenteuer. Einer meiner Professoren an der juristischen Fakultät, Henry Solus, der seinen Studenten selbst vorführte, wie man ein gutes Plädoyer hält, empfahl uns zu improvisieren. »Machen Sie sich Notizen, aber erscheinen Sie ohne Zettel vor Gericht. Sprechen Sie frei!« In der Tat habe ich meine Plädoyers nie aufgeschrieben oder auswendig gelernt. Ich mache mir kleine Zettel, auf denen ich einen Satz notiere, ein Datum, einen Ort, ein wichtiges Detail, an das ich mich erinnern muss. Ein paar zusammenhangslose Dinge, mit denen niemand außer mir etwas anfangen könnte. Und dann lege ich los, entschlossen, die Zuhörer zu fesseln und ihnen eine schonungslose Beweisführung darzulegen. Kein Plan: erstens, zweitens, drittens. Ein Sprung ins Ungewisse, aber mit Vertrauen in meine Arbeit, in mein Wissen und in meine Überzeugungen. Und in das, was mich kulturell prägt. Ich glaube, darin liegen der Reiz und die Kraft jener Plädoyers, die die Zuhörer einnehmen und über die juristischen Fakten hinaus beeindrucken. Zudem bin ich geleitet von meiner Verantwortung: Wenn ich Erfolg habe, rette ich einen Menschen, und manchmal leiste ich damit außerdem einen Beitrag zu einer wichtigen Sache. Aber was, wenn es mir misslingt …

Gerechtigkeit war das große Thema meines Lebens. Manchmal spreche ich sogar von »meiner« Gerechtigkeit, um deutlich zu machen, wie sehr ich mit der Welt verschmolzen bin, für die ich mich entschieden hatte. Ich habe nie aufgehört, sie in meinem geheimen Tete-à-Tete mit ihr zu hinterfragen, ins Verhör zu nehmen, in Zweifel und zur Verantwortung zu ziehen. Ich hatte so viel Hoffnung in sie! So viele Erwartungen! Und im Gepäck meinen Eigensinn und meine Unverfrorenheit. In diese beinahe leidenschaftliche Entscheidung mischten sich selbstverständlich auch meine persönlichen Erfahrungen. Denn mein Leben als Frau spielte immer eine Rolle bei allen wichtigen Schritten in meinem Berufsleben. Wenn ich mit »Gisèle Halimi – Anwältin« unterschrieb, dann schrieb ich automatisch in das Wort Anwältin die beiden untrennbaren Stränge meines Lebens und die daran geknüpfte Zerrissenheit mit ein. Ein Beispiel dafür war die Luftbrücke, die die Pariser Anwälte zur Verteidigung der algerischen Nationalisten ins Leben gerufen hatten. Bedeutete meine Teilnahme daran nicht auch, dass mein Leben als Frau, als Mutter zweier kleiner Kinder in den Hintergrund trat? War ich also eine unwürdige Mutter, die nur von dem Willen angetrieben war, den Lauf der Ereignisse zu beeinflussen, wie meine männlichen Kollegen, die allerdings nicht im Geringsten besorgt um die Konsequenzen für ihre Familien waren?

Dieser Frage bin ich lange ausgewichen, indem ich über mich hinauswuchs – am selben Tag, an dem ich morgens noch jemanden vor einem Militärgericht in Algerien verteidigt hatte, musste ich einen meiner Söhne krank im Kindergarten abholen oder den anderen wegen einer akuten Blinddarmentzündung im Krankenhaus besuchen. Das war riskant und erzeugte schreckliche Schuldgefühle. Meine Mutter setzte noch eins drauf, indem sie meine Tagesmütter oder Au-pair-Mädchen »Söldnerinnen« nannte (in Gedanken vermutlich »Folterknechte«) oder indem sie mich beschuldigte, meine Kinder zu verlassen, »um Araber zu verteidigen«. Ich hielt das aus. Das Weltgeschehen war ein Teil meines Lebens, zuweilen der maßgebliche. Und ich agierte als selbstbestimmte Frau, so, wie ich es immer gewollt hatte, aber in einer Welt, die nicht dafür geeignet war. Mein schlechtes Gewissen zerriss mich innerlich. Ich wollte alles. Ich verhielt mich wie ein Mann, wurde aber als Frau beurteilt. Ich war entschlossen, meinen fordernden Beruf mit all seinen Hindernissen auszuüben, aber ohne auf innige Momente mit meinen Kindern und Gutenachtgeschichten zu verzichten. Ständig also dieser Spagat. Wenig Schlaf, jede freie Minute nutzen, um die Anhörungen vor einem Militärgericht vorzubereiten, das reihenweise Menschen zum Tode verurteilte, und gleichzeitig die Mahlzeiten und den Tagesablauf für die Studentin planen, die auf meine beiden Kleinen, Jean-Yves und Serge, aufpasste. Ein paar Jahre später dann Blitzreisen, Züge und Flüge zu den unmöglichsten Zeiten, damit ich mit meinem dritten Sohn zumindest frühstücken oder zu Abend essen konnte. Emmanuel wurde 1964 geboren, weit weg von den algerischen Unruhen, und war noch so klein während all der Prozesse, Wahlkämpfe und Versammlungen für die Freiheit der Frauen. Wie gesagt: Ich hatte mein Privatleben immer im Gepäck, wenn ich im Gerichtssaal stand. Mein Privatleben und all meine Wut. Als Anwältin die Welt verändern … eine echte Herausforderung!

Aber ich hatte das Glück, dass es einen Mann gab, der mich verstand. Einen Mann, der mich 60 Jahre lang begleitete, unterstützte und mir half und den ich heute schrecklich vermisse. Ein Feminist. Ich habe keinen anderen Mann kennengelernt, der so feministisch war. Wir hatten Tausend Gemeinsamkeiten, uns verbanden dieselben Grundauffassungen, und ich konnte das mit ihm teilen, wofür ich kämpfte. Claude Faux, Emmanuels Vater. Wir lernten uns am 31. Dezember 1958 kennen und heirateten am 21. Februar 1961 im Rathaus des 10. Arrondissements in Paris im Beisein unserer Trauzeugen: des Dichters Louis Aragon und des Malers und Tapisserie-Künstlers Jean Lurçat. Claude war Mitglied der Pariser Anwaltskammer und mit dem Prüfungsverfahren für Verhandlungsführung betraut, aber seine große Leidenschaft galt seit der Jugend dem Schreiben von Gedichten. Sartre, dem er ein Romanmanuskript geschickt hatte, hatte ihm gesagt: »Das muss veröffentlicht werden, Sie sind Schriftsteller.« Und er hatte hinzugefügt: »Ich brauche einen Sekretär. Wollen Sie nicht mit mir zusammenarbeiten und weiter schreiben?« So wurde Claude der Nachfolger von Jean Cau in der Rue Bonaparte 42. Und auf diese Weise ergab es sich, dass auch mein Kontakt zu Sartre enger wurde.

Wir machten alles zusammen. Uns verband unendliche Zärtlichkeit. Und wir sprachen miteinander. Über alles. Über Bücher, über Politik (er war Kommunist gewesen und im Umfeld von Paul Éluard in die Partei eingetreten, dem Autor des berühmten Gedichtes »Liberté«), über Gerechtigkeit und über Kunst. Und natürlich über die Sache der Frauen, die auch sein Anliegen war. Ich hätte nie mit einem Mann zusammenleben können, der dieses Anliegen nicht geteilt hätte. Das wäre nicht möglich gewesen. Wenn ich morgens aufstand, hatte er bereits die Zeitung gelesen und alles gesammelt, was für mich eventuell von Interesse war, er notierte sexistische Äußerungen, auf die ich aufmerksam machen sollte, oder Respektlosigkeiten, die er inakzeptabel fand. Er ermunterte mich, darauf zu reagieren und zu protestieren, nichts durchgehen zu lassen. Und so verfassten wir gemeinsam eine Mitteilung dazu. Er hatte immer neue Ideen und gab mir Ratschläge. »Schau mal, dazu solltest du etwas machen, das wird die Sache der Frauen voranbringen.« Dann reichte er mir ein paar wunderbar formulierte Seiten, auf die ich mich verlassen konnte, ebenso wie auf ihn selbst. Oftmals sträubte ich mich. Aber beim Lesen seiner Notizen schärfte ich meine eigenen Worte und Gedanken.

Wir demonstrierten gemeinsam gegen den Algerienkrieg, und wir wurden gemeinsam von der Polizei niedergeknüppelt und ins Krankenhaus gebracht. Ebenso gingen wir gemeinsam zu Gerichtsverhandlungen, zu Gefängnisbesuchen und zu zahllosen öffentlichen Versammlungen. Wenn ich, ungeachtet der Bedrohungen und Gefahren, in einem schwierigen politischen Umfeld das Wort ergriff, stellte er sich hinten in den Saal und passte auf wie ein Luchs. Und von der Bühne aus erkannte ich seine große Gestalt und die silbergrauen Haare meines unauffälligen Leibwächters. Er war der einzige Mann, der direkt an den Aktivitäten von »Choisir« mitwirkte, an unseren Treffen im Büro teilnahm, sich um das Layout unserer Zeitung kümmerte und versuchte, Gelder aufzutreiben. »Der ist ja motivierter als wir selbst!«, meinten meine Freundinnen belustigt. Ich glaube, sie beneideten mich um ihn.

In den turbulenten Phasen meiner Wahlkämpfe hätte er sich durchaus herausziehen können. Aber er übernahm sogar selbst Verantwortung darin, indem er die Kampagnen organisierte und ihnen damit Auftrieb verlieh. Selbstverständlich stritten wir uns auch. Ich habe ihn sogar mehrmals als Macho beschimpft, woraufhin er antwortete: »Ihr Feministinnen seid doch nicht beziehungsfähig!« Offengestanden ist es eine enorme Aufgabe, Theorie und Praxis im Alltag unter einen Hut zu bekommen, wenn man wirklich etwas verändern will. Wir haben sie angenommen. Gemeinsam und im feministischen Sinne. Und wir hatten viel Spaß dabei.

Denn auf dem Weg, den wir bestritten haben, wurden wir von vielen Freunden begleitet, die oft zu Besuch bei uns waren. Was für einen besonderen Platz Sartre und Simone de Beauvoir dabei einnahmen, habe ich bereits erzählt. Sartre, mein lieber Freund, der die Gesellschaft von Frauen der von Männern vorzog. Castor, die eiserne Kämpferin, deren messerscharfe Analysen zur Situation der Frau mich stets aufs Neue faszinierten. Über ihr Hauptwerk, *Das andere Geschlecht*, sagte sie selbst: »Abgesehen von ein paar Details würde ich es wieder so schreiben.« Denn sie wusste, dass sie uns mit diesem Text das wichtigste Werkzeug für unseren Kampf an die Hand gegeben hatte. Zu *Die Mandarins von Paris*, das mir sehr gefallen hatte, erklärte sie mir eines Tages – wohl mit unfreiwilliger Komik: »Es hat den Goncourt bekommen, das stimmt. Aber man sollte auch nicht übertreiben, letztlich ist es gar kein so schlechtes Buch.« Ich erinnere mich an ausgelassene Abende, an denen wir mit ihnen, dem Autor Poirot-Delpech und meiner Freundin Claire Bretécher zusammen aßen. Und mit Françoise Sagan, die meine beiden kleinen Jungen eroberte, indem sie sie in ihrem Sportwagen bei Höchstgeschwindigkeit mitnahm, während ich mich dafür verfluchte, nicht Nein gesagt zu haben.

Unsere Trauzeugen Aragon und Lurçat waren ebenfalls die beiden Paten von Emmanuel. Lurçat schenkte ihm eine Lithografie, die einen Zentauren darstellte, mit den Worten: »Götter sind wie Paten. Langhaarig, brüllend laut, struppig und großartig.« Aragon suchte eines seiner Bücher aus. Eine hübsche Sonderausgabe seines Gedichtes »Voyage en Hollande«. »Für Emmanuel, eine Tulpe als Grundstock für seine Bibliothek.« Er war mit Elsa Triolet zusammen – die erste Frau, die den Prix Goncourt erhielt, was man oft vergisst –, und ich amüsierte mich immer über die beiden als Paar. Ich weiß noch genau, wie er eines Abends bei uns im Wohnzimmer sehr fesselnd eine lange Geschichte erzählte. Sie unterbrach ihn mit ihrem russischen Akzent mit dem gerollten r: »Fass dich kurrrrrz, Louis. Merrrkst du denn niecht, dass du alle laangweilst?« Wir brachen in Gelächter aus und protestierten. Nein, selbstverständlich langweilte er uns nicht! Aber sie war eine echte Persönlichkeit und kannte keine Hemmungen dabei, ihm bissige Bemerkungen zuzuwerfen, während er auf dem Boden vor dem Sofa zu ihren Füßen saß und sie theatralisch anblickte, leidenschaftlich-verliebt. Claude hatte ihn schon als Student kennengelernt und verehrte ihn. Wenn die beiden sich über Poesie austauschten, sagte Aragon immer: »Hör zu, Kleiner …« Auf den Grabstein meines Vaters in Nizza habe ich übrigens einen seiner Verse gravieren lassen: »Du wirst in der Schönheit der Dinge weiterleben …« Wir hatten eine Affinität zu Schriftstellern. Éluard selbst kannte ich nicht, aber Dominique, seine dritte Frau, seine Muse, war eine enge Freundin von mir. Auch Pablo Neruda, »Pablito«, war ein häufiger Gast, der mir ein Gedicht gewidmet hat, in dem er von

»der schönen Frau mit den traurigen Augen« spricht. Das stimmte, denn er hat mich in jämmerlichem Zustand gesehen, als ich gerade aus Chile zurückkam. Ich war von Präsident Salvador Allende dorthin eingeladen worden und hatte einen Autounfall in Valparaiso gehabt. Auch an Aimé Césaire erinnere ich mich gut, dessen Gedichte aus dem Band *Zurück ins Land der Geburt* eine wahre Erleuchtung für mich wahren. Am Tag vor dem Bobigny-Prozess hatte er mir seine aufrichtige Unterstützung zugesichert: »Ich bin in jedem Fall an Ihrer Seite.« Das Wort Feminismus machte ihm keinerlei Angst.

Außerdem gab es noch »meine Wissenschaftler«. Zunächst Jean Rostand, der mir Tee kochte, wenn ich ihn in seinem Haus in der Pariser Vorstadt besuchte und der die Anfänge von »Choisir« begleitete. Die Professoren Jacques Monod und François Jacob, die gemeinsam den Nobelpreis erhielten und mir unablässig ihre Unterstützung zum Ausdruck brachten. Und Noam Chomsky, engagierter amerikanischer Linguist, Philosoph und Intellektueller, den ich 1967 in Boston kennenlernte und der seinem Land gegenüber so kritisch war, so frei in seiner Ablehnung des öffentlichen Diskurses. Ich mag freie, leidenschaftliche Menschen. Von Romain Gary, den ich auch als Anwältin im Fall Ajar vertreten habe, war ich verzaubert. Signoret und Montand haben mir manchmal unter die Arme gegriffen. Und Julien Clerc und Miou-Miou waren wunderbare Unterhalter, ebenso wie mein Freund Maxime Le Forestier, der mir gemütliche Abende mit Gitarrenmusik bescherte.

Aber mein selbst gewählter Bruder, »mein kleiner Bruder«, wie ich ihn oft nannte, war Guy Bedos. Wir lernten uns im August 1967 kennen, dem letzten Sommer meines Vaters Édouard, für den ich ein Haus in Südfrankreich gemietet hatte, ganz in der Nähe seines Hauses. Und wir waren wie zwei Magneten voneinander angezogen. Wir hatten so viel gemeinsam: Wir waren beide aus unserem Heimatland entwurzelt (bei ihm Algerien, bei mir Tunesien), lehnten Kolonialgeist und Rassismus entschieden ab und empfanden Religion, nachdem wir beide in einem gläubigen Umfeld aufgewachsen waren, als Gefangenschaft, vor allem für Frauen. Seit jener Zeit waren wir befreundet. Als im April 1979 Nicolas geboren wurde, baten Guy und seine Frau Joe mich, die Patenschaft für ihr erstes Kind zu übernehmen, zusammen mit Jean-Loup Dabadie. Ich willigte ein und nahm meine Rolle sehr ernst. Vier Jahre später kam Victoria auf die Welt, und Claude, mein Mann, wurde ihr Patenonkel.

In all diesen Jahren trafen wir uns zum Essen und zum Feiern mit den »Bedos«, auch zu Weihnachten. Wir waren eine große Familie. Guy probierte seine Sketche häufig an uns aus, und wir waren ein unerbittliches Publikum. Er konfrontierte uns über den Humor mit uns selbst. Unbarmherzig und liebevoll zugleich. Wir überlisteten, zumal als Atheisten, den Kalender und feierten Weihnachten einfach erst am 25. Januar. So hatten wir eine weitere Gelegenheit für ein Fest und machten uns den Winter dadurch angenehmer.

Irgendwann wurden wir alt und feierten Weihnachten wie alle anderen am 24. Dezember. Das letzte Mal, dass ich »meinen kleinen Bruder« sah, war an Silvester 2019, zu dem Joe in ihre Wohnung auf der Île Saint-Louis eingeladen hatte. Die ganze Sippe war vereint, auch das jüngste Familienmitglied, Zelda, die Tochter von Victoria. Gegen halb eins wollten mein Sohn Emmanuel und ich gehen. Aber auf dem Weg zu unseren Mänteln blieben wir am Klavier stehen. Uns gingen lauter Melodien durch den Kopf, und Nicolas fing fröhlich an zu spielen: Piaf, Barbara, Montand, Julien Clerc … Ich stellte mich an die Seite des Pianisten, meines Patenkindes, und begann zu seiner Musik zu singen. Victoria stand auf der anderen Seite des Klaviers. Und auch Guy, das Familienoberhaupt, gesellte sich zu unserem spontanen Konzert dazu. Wir machten ein paar Fotos, wir lachten, wir umarmten uns und tanzten sogar ein bisschen. Wir waren ganz eingehüllt in die Musik … Und in das Glück, zusammen zu sein. Bis zum Morgen. Die letzte Erinnerung an meinen Guy – ein Fest.

Manche sprechen von »Wahlverwandtschaften«. Ich mag die Idee von einer »Wahlfamilie«. Und heute, an diesem besonderen Punkt in meinem Leben, an dem die Zeit zerfasert und immer mehr Freunde sterben, denke ich gern daran, dass uns alle, abgesehen von einem unersättlichen Lebenshunger, dieser Satz von René Char miteinander verband: »Wer auf die Welt kommt und nichts bewegt, verdient weder Aufmerksamkeit noch Geduld.«

Gisèle Halimi mit 84 Jahren in ihrer Pariser Wohnung, 2011.

DIE FACKEL WEITERREICHEN

Sie haben vieles »bewegt«, um das Zitat von René Char noch einmal aufzugreifen. Sie haben protestiert, gemahnt, gewettert, gekämpft und verteidigt. Sie haben die Öffentlichkeit auf Ungerechtigkeiten aufmerksam gemacht, große Gesellschaftsdebatten und Gesetzesänderungen angestoßen. Aber Ihr wichtigstes Anliegen war immer das der Frauen. Wie ist der Stand der Dinge inzwischen? Was erwarten Sie von den Frauen heute?

Ich erwarte eine Revolution von ihnen. Tatsächlich verstehe ich nicht, warum sie nicht längst stattgefunden hat. Die Wut hat sich Ausdruck verschafft, und vereinzelt ist Empörung losgebrochen, was einen Fortschritt für die Frauenrechte nach sich gezogen hat. Aber die Realität sieht noch immer ganz anders aus. Wir brauchen eine moralische, geistige und weltanschauliche Revolution. Einen radikalen Wandel der zwischenmenschlichen Beziehungen, die sich seit Jahrtausenden auf das Patriarchat gründen: Herrschaft der Männer und Unterwerfung der Frauen. Dieses System ist nicht mehr akzeptabel. Es ist sogar grotesk geworden. Lange Zeit diente die angebliche Inkompetenz der Frauen als Begründung, um sie von Macht und Verantwortung fernzuhalten. Da eine gebildete Frau als gefährlich galt, tat man notgedrungen alles, um Frauen das Bildungswesen und den Zugang zu den besten Schulen vorzuenthalten. Doch das ist vorbei. Zumindest in den westlichen Gesellschaften. Inzwischen sind Frauen dort gut ausgebildet und glänzen im Studium, mehr als die Männer. Niemand würde mehr wagen zu sagen, sie seien weniger kompetent. Sie haben, zumindest theoretisch, Zugang zu den höchsten Positionen. Sie können Brücken bauen, ein Atomkraftwerk leiten, ein Jagdflugzeug lenken, einem Schwurgericht vorsitzen, eine Bank oder ein Land verwalten. Und trotzdem …

Wer könnte behaupten, dass unsere Gesellschaften inzwischen egalitär seien? Dass die Frage geklärt sei und Frauen denselben Status hätten wie Männer, dass Frauen nicht Subjekte und Bürgerinnen zweiter Klasse und auf Entscheidungsebene unterrepräsentiert seien? Man muss sich nur einmal die Bilder von den Verhandlungstischen beim Premierminister anschauen. Oder die von den Friedensverhandlungen für Syrien, Irak und Afghanistan. Männer, Männer, Männer. Im Jahr 2020. Das ist bestürzend. Unsere Sozialversicherungsnummer beginnt mit der Zahl 2. Die der Männer mit einer 1. Das ist ganz offensichtlich kein Zufall. Wir bleiben in die zweite Reihe verbannt als diejenigen, die entbehrlich sind, hinter den Unentbehrlichen.

Als ich klein war, wetterte ich: »Das ist ungerecht!«, weil ich empört über die unterschiedliche Stellung von Jungen und

Mädchen war und darüber, was die einen durften und die anderen nicht, auch in meiner eigenen Familie. »Es ist noch immer ungerecht!« – auch 80 Jahre später. Es ist und bleibt ein Fluch, auf jeden Fall in den meisten Ländern der Erde, als Mädchen geboren zu werden. Zumindest bedeutet es weniger Chancen, und das schmerzt mich. Wie kommt es, dass daraus kein Aufstand folgt? Wie kommt es, dass diese immense Ungerechtigkeit, die jeden zweiten Menschen auf unserem Planeten betrifft, keine riesige Protestwelle auslöst? Überall auf der Welt lehnen sich unterdrückte Völker gegen ihre Unterdrücker auf, und Versklavte befreien sich. Also – warum mobilisiert die Frauenfrage nicht mehr Menschen? Worauf warten die Frauen, um sich zu erheben und laut zu sagen: »Es reicht!«?

Zu viele von ihnen billigen ihre Unterdrückung. Das scheint absurd, natürlich, aber Religion und Kultur bilden seit Jahrhunderten die Grundlage dieser Billigung, die auf Einverständnis beruht. Sie sind Gefangene und lassen sich von den Blumen ihrer Männer täuschen, von deren Lobeshymnen auf die perfekte Hausfrau und die Herzenskönigin. Freud schrieb an seine Verlobte Martha: »Das Schicksal der Frau soll bleiben, was es ist: in der Jugend ist sie etwas Köstliches und Reizendes, im reifen Alter die geliebte Ehefrau.« Unglaublich. Balzac war zynischer: »Die Frau ist eine Sklavin, der man einen Thron bereiten muss.« Besser ließe sich die Falle, die man den Frauen stellt, nicht in Worte fassen. Der Thron ist ein Gefängnis, das begreifen sie sehr schnell. Aber sie finden sich damit ab und versuchen verzweifelt, irgendeinen Vorteil darin zu finden, um nicht verletzt zu sein und die Ehre oder ihr Leben zu retten, selbst wenn sie damit das System stützen und reproduzieren. Sie sind also Komplizinnen. Und das ist schlimm. Das Schicksal der Frauen unterscheidet sich nicht von den großen historischen Unterdrückungen: ohne die Zustimmung der Unterdrückten – egal ob Individuum, Volk oder die Hälfte der Menschheit – kann die Unterdrückung nicht fortbestehen.

Man muss also das System zerschlagen. Die Augen öffnen. Alle dazu bringen, sich die Welt anzusehen, wie sie ist und nicht, wie sie uns erzählt wird – als ein trügerisches Narrativ, das uns eine auf Gegenseitigkeit beruhende Harmonie zwischen den Geschlechtern vorgaukelt. Genug der Phantasie! Genug all der Propaganda, die mithilfe von Mythen, Ritualen, den großen Klassikern der Film- und Literaturgeschichte und bis vor Kurzem auch mithilfe von Bildung vermittelt wurde. Dadurch wurde glauben gemacht, ein Genie könne nur männlich sein, weil die Geschichtsschreibung sich ausschließlich die Namen der Männer merkte, die als Wissenschaftler oder Künstler ihre Zeit prägten. Eine Schande, wenn man weiß, welche Leistungen von Frauen (in Musik, Malerei und Literatur) ausradiert oder von ihren Ehemännern, Brüdern oder Weggefährten kopiert wurden. Denken wir an Clara Schumann, Alma Mahler oder die arme, so begabte Fanny Mendelssohn, der ihr Vater verordnete: »Verzichte auf den Erfolg, der deinem Geschlecht nicht ansteht, und überlass den Platz deinem Bruder.« Und an Colette, deren Texte unter dem Pseudonym Willy ihres Ehemannes veröffentlicht wurden. Oder Camille Claudel – beneidet von Rodin. Und die Schwestern Morisot, Berthe und Edma –

bewundert von Manet, der sich dennoch erdreistete zu schreiben: »Die Fräulein Morisot sind reizend, bedauernswerterweise sind sie keine Männer.« Was für ein Elend!

Darum: Ja, ich möchte den jungen Frauen, in deren Händen die Zukunft liegt, gern ein paar Dinge sagen.

Zunächst: Seid wirtschaftlich unabhängig! Das ist eine Grundregel – der Schlüssel zu eurer Unabhängigkeit, das Fundament eurer Freiheit, die Möglichkeit zur Befreiung aus der alten Abhängigkeit, in der die Gesellschaft die Frauen lange gehalten hat. Wie soll man ein Mensch mit eigenen Plänen werden, wenn man der Macht eines »Beschützers« untersteht? Wie soll man eine echte Liebesbeziehung führen, wenn man ausgehalten wird und im Falle sexueller Unbefriedigung gezwungen ist, Lust vorzutäuschen, weil es ausgeschlossen ist, den Herrn und Meister zu verlassen? Woher die Freiheit nehmen, um zu leben, eine Wahl zu haben und im Falle von Gewalt zu fliehen, wenn einem das Geld, der Beruf, die sozialen Beziehungen und die Selbstachtung fehlen, zu denen einem ökonomische Unabhängigkeit verhilft? Dieser Rat mag jungen Mädchen, die sich auf ihr Abitur vorbereiten und arbeiten wollen, überflüssig erscheinen. Aber ich spreche aus Erfahrung und als Anwältin, die seit 60 Jahren Frauen vertritt. Man muss wissen, dass bei der erstbesten Wirtschaftskrise als Erstes die Arbeitsplätze von Frauen wackeln. Sie sind die ersten Opfer von Arbeitslosigkeit. Sie sind auch die am schlechtesten Bezahlten und machen den größten Teil (zwei Drittel) derjenigen aus, die zum Mindestlohn arbeiten. Sie sind es, denen man bevorzugt

Teilzeitarbeit vorschlägt, beschönigend auch »flexible Arbeitszeit« genannt, obwohl nur ein verschwindend kleiner Teil der Frauen auch ökonomisch flexibel genug dafür ist. Seid also ehrgeizig, habt große Träume, aber verliert niemals aus dem Blick, unbedingt finanziell unabhängig zu sein.

Und dann seid egoistisch! Ich wähle dieses Wort mit Absicht. Seid ihr überrascht? Schade. Frauen haben zu oft das Gefühl, ihr eigenes Wohl komme erst nach dem der anderen, dem der Eltern, der Kinder, der Partner, der Kollegen und der Familie. Sie fürchten, sich aufzudrängen, etwas zu beanspruchen, ihre Wünsche und Pläne zu offenbaren, sich in den Vordergrund zu drängen. Das liegt nicht daran, dass sie von Natur aus bescheiden sind. Nur hat ihnen die Geschichte diese Zurückhaltung, ja sogar den Rückzug aufgezwungen: Eine Frau soll keinen Lärm und keine Umstände machen, nicht auf sich aufmerksam machen, keinen Wetteifer haben und nicht nach Ruhm streben. All das ist den Männern vorbehalten. Aber rebelliert dagegen! Denkt endlich an euch selbst. Daran, was euch gefällt. An das, worin ihr aufgeht, worin ihr vollkommen ihr selbst seid und worin ihr euch entfalten könnt. Jagt Konventionen, Traditionen und das Gerede der Leute zum Teufel. Pfeift auf Spott und Neid. Ihr seid wichtig. Gebt euch selbst Vorfahrt!

Und noch Folgendes: Verweigert euch dem Millenniumsbefehl, unbedingt Kinder bekommen zu müssen. Diese Forderung ist unerträglich und reduziert die Frauen auf ihren Bauch. Ohne Machtbefugnis stand ihnen lange nur das eine Schicksal offen: die Menschheit zu erhalten. Und wehe eine

Frau war unfruchtbar (dann ließ man es sich nicht nehmen, sie zu verstoßen) oder wollte keine Kinder bekommen. Das stieß auf Unverständnis und war verwerflich. Die »Mutter« galt als unübertroffen. Literatur, soziale Anstandsregeln, Werbung und Gesetze schufen ein Stereotyp, das mit seiner Opferbereitschaft und Selbstlosigkeit auf ein Podest gehoben wurde. Man verachtete die Frau, aber verehrte die Mutter, die durch das Kind zur Zierde wird. Ich erinnere mich, wie bestürzt ich als Schülerin über die Darstellung der Mutter der Gracchen war, die stolz ihre Söhne präsentierte. »Hier sind meine Goldstücke.« Ihr Glanz sollte auf sie zurückfallen, die ihnen ihre Zeit, ihre Zuwendung und all ihre Kraft gewidmet, ihnen ihr Eigenleben geopfert hatte. Die vorbildliche Mutter par excellence.

Auch ich habe Kinder. Drei. Und zwar nicht aus Konformismus oder als Ersatz für etwas, sondern aus Neugier. Aus unstillbarer Neugier, die Teil meines Wesens ist. Eine feministische Neugier: Ich wollte wissen, was Schwangerschaft und Geburt mit meinem Körper und mit meinem Leben als Frau machen würden. Hätte ich danach noch Lust, ganze Nächte durchzulesen? Sex zu haben? Musik zu hören? Würde ich arbeiten, vor Gericht stehen und mit anderen einen Streit austragen können? Ein Kind zu bekommen und in die Welt zu setzen schien mir die Grenzen meiner biologischen Bestimmung auszuloten. Ich musste es erleben und nicht nur darüber lesen, damit ich etwas Theoretisches daraus ableiten konnte. Und, das gebe ich zu, ich wünschte mir eine Tochter. Jedes Mal. Von ganzem Herzen. Das wäre dermaßen interessant gewesen! Eine echte Herausforderung für eine Feministin! Ein Mädchen großzuziehen in einer von Männern regierten und erdachten Welt. Ihre Begabungen zu fördern, ihr die eigenen Stärken zu offenbaren und ihr Selbstvertrauen zu geben. Die freie Frau Gestalt annehmen zu lassen, die sie später gewesen wäre. Ihr all das zu geben, was Fritna mir versagt hatte. Fritna, die ich verehrte, aber die mich kaum liebte, die gurrte: »Mein Sohn, mein Sohn!«, aber mir jede Umarmung und den kleinsten Kuss verweigerte. Fritna, meine Mutter, von der ich mir so wünschte, dass sie mich ansah, und die ich noch mit 60 Jahren anflehte: »Warum, Maman? Warum hast du mich nie geliebt?«

Ich betone also noch einmal, dass das Kinderkriegen nicht das einzige Ziel sein darf und die Bestimmung der Frau als Mutter ein Lügenmärchen ist, das auf den Müllhaufen der Geschichte gehört. Ich habe nie daran geglaubt. Und das Leben hat meinen Eindruck bestätigt. Darum lasse ich nicht locker: Seid frei! Kinder zu bekommen ist weder eine Pflicht noch der einzige Weg zur Erfüllung im Leben einer Frau. Das Thema verdient es, dass man ohne Selbstzensur genau darüber nachdenkt und abwägt. Warum will ich ein Kind bekommen? Will ich die Welt retten? Mich fortpflanzen? Spuren hinterlassen? Es muss eine vollkommen freie und verantwortungsvolle Entscheidung sein ohne religiösen Druck oder soziale Einflussnahme. Eine wohlüberlegte, klare Entscheidung.

Schließlich: Habt keine Angst, euch Feministinnen zu nennen! Das ist ein wunderbares Wort. Der Feminismus ist ein entschlossener Kampf ohne Blutvergießen. Eine Philosophie, die die Beziehung zwischen Männern und Frauen neu erfindet und sie endlich auf Freiheit gründet. Ein Ideal, das eine friedliche Welt in Aussicht stellt, in der das Schicksal der einzelnen Menschen nicht von ihrem Geschlecht bestimmt wird und in der die Befreiung der Frauen bedeutet, dass auch die Männer befreit werden – vom Diktat der Männlichkeit. Denn auf ihren Schultern lastet eine große Bürde!

Die Feministinnen meiner Generation haben sich wacker geschlagen. Wir haben eine Reform nach der nächsten erzwungen, die ein Gewinn für die gesamte französische Gesellschaft sind: die Gesetze zu Verhütung, Abtreibung und Scheidung, die Anerkennung sexueller Belästigung als Delikt und Vergewaltigung als Verbrechen, Maßnahmen für eine Parität in der Politik und für die Gleichstellung in der Arbeitswelt … Sagen wir, wir haben gute Vorarbeit geleistet. Doch wir brauchen eine Ablösung, um die Fackel weiterzureichen. Der Kampf ist nicht zu Ende. Wenn wir aufhören, droht der Sturz. Wenn wir aufhören, sind wir geliefert. Denn die Frauenrechte sind immer in Gefahr. Also seid auf der Hut, seid aufmerksam und kämpferisch. Lasst keine Geste, kein Wort, keine Situation durchgehen, die eure Würde beeinträchtigen. Eure Würde ist die Würde aller Frauen. Organisiert euch, mobilisiert euch, seid solidarisch. Nicht nur, indem ihr in den sozialen Medien schreibt »Ich auch« (#MeToo). Das ist nett, aber es verändert nicht die Welt. Aber eben das ist eure Herausforderung, der ihr euch stellen müsst. Erobert euer Terrain. Erkämpft euch neue Rechte, ohne darauf zu warten, dass man sie euch »zugesteht«. Gründet Netzwerke, um euch gegenseitig zu helfen

– die Männer tun das seit Ewigkeiten – und setzt auf Frauensolidarität. Zerstritten sind die Frauen verwundbar. Zusammen besitzen sie die Kraft, um Berge zu versetzen und die Menschen für diese starke Bewegung zu gewinnen. Die faszinierendste der ganzen Menschheitsgeschichte.

Ich glaube nicht an eine weibliche »Natur«, ebenso wenig wie ich an eine männliche »Natur« glaube. An typisch weibliche oder typisch männliche »Werte« oder »Eigenschaften«. An das lächerliche »Ewig-Weibliche«, erfunden von Machos, um uns besser Grenzen setzen zu können. Essenzphilosophische Theorien sind nicht meine Sache.

Aber ich bin davon überzeugt, dass in unserer Erfahrung von Ungerechtigkeit, Ausgrenzung und Leid ein Schatz verborgen liegt. Und dass wir unbewusst aus unserer Geschichte des Patriarchats ungeahnte Kräfte schöpfen. Wir mussten die Zähne zusammenbeißen, uns anpassen, erfinderisch sein und Widerstand leisten. Unsere Wünsche unterdrücken, aber nicht unsere Vorstellungskraft. Unsere Triebe zügeln, aber nicht unseren Willen. Unsere Talente ersticken, aber nicht unsere Empfindsamkeit, die dadurch vermutlich ganz besonders stark geworden ist und uns ein ausgeprägtes Einfühlungsvermögen verleiht, Nachsicht für die am Rand, Mitgefühl für die Schwachen … Macht all das andere Menschen aus uns? Das vermag ich nicht zu entscheiden. Aber ich weiß, dass sich aus unterdrücktem Mut, Ausdauer und Widerstandsfähigkeit eine ungeheure Kreativität entfalten kann.

Man kommt nicht als Feministin auf die Welt, man wird es.

DANK

Ich danke insbesondere meiner treuen Assistentin Sandrine Denos, die dieses Projekt begleitet und daran mitgewirkt hat.

ABBILDUNGSNACHWEIS

S. 24: © Laurent Maous/Kontributor/Getty Images

S. 44: © Gilbert Uzan/Gamma Rapho/Getty Images

S. 60: © Artault Erwan/Sygma/Getty Images

S. 74: © AFP Contributor/AFP/Getty Images

S. 94: © Georges Gobet/AFP/Getty Images

S. 114: © Roger Viollet/Roger Viollet/Getty Images

S. 128: © Richard Dumas

The Secret®

HÉROS

Rhonda Byrne

Guy Trédaniel
éditeur

GUY TRÉDANIEL ÉDITEUR

19, rue Saint-Séverin
75005 Paris

www.editions-tredaniel.com
info@guytredaniel.fr

Cet ouvrage a été publié en anglais sous le titre original :
HERO
Published by Atria Books
A Division of Simon & Schuster, Inc.
1230 Avenue of the Americas
New York, NY 10020

www.thesecret.tv

Dépôts légaux : 2e trimestre 2014
Bibliothèque nationale de France

Maquette originale et direction artistique : Nic George de Making Good LLC.

Mise en pages et design : Gozer Media P/L (Australie), www.gozer.com.au, dirigés par Making Good LLC.

Mise en pages de la version française : OLIVIER LASSER

Version française : JOCELYNE ROY

ISBN 978-2-8132-0704-3
(Édition originale : ISBN 978-1-4767-5858-9 et ISBN 978-1-4767-5859-6 [ebook])

« Voici un test pour savoir si votre mission sur terre est achevée. Si vous êtes vivant, elle ne l'est pas. »

Richard Bach

Illusions

Dédié à tous les héros

Remerciements

Chaque nouveau projet est un voyage qui commence par le germe d'une idée et qui se poursuit sur une voie qui lui est unique, jusqu'à sa création finale dans le monde. J'adore le frisson de plaisir que m'apporte ce voyage, avec ses méandres inattendus, les surprises, l'excitation et la joie. Mais plus que tout, lorsque je contemple mon cheminement, je suis remplie d'humilité devant le nombre de gens extraordinaires qui ont joué un rôle vital en m'aidant à concrétiser ce projet. Le voyage que j'ai entrepris pour créer *Héros* a été une joie du début à la fin, et j'aimerais remercier toutes ces personnes fabuleuses qui ont fait en sorte que vous puissiez tenir ce livre exceptionnel entre vos mains.

Voici ceux qui ont contribué à la création de *Héros*. Ils sont venus de partout dans le monde pour inspirer et encourager les autres en partageant leurs expériences. J'ai eu l'immense honneur et le privilège de travailler avec : Liz Murray, Peter Foyo, John Paul DeJoria, Anastasia Soare, Michael Acton Smith, Peter Burwash, Mastin Kipp, G. M. Rao, Pete Carroll, Laird Hamilton, Layne Beachley et Paul Orfalea. Merci de m'avoir fait confiance, de m'avoir donné de votre précieux temps sans hésiter et d'avoir compris ma vision et le potentiel de *Héros* alors qu'il n'était encore que le germe d'une idée.

Merci aux merveilleux assistants de ces contributeurs pour leur aide inestimable. Merci à ces individus sensationnels qui travaillent pour leurs fondations et œuvres caritatives ; merci de vous être associés à *Héros*, ce qui nous permet donc de souligner l'excellence de votre travail. Je remercie tout spécialement Mayra-Alejandra Garcia, Luca Carp, Bhuvana Chakravarthy, Jaime Davern, Megan McGrath et Tamara Azar.

Merci aux membres de l'équipe du Secret, Skye Byrne et Paul Harrington, qui ont travaillé en étroite collaboration avec moi afin de créer la structure de *Héros*. Ils se sont chargés de la tâche colossale que représentait la compilation des propos de nos contributeurs et j'ai tiré profit de leurs observations géniales tout au long de la rédaction de cet ouvrage. En plus, j'adresse un merci bien personnel à Skye pour sa grande compréhension et son formidable travail éditorial ; *Héros* ne serait pas ce qu'il est sans sa participation.

Merci à Glenda Bell qui a géré le projet et qui a non seulement trouvé les gens qui ont contribué à *Héros*, mais qui a également assuré la planification des entrevues et les communications avec les fondations de ces contributeurs. Merci à Andrea Keir, qui a travaillé sans relâche avec Glenda afin de dénicher les contributeurs parfaits.

Merci à Jan Child, responsable de l'équipe d'édition du Secret. Merci pour tes encouragements, ton enthousiasme et ton travail inlassable lorsqu'il s'agit de réunir en une force créatrice les équipes d'édition, de graphisme et de gestion de sites Web de partout dans le monde.

Merci à Nic George, le directeur artistique du Secret. Merci pour les magnifiques illustrations originales que tu as créées pour *Héros*, et merci de m'inspirer continuellement dans mon écriture, afin que je fasse honneur à ton art. Merci aux graphistes de Gozer Media, Shamus Hoare et Anna Buys, pour votre dévouement et votre talent.

Merci à l'équipe phénoménale des maisons d'édition Atria Books et Simon & Schuster pour avoir appuyé mes livres, le Secret et moi-même. Merci à Carolyn Reidy, Judith Curr, Dennis Eulau et Darlene DeLillo. Merci à ma réviseure Sarah Branham, pour ses conseils ; de même qu'à Lisa Keim, Eileen Ahearn, Paul Olsewski, Jim Thiel, Danielle Wexler et aux correctrices d'épreuves Isolde Sauer et Kimberly Goldstein.

Merci aux membres de l'équipe du Secret avec qui j'ai le bonheur de travailler chaque jour : Donald Zyck, Lori Sharapov, Mark O'Connor, Josh Gold, mon adjointe personnelle Jill Nelsen, Cory Johansing, Peter Byrne, Chye Lee et Marcy Koltun-Crilley.

Merci à mes avocats : Bonnie Eskenazi et Aaron Moss, de Greenberg Glusker. Mon éternelle gratitude va à Brad Brian, de la boîte Munger, Tolles & Olson. Merci à Laura Reeve et à toute l'équipe d'Edelman, notre agence de relations publiques.

Merci à mes chers amis et à ma famille, qui ne cessent de me soutenir et de m'inspirer dans mon travail et dont je chéris profondément la présence dans ma vie. Et merci à mes merveilleux parents – vous avez été les meilleurs.

Merci à ma fille Hayley, qui m'enseigne à chercher des réponses au-delà de ce qui est connu dans le monde matériel, et à sa parfaite création, Savannah Byrne-Cronin. Pour leur amour et leur soutien, merci à Kevin « Kid » McKemy, au superbe Oku Den, à Paul Cronin, ainsi qu'à Angel Martin Velayos pour ses éternels conseils spirituels et sa sagesse.

Finalement, l'idée d'écrire *Héros* m'est apparue comme une révélation un soir, et j'exprime donc ma plus profonde gratitude à l'Univers et à l'Esprit universel qui m'ont inspiré un projet aussi spécial, qui m'ont guidée à chaque étape du voyage qui a permis sa création sur la planète Terre.

Table des matières

Introduction

Ce livre raconte une histoire. Cette histoire a changé ma vie et, tout au long de l'épopée de l'humanité, elle a changé la vie de nombreux êtres humains. On la raconte depuis l'aube des temps. Elle est apparue sous diverses formes dans toutes les cultures et dans tous les pays du monde, mais son essence est demeurée intacte. C'est l'histoire d'un héros qui entreprend un courageux voyage sur la planète Terre.

Le décor de la planète Terre est d'une beauté exquise – vastes océans, montagnes, jungles, littoraux à couper le souffle, plaines immenses, animaux et créatures spectaculaires de toutes sortes –, et outre la splendeur du monde naturel, il y a la joie qui habite les êtres humains qui la peuplent. Mais comme le découvre le héros, la vie est également très difficile pour les êtres humains sur la terre. La croissance est douloureuse, de l'enfance à l'adolescence, à l'âge adulte et même à la vieillesse, et il y a la souffrance physique, la pauvreté et le chagrin et, finalement, la mort pour tous.

Il y a à la fois joie et souffrance sur la planète Terre parce que ce monde magnifique en est un de dualité – un monde d'opposés. Il y a un contraire à tout : lumière et obscurité, tout près ou très loin, le haut et le bas, la gauche et la droite, le chaud et le froid ; et ces oppositions se manifestent dans tous les aspects de la vie. Il y a les amis et les ennemis, tomber amoureux et ne plus aimer, la sécurité et l'incertitude, la richesse et la pauvreté, le bonheur et le désespoir, et tout être humain a des qualités positives et des défauts. Sur la planète Terre, tout possède son contraire.

Et vous avez voulu venir dans ce monde qui offre un égal potentiel de grande joie, un grand amour, de grands défis et de grandes souffrances. C'est vous qui avez souhaité venir ici et expérimenter la vie dans ce lieu magnifique mais exigeant. C'est vous qui étiez convaincu qu'aucune difficulté n'était insurmontable et ne vous empêcherait de découvrir le héros en vous. C'est vous qui avez voulu entreprendre le Voyage du Héros… car vous êtes le héros de cette histoire.

Vous n'êtes pas entièrement démuni lorsque vous entreprenez le Voyage du Héros. Vous êtes né avec des habiletés extrêmement puissantes qui vous permettent de concrétiser vos rêves et de surmonter toutes les difficultés et tous les obstacles, de relever tous les défis qui se dresseront devant vous. Mais comme vous êtes né dans le monde matériel limité de la planète Terre, votre esprit et votre conscience sont également devenus limités, ce qui signifie que vous n'avez pas le souvenir de votre véritable nature, ni des puissants dons qui sont en vous. Vous devez les découvrir par vous-même.

Ce n'est qu'en accomplissant le Voyage du Héros et en permettant à vos qualités les plus élevées de se manifester en vous que vous deviendrez finalement le héros. Ensuite, un nouveau but s'emparera de votre cœur – vous voudrez aider ceux qui entreprennent leur propre Voyage du Héros en partageant avec eux tout ce que vous avez découvert en cours de route.

Les gens dont vous êtes sur le point de faire la connaissance ont déjà fait leur Voyage du Héros. Venus de partout dans le monde, ils se sont réunis pour vous raconter leur histoire et tout ce qu'ils ont vécu afin de vous aider à entreprendre vous aussi votre propre Voyage du Héros.

LIZ MURRAY – DES ÉTATS-UNIS D'AMÉRIQUE

Liz Murray est née de parents toxicomanes et a grandi dans la pauvreté à New York. Après la mort de sa mère et l'installation de son père dans un refuge lorsqu'elle était adolescente, Liz s'est retrouvée sans domicile fixe. Liz n'avait pas terminé ses études secondaires, elle dormait dans des cages d'escalier et volait de la nourriture pour survivre, mais c'est à cette époque qu'un rêve est né en elle, le désir de fréquenter l'université Harvard. Quatre ans plus tard,

Liz a concrétisé son rêve et, en partageant son histoire, elle est devenue une auteure à succès et l'une des conférencières spécialistes de la motivation les plus demandées au monde.

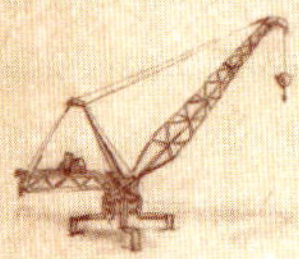

G. M. Rao – de l'Inde

G. M. Rao a grandi dans un petit village indien où il n'y avait ni électricité ni téléphone, où les habitants devaient faire la queue pour obtenir leur quota de vivres. Après avoir échoué une fois à ses examens de premier cycle à l'école secondaire, M. Rao a voulu faire des études commerciales afin de posséder un jour une petite entreprise et une belle maison. Heureusement, il est également demeuré très réceptif aux occasions qui se sont présentées. À partir de sa première manufacture de jute, M. Rao a progressivement élargi son secteur d'activité et il est aujourd'hui à la tête d'un vaste empire ayant des intérêts dans des centrales électriques, la construction d'aéroports et d'autoroutes, ainsi que le développement urbain.

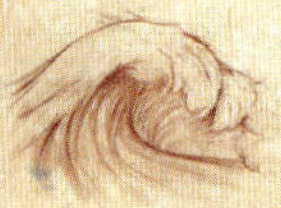

Laird Hamilton – des États-Unis d'Amérique

Laird Hamilton a grandi dans une famille éclatée à Hawaï. Se sentant exclu et victime de discrimination, et voyant qu'il lui fallait grandir vite, il a entrepris de se démarquer en tant que surfeur et d'aller là où aucun autre surfeur ne s'était encore jamais aventuré. Ses aventures extrêmes dans l'eau et hors de l'eau lui ont valu des blessures graves, des fractures et plusieurs égarements en mer. Laird Hamilton a tout de même réalisé son rêve, qui était de repousser les limites du possible, et il est devenu l'un des plus grands surfeurs que le monde ait jamais connus.

Anastasia Soare – de la Roumanie

Anastasia Soare et sa jeune famille ont fui la Roumanie communiste alors que la guerre froide était à son apogée, à la recherche d'une vie meilleure. Elle est arrivée à Los Angeles sans le sou ni la moindre notion d'anglais. Elle a trouvé un emploi dans un salon de beauté où elle travaillait 14 heures par jour. Lorsqu'Anastasia s'est rendu compte que rien ne changerait dans sa vie tant qu'elle ne ferait pas autre chose, elle a décidé de créer sa propre entreprise – à Beverly Hills. Anastasia a connu un succès instantané avec sa méthode unique d'épilation des sourcils et, au fil des ans, elle a transformé cet art en un empire mondial.

Paul Orfalea – des États-Unis d'Amérique

Paul Orfalea a été aux prises pendant toute sa scolarité avec une dyslexie sévère et un trouble d'hyperactivité avec déficit de l'attention (THADA). Même s'il était pratiquement incapable de lire, Paul nourrissait l'ambition d'ériger une entreprise plus grande qu'IBM. Pour surmonter ses difficultés de lecture, Paul a développé un sens aigu de l'observation et alors qu'il se trouvait un jour dans une file d'attente, cette habileté lui a permis de déceler un besoin – des services économiques d'impression et de photocopie. C'est à partir de cette idée qu'est née Kinko's, une entreprise de photocopie qui s'est développée et est devenue milliardaire.

Peter Burwash – du Canada

Peter Burwash était un jeune joueur de hockey lorsqu'une violente mise en échec l'a laissé étendu sur la glace, le bas du corps paralysé. Il s'est juré de laisser tomber le hockey à tout jamais s'il arrivait à se relever. Fidèle à sa parole, lorsqu'il a pu se tenir debout une heure plus tard, Peter a rangé son équipement dans son sac et a décidé de devenir joueur de tennis professionnel. Même s'il n'a jamais été une tête de série, Peter est devenu l'un des entraîneurs de tennis les plus respectés de tous les temps et il a fondé la plus grande entreprise de gestion de terrains de tennis au monde.

Mastin Kipp – des États-Unis d'Amérique

Mastin Kipp avait le monde à ses pieds en tant que plus jeune cadre moyen dans l'industrie de la musique à Los Angeles. Mais sa consommation de drogue et d'alcool s'est soldée par le plus grand choc de sa vie : Mastin a été congédié. Après avoir tout perdu sur le plan matériel, mais avoir gagné en sagesse, Mastin a entrepris de se réinventer, et il est devenu une source d'inspiration en tant que blogueur et écrivain par le biais de son compte Twitter et d'un site Web, *The Daily Love*, qui est rapidement devenu très populaire.

PETE CARROLL – DES ÉTATS-UNIS D'AMÉRIQUE

Pete Carroll rêvait de consacrer sa vie aux sports et d'en faire une carrière professionnelle. Mais ce rêve a pris fin abruptement lorsqu'il n'a pas réussi à se montrer à la hauteur dans la Ligue nationale de football (NFL). Et Pete n'avait aucune idée de ce qu'il ferait de ses habiletés ou de sa vie – jusqu'à ce qu'il se rende compte que son rêve pouvait toujours se concrétiser, mais d'une manière à laquelle il n'avait jamais songé. Pete est devenu entraîneur de football, et même si les hauts et les bas se sont succédé dans sa carrière d'entraîneur professionnel, il est devenu l'une des plus grandes sources d'inspiration de tous les temps dans son domaine aux États-Unis. Entraîneur-chef des Seahawks de Seattle, il a récemment été nommé entraîneur de l'année dans l'Association nationale (la NFC).

MICHAEL ACTON SMITH – DE L'ANGLETERRE

Après avoir obtenu son diplôme universitaire, Michael Acton Smith s'est retrouvé virtuellement inemployable. Il a décidé de se lancer en affaires, mais n'a trouvé aucun financement auprès des banques. Sa mère lui a donc prêté 1 000 £. Après plusieurs échecs, il s'est retrouvé au bord de la faillite, mais Michael savait sans l'ombre d'un doute que sa dernière idée était vraiment très spéciale. En effet, le jeu Moshi Monsters a suscité un vif engouement en Angleterre et est devenu un phénomène mondial dans l'industrie du divertissement pour enfants.

Layne Beachley – de l'Australie

Layne Beachley n'avait que sept ans au moment du décès tragique de sa mère. Peu de temps après, Layne a appris qu'elle avait été adoptée alors qu'elle n'était qu'un bébé. Layne a affronté ses sentiments de perte et d'abandon en se fixant un but qui lui permettrait de prouver sa valeur aux yeux du monde – elle deviendrait championne du monde en surf. Layne Beachley a atteint son but, méritant le titre mondial non pas une fois, mais sept, établissant ainsi un record et devenant la plus célèbre surfeuse du monde.

John Paul DeJoria – des États-Unis d'Amérique

John Paul DeJoria et son frère ont passé quatre ans et demi de leur enfance dans un foyer d'accueil parce que leur mère malade était incapable de travailler et de prendre soin d'eux en même temps. Ils se sont tous deux retrouvés dans un gang de rue d'East Los Angeles et l'un de ses professeurs à l'école secondaire a prédit à John Paul qu'il n'arriverait jamais à rien. Alors qu'il était dans la vingtaine et qu'il vivait dans une voiture avec son bébé et ramassait des bouteilles vides pour survivre, il semblait que la prédiction de son professeur s'était réalisée. Mais John Paul était résolu à faire quelque chose de sa vie. Après avoir été congédié trois fois d'affilée, il s'est associé avec Paul Mitchell et, avec seulement 700 $, ils ont créé leur propre entreprise de produits de soins capillaires. John Paul Mitchell Systems allait se développer jusqu'à générer des revenus annuels de plus d'un milliard de dollars.

PETER FOYO – DES ÉTATS-UNIS D'AMÉRIQUE

Peter Foyo est le fils de vaillants travailleurs immigrants. Enfant, il rêvait à un monde futuriste, où les villes seraient alimentées avec l'énergie solaire et où les téléphones seraient mobiles. Plus vieux, il a rêvé de posséder une compagnie si grande et si prospère qu'elle ferait de lui le plus grand dirigeant d'entreprise en Amérique latine. Tout le monde aurait dit que ses rêves étaient irréalisables, mais Peter les a concrétisés lorsqu'il est devenu le président, à seulement 33 ans, du géant des télécommunications Nextel Communications de Mexico.

Quant à moi, je suis née dans une humble famille de la classe moyenne, en Australie. Je n'avais pas de grandes aspirations lorsque j'étais jeune, car je croyais que les grands rêves n'étaient pas pour moi. Mais en 2004, ma vie a changé pour toujours lorsque j'ai découvert un secret et qu'un grand rêve est né en moi :

partager ce secret avec le monde. En 2006, le film et le livre *Le Secret* ont été lancés. Ils ont fait rapidement le tour de la planète, touchant des dizaines de millions de personnes.

Si vous êtes comme j'étais et que vous n'avez jamais envisagé la possibilité de caresser de grands rêves parce que vous croyiez qu'ils ne pouvaient pas se concrétiser, sachez que, pendant le voyage que vous vous apprêtez à entreprendre, vous découvrirez tout ce dont vous avez besoin pour faire une réalité de vos rêves – aussi impossibles puissent-ils paraître.

Ceci est votre histoire. Ceci est votre but. C'est pour cette raison que vous êtes ici sur la planète Terre – pour faire le Voyage du Héros et découvrir le héros en vous. Grâce à la sagesse inestimable que vous êtes sur le point de recevoir, et armé de vos puissantes habiletés, vous serez en mesure de concrétiser votre rêve et de trouver le bonheur véritable et durable que chacun d'entre nous cherche si désespérément. Peu importe où vous en êtes dans votre vie, peu importe votre âge, il n'est jamais trop tard pour poursuivre votre rêve.

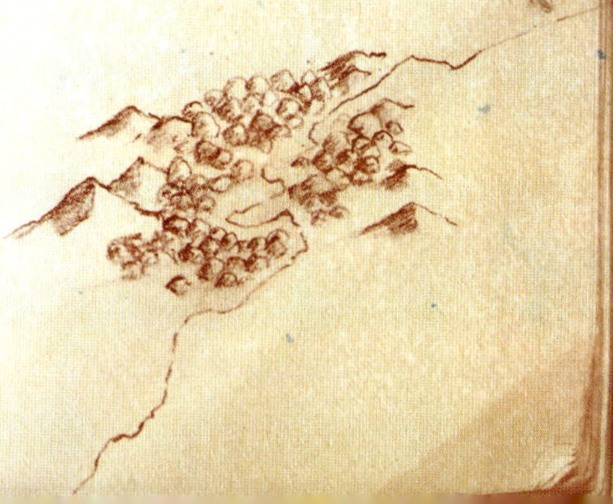

Première Partie

LE RÊVE

L'APPEL

L'Appel de l'Aventure

Contre toute Espérance

Personne ne naît avec une vie parfaite. Si c'était votre cas, vous n'auriez aucune lutte à mener, et vous n'auriez pas le désir de créer quelque chose avec votre vie. Vous n'auriez absolument pas de rêves. Quelles que soient votre situation à la naissance, votre vie familiale et l'éducation reçue ou non reçue, vous existez pour concrétiser vos rêves, et peu importe où vous en êtes maintenant, vous avez tous les outils nécessaires pour le faire !

ANASTASIA SOARE

FONDATRICE – ANASTASIA BEVERLY HILLS

J'ai commencé à partir de rien. J'ai vraiment, vraiment commencé à partir de rien. Je n'avais pas d'argent. Je ne parlais pas anglais. Je n'avais aucune idée du fonctionnement d'un pays occidental – sa mentalité, son système financier.

Je ne savais même pas comment faire un chèque, car cela n'existait pas en Roumanie. Littéralement, je me suis mise à apprendre l'alphabet.

PAUL ORFALEA

FONDATEUR – KINKO'S

Peu d'enfants réussissent à se faire recaler en deuxième année, mais je l'ai fait. Je n'arrivais pas à apprendre l'alphabet. Je ne savais pas lire. J'avais constamment des ennuis. Je n'arrivais pas à me contrôler. J'étais extrêmement impulsif. J'ai finalement été expulsé de l'école à l'âge de 16 ans.

Plus les circonstances sont difficiles dans notre vie, plus nous sommes désavantagés et, souvent, plus ces circonstances agiront comme catalyseur pour nous propulser vers la découverte de notre rêve

PETER FOYO

PRÉSIDENT – NEXTEL COMMUNICATIONS MEXICO

Mes parents ont émigré aux États-Unis et nous sommes partis de zéro. Je me rappelle que mes pantalons laissaient voir mes chevilles. Mon père était général dans notre pays d'origine et lorsque nous nous sommes établis en Amérique, il est devenu ramoneur.

Laird Hamilton

SURFEUR DE GROSSES VAGUES

J'ai grandi dans un environnement caractérisé par les tensions raciales. Les gens me détestaient à cause de la façon dont j'étais né.

« J'avais tous les désavantages requis pour réussir. »

Larry Ellison

Cofondateur d'Oracle

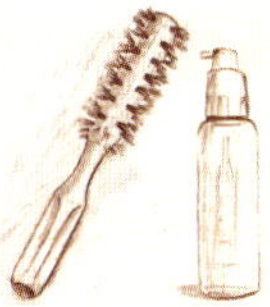

John Paul DeJoria

COFONDATEUR – JOHN PAUL MITCHELL SYSTEMS

J'avais 23 ans, mon fils avait deux ans et demi, et mon épouse m'avait quitté. Je n'avais pas payé le loyer depuis trois mois et nous avons donc été expulsés. Nous dormions dans la voiture. Pour survivre, je ramassais des bouteilles vides et je les vendais.

Étant donné la situation dans laquelle il était en tant que jeune adulte, il est difficile de croire que John Paul DeJoria a créé cette entreprise immensément florissante de produits de soins capillaires qu'est John Paul Mitchell Systems. John Paul s'est créé une vie entièrement différente de celle qu'il a connue dans sa jeunesse, et il l'a fait en utilisant ces mêmes qualités que vous avez en vous.

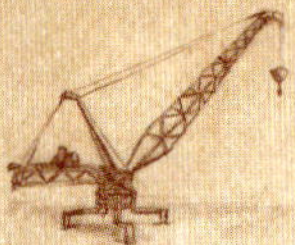

G. M. Rao

INGÉNIEUR MÉCANICIEN, FONDATEUR – GMR GROUP

Je suis parti de zéro. Mon village était petit – il ne comptait que 5 000 habitants. Il n'y avait ni téléphone ni électricité. Nous n'avions qu'une bouteille d'eau froide par jour, que nous devions partager, et il nous fallait faire la queue pour obtenir notre quota de sucre et de lait pour le mois.

Que vous soyez né en Inde, en Australie, aux États-Unis, en France ou à Singapour, les circonstances de vos débuts ne dictent pas le genre de vie que vous mènerez. Il n'y a pas une seule force ou qualité humaine qui vous fait défaut pour la concrétisation de vos rêves. Vous avez en vous tout ce qu'il faut pour être ou faire tout ce que vous voulez, même si tout semble se liguer contre vous.

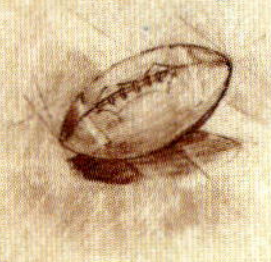

Pete Carroll

ENTRAÎNEUR-CHEF DANS LA NFL – SEATTLE DE SEAHAWKS

Après avoir joué au football à l'université, j'ai tenté ma chance auprès de la NFL et ensuite de la World Football League. La dernière fois que j'ai été écarté de l'alignement, j'étais vraiment en état de choc. Je ne savais pas vers quoi me diriger, car je n'avais jamais envisagé autre chose que le sport professionnel. Tout à coup, je me trouvais confronté à… et quoi, maintenant ?

Après avoir été victime d'un accident qui a mis sa vie en danger alors qu'il jouait au hockey, Peter Burwash est devenu joueur de tennis professionnel, en dépit de sa position au classement et de ses rares victoires en tournoi. Sans argent, il survivait grâce à un pot de beurre d'arachide et du pain sec vieux de deux jours qu'il divisait en morceaux pour le faire durer cinq jours. Après avoir évolué pendant sept ans sur le circuit de tennis professionnel, Peter a dû se retirer et s'est encore une fois retrouvé dans une situation où ses chances de réussir étaient minces, voire nulles.

PETER BURWASH
ENTRAÎNEUR DE TENNIS, FONDATEUR – PETER BURWASH INTERNATIONAL

Lorsque j'ai créé mon entreprise de gestion de terrains de tennis, il y avait déjà 16 autres compagnies qui faisaient la même chose. Et c'est moi qui avais le moins d'argent, le moins d'appui financier et le moins de crédibilité. Nous n'avions pas de chaises dans nos bureaux et nous avons donc tenu nos réunions assis sur le sol pendant nos premières années d'existence.

Ce ne sont pas les conditions du monde extérieur qui déterminent si vos rêves se matérialiseront ou non. Ce n'est pas l'argent que vous avez, l'éducation que vous avez reçue, les gens que vous connaissez, ni même votre expérience. C'est la découverte de vos habiletés et de la façon de les utiliser pour surmonter tous les obstacles qui surgiront dans le monde extérieur. C'est ce qu'ont fait tous ceux qui ont réussi, et vous aussi pouvez le faire.

Michael Acton Smith

FONDATEUR – MIND CANDY

J'avais un ami, Tom, que j'avais rencontré à l'université, et nous avons décidé de créer une entreprise ensemble. Nous n'avions pas beaucoup d'argent ; en fait, nous avions des dettes d'études. Nous avons trouvé le financement nécessaire après avoir lu une petite annonce dans un journal dans laquelle on demandait à des gens de carrément vendre leur corps à la science médicale pour tester un nouveau médicament antimigraineux. Nous l'avons fait et avons touché 400 £ chacun. Ma mère a été horrifiée. Et je crois que c'est pour cette raison qu'elle nous a apporté un grand soutien. Elle nous a donné 1 000 £ chacun, et les parents de Tom nous ont permis d'utiliser leur grenier.

Il y a 10 ans, tout allait bien dans ma vie. Je gravissais les échelons de l'échelle du succès dans l'industrie de la télévision quand, soudain, des circonstances dévastatrices se sont succédé et, en l'espace de quelques mois seulement, ma vie tout entière s'est effondrée. J'étais plongée dans le désespoir, mais c'est à ce moment précis que j'ai découvert un secret qui, finalement, allait donner naissance à un film et à mon premier livre. Même lorsque votre vie entière semble réduite en cendres, sachez qu'une vie nouvelle naîtra de ces dernières.

Mastin Kipp

ÉCRIVAIN INSPIRANT, FONDATEUR – *THE DAILY LOVE*

À mon arrivée à Hollywood, je voulais devenir imprésario. Cela n'a pas vraiment fonctionné – Hollywood n'est pas reconnue pour son environnement chaleureux. J'ai commencé à abuser de la drogue et de l'alcool, et j'ai fini par toucher le fond du baril. En l'espace d'une semaine, mes investisseurs se sont retirés, mon associé m'a laissé tomber, mon colocataire m'a donné un avis de trois jours, j'ai commencé à faire de la goutte dans un pied, je me suis fait une entorse lombaire et la fille que je fréquentais a rompu. Ma vie s'est littéralement effondrée en une semaine. Cela a été le début d'un long et douloureux voyage que je suis reconnaissant d'avoir effectué, mais que je ne veux plus jamais refaire. À l'époque, j'avais le sentiment d'être pris dans un ouragan, et puis je me suis dit : « Et si c'était un ouragan divin ? »

Liz Murray

DIPLÔMÉE DE HARVARD, AUTEURE ET CONFÉRENCIÈRE

Il y a eu cette période dans ma vie où je possédais des choses et puis, soudain, plus rien de tangible. Ma mère est morte, mon père est allé vivre dans un refuge, et mon oncle – probablement le plus grand ange à faire partie de ma vie – est mort subitement. Je me suis retrouvée sans abri. Soudain, tout ce qui avait toujours fait partie de ma vie n'était plus. Je me rappelle avoir pensé que si la vie pouvait nous apporter le pire, elle pouvait sans doute aussi nous apporter ce qu'il y a de mieux, car de toute évidence, la vie pouvait changer très rapidement.

Les circonstances de la vie peuvent être très difficiles, comme cela a été le cas pour Liz Murray, mais ces circonstances ont fait naître en elle le désir brûlant qui lui a fait quitter les rues de New York et entrer à l'université Harvard. Lorsque vous trouvez ce désir brûlant d'être ou de faire quelque chose, vous découvrez en même temps une force puissante qui vous permet de surmonter des contraintes et des situations apparemment impossibles.

En concrétisant vos rêves, vous prendrez conscience de la grandeur qui est en vous. La grandeur, ce n'est pas être né avec une cuillère en argent dans la bouche. La grandeur, c'est poursuivre vos rêves et découvrir le héros qui vous habite.

Votre Vocation

Toute personne née ou qui naîtra possède un talent ou une habileté unique. C'est cette particularité qui constitue votre vocation. Bien qu'aucun être humain ne naisse sans elle, beaucoup traverseront la vie sans découvrir ni vivre leur appel.

Votre vocation vous transporte comme rien d'autre dans la vie. C'est quelque chose qui vous attire, vous passionne, vous remplit de joie et qui enflamme votre âme lorsque vous répondez à cet appel.

Votre appel personnel pourrait être un désir brûlant de vous accomplir dans le monde des affaires ou du sport, dans le cadre de votre emploi ou de votre carrière. Il pourrait même avoir trait à un loisir. Un passe-temps peut en effet vous révéler votre appel, car cela vous passionne et vous prenez le temps de vous y adonner. Les passe-temps de beaucoup de gens se sont transformés en grands rêves qui, à leur tour, sont devenus de grandes entreprises.

MICHAEL ACTON SMITH

J'ai toujours aimé les jeux. J'adore jouer. Je crois que c'est un aspect très important de la nature humaine. Donc, mon grand rêve a toujours été de diriger une compagnie de jeux, de concevoir des jeux et de divertir les gens.

PETE CARROLL

Même si j'ai évolué comme entraîneur dès l'âge de 13 ans, dans des camps et exercices similaires, je n'avais jamais établi de lien entre cette tâche et ce que je voulais devenir. J'ai été entraîneur de football pendant mes études à l'université du Pacifique, et c'est à ce moment-là que j'ai pris du recul et que j'ai pensé : « Eh bien, je pourrais faire cela et cela se rapproche du jeu lui-même. » Et c'est alors que j'ai vraiment fait le premier pas vers cette carrière.

Votre vocation peut être un appel dont vous avez rêvé tout éveillé, ou ce que vous avez voulu être ou faire sans espoir d'y arriver ; mais lorsque vous songez à cette profession ou ce métier et à vivre cette vie, vous sentez monter en vous un incroyable sentiment de bonheur et d'accomplissement. Et peu importe à quel point ce rêve peut sembler inaccessible à vos yeux, vous vous sentez appelé à le réaliser.

Liz Murray

Je dormais seule dans un vestibule à New York. Je volais à l'étalage des biscuits Oreo et des biscuits salés. Je transportais tout ce que je possédais dans mon sac d'école – mon journal, mes vêtements et la photo de ma mère que j'emportais partout où j'allais. La tête posée sur ce sac, endormie dans ce vestibule, je rêvais à une vie meilleure. Et je sentais tout au fond de moi que j'étais destinée à transcender tout ça, non seulement dans le but de connaître une vie meilleure, mais aussi d'offrir une vie meilleure aux autres.

Que vous en ayez ou non le souvenir, vous avez reçu cet appel plusieurs fois déjà au cours de votre vie. Vous l'avez peut-être reçu lorsque vous n'étiez qu'un enfant, lorsque vous avez su sans l'ombre d'un doute ce que vous vouliez faire lorsque vous seriez grand. Mais la société ou des parents et des professeurs bien intentionnés vous ont influencé avec des options limitées quant à ce qu'on peut faire ou ne pas faire, et vous avez fait taire votre appel et vos rêves.

PETER FOYO

Déjà, tout petit garçon, je rêvais de très grandes idées. Bien avant que n'existent les téléphones sans fil, je me disais que ce serait fantastique d'avoir à la main un appareil qui ne serait pas relié à un fil. Ne serait-ce pas fantastique d'insérer une carte dans une pompe à essence et de faire le plein ? Ne serait-ce pas fantastique d'alimenter des villes entières avec l'énergie du soleil ? Je voulais créer cette grande compagnie, gagner beaucoup d'argent, et devenir le meilleur dirigeant d'entreprise en Amérique latine.

Vous avez peut-être reçu l'appel à un moment qui vous a paru tout à fait ordinaire, quand vous avez vu, lu ou entendu quelque chose. Soudain, la lumière s'est faite, et cet instant anodin est devenu une étape décisive dans votre vie.

G. M. RAO

Mon professeur de mathématiques disait que toute vie a un but et que nous devrions nous efforcer de l'atteindre parce que cela représenterait un véritable accomplissement. Cela a allumé en moi le désir brûlant de chercher cet appel et d'y répondre.

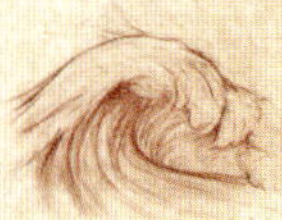

LAIRD HAMILTON

J'étais très jeune lorsque mon père a quitté ma mère et j'ai dû devenir un petit homme très tôt. Cela m'a obligé à décider sciemment de devenir quelqu'un.

Des circonstances difficiles ont allumé en Laird Hamilton le désir brûlant de faire quelque chose de sa vie. Il a entendu l'appel, il y a répondu et, en réalisant son rêve, il est devenu l'un des meilleurs surfeurs du monde et a inspiré des millions de gens.

Pour Layne Beachley, l'appel est également lié à une situation difficile de l'enfance. Elle n'avait que sept ans lorsque sa mère est morte subitement. Elle a ensuite appris qu'elle avait été adoptée. Sa mère biologique avait 17 ans lorsqu'elle a été violée et que Layne a été conçue.

Le monde de Layne s'est écroulé. Mais c'est cet événement, la perte de sa mère, qui allait pousser cette Australienne à devenir l'une des plus grandes athlètes du monde.

LAYNE BEACHLEY

SEPT FOIS CHAMPIONNE DU MONDE DE SURF

Honnêtement, c'est mon adoption qui m'a poussée à devenir championne du monde. Avant de choisir le surf, mon grand rêve était de devenir une championne du monde dans n'importe quelle discipline. Je ne voulais qu'être la meilleure. Je sentais le besoin de faire mes preuves devant le monde.

PAUL ORFALEA

Je n'ai jamais douté de ce que je voulais faire de ma vie. Je voulais tout simplement posséder ma propre entreprise. Cela aurait pu être n'importe quel genre d'entreprise. Lorsque je regardais l'édifice abritant les bureaux d'IBM, je pensais : « Je veux une entreprise plus grande que celle-là. »

Souffrant de THADA, un trouble déficitaire de l'attention et de dyslexie, Paul Orfalea était incapable de lire ou d'écrire et, pourtant, voyez ce qu'il a fait de sa vie. Il a créé Kinko's, une entreprise multimilliardaire qui a donné du travail à des milliers de gens. Dans notre monde caractérisé par la dualité, chaque désavantage renferme son opposé, c'est-à-dire un avantage. Paul a transformé ses désavantages en avantages.

Anastasia Soare avait un rêve lorsqu'elle a quitté la Roumanie communiste. Pendant près de trois ans, elle a planifié patiemment son évasion avec sa fille. Cette décision comportait de grands risques, et lorsqu'elle est finalement arrivée aux États-Unis, Anastasia a dû prendre une autre grande décision. Elle travaillait 14 heures par jour afin de gagner assez d'argent pour subvenir aux besoins de sa famille, et à moins d'opter pour un changement, tel serait toujours son lot dans la vie.

ANASTASIA SOARE

Il fallait que je fasse quelque chose. Il fallait que je découvre qui j'étais et que je prouve ma valeur. Je ne dis pas que je n'avais pas peur, car c'était terrifiant. Mais j'ai pensé : « C'est

> *pour cette raison que je suis venue dans ce pays. Ici, c'est la terre de toutes les opportunités. Je dois le faire, car sinon, pourquoi serais-je venue ici ? Pour que ma vie soit pire qu'en Roumanie ? Non. »*

Sa vie dans des conditions très difficiles en Roumanie a inculqué à Anastasia une force de caractère particulière et une détermination qui allaient lui permettre de surmonter tous les obstacles et de réaliser son rêve en créant sa propre entreprise. Cette dernière est devenue un empire avec 1 000 points de vente aux États-Unis, plus de 600 autres internationalement, et des salons de beauté dans de nombreux pays du monde entier.

Dans la vie, aucune circonstance n'est 100 % négative. Toute circonstance négative renferme également son opposé, et il y a donc du bon qui se cache derrière toute situation qui semble mauvaise. La vie n'a pas trait aux circonstances négatives qui surgissent devant vous, mais plutôt à ce que vous faites des occasions en or qu'elles recèlent !

Nous ne sommes jamais appelés à poursuivre un rêve s'il n'y a pas de multiples façons de le concrétiser. Il est carrément impossible d'avoir un rêve si on ne peut pas à tout le moins en concrétiser l'essentiel. Vos rêves vous appellent et vous guident vers la meilleure vie qui soit ; ils vous appellent à découvrir le héros en vous.

Mastin Kipp

J'ai grandi dans un environnement plutôt pittoresque. Mes parents étaient fantastiques et cela a grandement contribué à me protéger de la souffrance qui existe dans le monde. Lorsque je suis sorti de ce cocon, que j'ai vu la souffrance chez les autres et compris que je pouvais y remédier, il m'est apparu clairement que je ne pouvais vraiment rien faire d'autre de ma vie. Et mon rêve a donc pris forme. J'allais combiner la culture pop avec l'inspiration et la sagesse, de manière à rejoindre le plus grand nombre de gens possible.

Si vous entendez l'appel, mais n'y répondez pas parce que vous avez trop peur ou ne croyez pas pouvoir aller jusqu'au bout, les circonstances vous pousseront parfois à poursuivre votre rêve, comme cela a été mon cas.

Je travaillais comme réalisatrice pour un réseau de télévisionet je rêvais de créer ma propre entreprise de production télévisuelle. Je ne faisais rien en ce sens, parce qu'il me fallait subvenir aux besoins de ma famille. J'avais un emploi bien rémunéré et nous avions besoin de cet argent pour manger et nous loger. Je m'accrochais de toutes mes forces à la sécurité que me procurait mon emploi, même si plusieurs personnes me conseillaient vivement de créer ma propre entreprise.

Et puis, j'ai été congédiée. J'étais sous le choc. Que mangerions-nous ? Comment allions-nous payer les études de nos filles ? Comment rembourser l'hypothèque de notre maison ?

J'aurais pu tenter de trouver un emploi dans un autre réseau. Mais je ne pouvais pas supporter l'idée de revenir à ce métier. J'ai compris, par ce congédiement, que je n'avais rien à perdre. J'ai donc commencé à plancher sur des idées d'émissions de télé, assise sur une chaise de plastique devant une table de plastique dans une petite pièce à l'arrière de notre humble demeure. J'ai développé un concept d'émission et préparé une présentation, même si je ne savais absolument pas comment m'y prendre. Mais je croyais en mon idée, et c'est le cœur battant et les jambes tremblotantes que je l'ai exposée aux dirigeants d'une chaîne de télévision. On a accepté mon concept sur-le-champ, l'émission a connu un énorme succès dès sa mise en ondes et a tenu l'antenne très longtemps.

Mon congédiement a créé les circonstances idéales pour que je réponde enfin à mon appel et réalise mon rêve. À ce jour, je suis toujours reconnaissante envers le réseau de télévision qui m'a virée. Sans ce renvoi, j'aurais refusé de répondre à cet appel, je n'aurais pas réalisé mon rêve, et je n'aurais pas entrepris le voyage le plus excitant et le plus satisfaisant de toute ma vie.

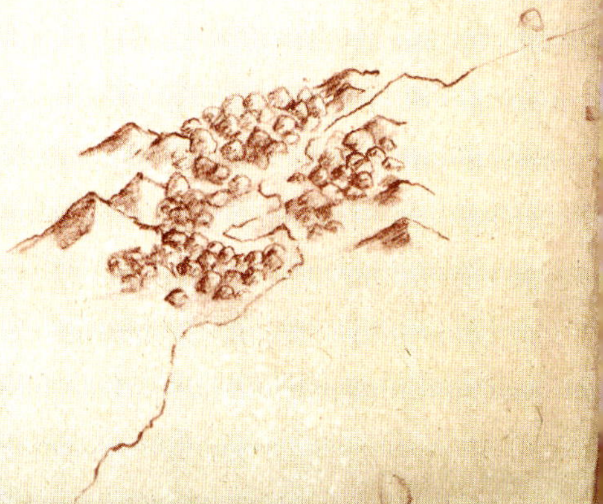

LE REFUS DE L'APPEL

Le Refus de l'Appel

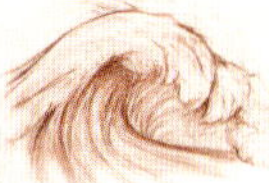

Laird Hamilton

En ne poursuivant pas votre rêve, vous prenez un risque. C'est la fin. C'est une vie sans satisfaction, c'est une vie sans accomplissement, c'est une vie sans contentement, et c'est une vie sans joie. C'est la misère.

Lorsque vous refusez l'appel que vous lance la vie et que vous n'allez pas jusqu'au bout de vos rêves, vous courez le risque de subir une existence malheureuse et insatisfaisante. Peu importe ce que vous ferez ou les biens matériels que vous acquerrez en cours de route, si vous ne faites pas ce qui fait chanter votre cœur, vous serez habité d'un accablant sentiment d'insatisfaction et de regret lorsque vous arriverez à la fin de votre vie. Peu importe que vous soyez jeune ou vieux, vous pouvez vivre une plus belle histoire ! Poursuivre votre rêve peut vous sembler risqué, mais n'y a-t-il pas plus grand risque que de rater votre vie ?

Michael Acton Smith

Ne jamais donner une chance à vos rêves est le plus grand des échecs.

G. M. Rao

Lorsque vous ne poursuivez pas votre rêve ou votre passion, alors ce pour quoi vous travaillez vous apparaîtra comme une cage, même si ses barreaux sont en or. Un corps sans âme ! Vous deviendrez frustré et léthargique, et l'existence n'aura plus aucun sens pour vous.

Répondre à l'appel et décider de poursuivre vos rêves, c'est en fait la solution la plus facile. Refuser l'appel, c'est emprunter le plus dur chemin, car vous risquez d'être misérable et de vous condamner à une vie sans joie ni passion, à une vie sans but ni signification.

Sans doute aimiez-vous votre emploi autrefois, mais peut-être est-il devenu une corvée avec le temps. Cela signifie peut-être que votre emploi actuel ne correspond pas à votre appel et que vous devez creuser un peu et vous demander si vous n'avez pas mis vos rêves de côté à un moment donné en cours de route.

Layne Beachley

Si ce que vous faites dans la vie ne fait pas chanter votre cœur, ne vous donne pas passionnément envie de vous lever chaque matin, alors vous ne remplissez pas votre rôle en tant qu'être humain sur cette planète.

Michael Acton Smith

La vie est courte ; il ne s'agit pas d'une répétition générale. Il faut l'agripper par la peau du cou, faire le plus d'expériences possible et rencontrer le plus de gens possible. Il ne s'agit absolument pas de rester assis sur le canapé à regarder la télé et à ruminer sur ce qui aurait pu être.

Liz Murray

Nous avons enterré ma mère le lendemain de Noël. J'avais 16 ans. Nous n'avions pas les moyens de lui offrir de vraies funérailles et elle a donc été placée dans un cercueil en pin dont le couvercle a été fixé avec des clous. Les mots « tête » et « pieds » ont été inscrits sur cette boîte. C'était affreux. Notre vie avait été mouvementée, mais notre relation avait été remplie d'amour, et ma mère avait l'habitude de s'asseoir au pied de mon lit et de me parler de ses rêves. Elle voulait cesser de boire, acheter une maison, connaître une vie meilleure. Et après toutes ces belles paroles, elle disait qu'elle réaliserait ses rêves, mais pas tout de suite. Elle le ferait plus tard ; elle le ferait plus tard. Et à un moment donné, je me suis rendu compte que je vivais ma vie en me disant que je ferais certaines choses plus tard.

Vous pensez peut-être : « J'ai le temps de poursuivre mes rêves. » Vous n'en avez pas le temps. La vie est courte. L'espérance de vie moyenne est de 24 869 jours. Certains d'entre nous vivent quelques jours de plus ou de moins, mais il n'en reste pas moins que vous n'avez qu'un nombre précieux de jours pour vivre cette vie, et vous n'avez donc pas le temps de reporter la concrétisation de vos rêves. C'est maintenant ou jamais. Si vous ne le faites pas maintenant, vous continuerez à remettre toujours à plus tard et vous ne le ferez jamais. Le moment d'agir, c'est *maintenant* !

« "Un jour" est une maladie qui emportera vos rêves dans votre tombe. »

Timothy Ferriss

Auteur de La Semaine de 4 Heures

Le simple fait de comprendre que personne ne concrétisera vos rêves à votre place est un grand pas. Votre patron, vos amis, votre conjoint, les membres de votre famille et vos enfants ne peuvent pas vivre votre vie à votre place. Vous avez la responsabilité de créer une vie qui vous apportera bonheur et satisfaction. Personne ne peut le faire pour vous.

MICHAEL ACTON SMITH

La chose la plus importante que doivent faire les gens est d'assumer la responsabilité de leurs gestes. Il est très facile d'attribuer à l'éducation que nous avons reçue le manque d'argent ou le manque de ceci ou de cela. Mais si vous vous arrêtez et vous dites : « Vous savez quoi ? En fin de compte, je suis le seul responsable de ma vie », vous franchirez un pas vraiment important en conscientisant que vous devez modeler les choses. Vous devez changer de mentalité. Vous devez changer d'emploi. Vous devez changer ce qu'il faut pour provoquer les choses.

LIZ MURRAY

Lorsque nous étions enfants, nous avions une faculté que les adultes ont perdue. Tout était nouveau et excitant, mais tout nous semblait aussi possible. Et puis, il se passe quelque chose. Nous échouons, nous sommes rejetés, donc déçus. Nous atrophions cette partie de nous-mêmes et devenons trop sérieux. Qu'arriverait-il si vous vous leviez chaque matin en disant : « Et si je faisais tout pour obtenir ce que je veux ? Mes rêves ? » Vous arrêtez la sonnerie du réveil, vous posez les pieds sur le sol et vous vous attelez à la tâche. Pour ramener cette magie dans votre vie… pour vivre au nom des possibilités.

Vous avez peut-être peur d'essayer d'obtenir ce que vous voulez dans la vie parce que vous pensez que vous pourriez échouer, mais rappelez-vous que vous ne serez jamais appelé à poursuivre un rêve si vous n'avez pas les moyens d'en faire une réalité.

LAIRD HAMILTON

La crainte de l'échec empêche les gens de faire beaucoup de choses. Ma mère disait toujours que nous sommes tous notre plus grand inhibiteur – que nous nous freinons nous-mêmes.

Une autre façon de nous freiner consiste à penser qu'il n'y a plus de bonnes idées ou d'occasions et de nous en servir comme d'une excuse pour ne rien faire de notre vie. Si vous croyez qu'il ne reste plus de bonnes occasions, pensez à la facilité avec laquelle Paul Orfalea en a trouvé une en or.

Alors qu'il faisait la queue pour utiliser un photocopieur de bibliothèque, Paul Orfalea a saisi un concept qui avait jusque-là échappé à tout le monde. Il s'est dit : « S'il y a une file d'attente ici, il doit y en avoir d'autres ailleurs. » Et de cette simple observation, est née l'idée qui donna naissance à Kinko's.

Paul Orfalea

Si j'ai une grande qualité, c'est bien de savoir vivre au présent. On ne peut voir les occasions que si l'on est dans le moment présent.

Michael Acton Smith

Plusieurs contemplent les gens qui ont réussi et disent en haussant les épaules : « Oh, ils ont eu de la chance. » Mais dans la vie, nous créons notre propre chance, et lorsque les occasions surgissent, nous sommes prêts à les saisir.

Anastasia Soare

Les occasions sont devant tout le monde, chaque jour. C'est presque comme une gare ; tout le monde est dans la gare, il y a des trains qui s'arrêtent devant les gens, mais ils ont les yeux fermés. Ils n'ouvrent pas les yeux pour voir et monter dans le train. Les occasions sont partout.

G. M. Rao

Il n'est pas nécessaire d'avoir un grand rêve pour faire de grandes choses. Il suffit d'être ouvert aux possibilités qu'offre la vie.

« Les gens tenteront de vous dire que toutes les excellentes opportunités ont déjà été saisies. En réalité, le monde change chaque seconde, semant des occasions dans toutes les directions, incluant la vôtre. »

Ken Hakuta ~ Dr Fad

Inventeur

L'Illusion de la Sécurité

Ne laissez pas l'argent et la sécurité vous dicter vos choix de vie. La vie change continuellement ; des entreprises changent de main, font faillite ou déménagent outre-mer, des emplois sont perdus, ou bien un effondrement économique entraîne des compressions massives. Vous pouvez perdre votre emploi, vos économies et votre maison. Des mariages peuvent prendre fin, des problèmes de santé peuvent apparaître et des circonstances peuvent se produire, et voilà que s'évanouit la sécurité que vous pensiez avoir. J'ai choisi la sécurité financière au lieu de poursuivre mes rêves, et lorsque j'ai été congédiée, j'ai bien compris que ma prétendue sécurité n'était que dans ma tête. La véritable sécurité, c'est savoir que la sécurité *n'existe pas*, car vous veillerez alors à vivre pleinement chaque jour de votre vie.

Mastin Kipp

À moins que vous n'ayez eu une mère ou un père hors du commun ou n'ayez grandi dans un environnement hors du commun, votre famille et vos amis, même s'ils vous aiment et vous souhaitent le meilleur, voudront généralement que vous vous engagiez sur la voie de la sécurité financière au bout de laquelle se trouvent la certitude et la tranquillité d'esprit.

Michael Acton Smith

Aussi douloureux que puisse être à court terme le renoncement à la sécurité et à un emploi bien rémunéré, dites-vous qu'il vous reste des décennies à vivre. Vous pouvez très bien accepter de souffrir un peu, le temps de découvrir une profession que vous aimez, même à un moindre salaire. Parce que si vous faites un travail que vous aimez, vous finirez par réussir dans un grand nombre d'autres domaines.

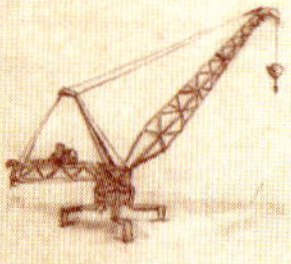

G. M. Rao

Ne faites pas de compromis à cause de l'argent sur ce que vous aimez faire. Le domaine dans lequel vous excellez vous apportera la vraie prospérité et la sécurité dont vous avez besoin. Vos débuts seront peut-être modestes, mais dès que

*vous atteindrez la perfection dans ce que vous faites,
tout le reste suivra.*

Tout le monde peut être prisonnier de la sécurité ; de nombreuses personnes qui gagnent beaucoup d'argent voient leur travail comme une corvée, et ils sont tout aussi insatisfaits et malheureux que ceux qui gagnent moins d'argent.

LAIRD HAMILTON

Qu'est-ce que l'argent pour vous ? S'il représente un but à vos yeux, alors il deviendra votre maître – il dictera vos gestes et vous contrôlera.

Les biens matériels sont merveilleux, et en posséder est l'un des plus grands plaisirs de la vie sur terre, mais le conditionnement de la société peut nous amener à penser, à tort, que l'accumulation de biens matériels est le but de notre vie. Si les biens matériels étaient le but de notre vie, ils nous apporteraient le bonheur véritable et la satisfaction, et nous n'aurions plus jamais besoin d'acheter autre chose. Le bonheur que nous ressentons lorsque nous acquérons ces biens ne serait pas éphémère, mais éternel.

Si l'accumulation de biens matériels était notre but dans la vie, nous pourrions emporter ceux-ci en quittant cette Terre. Un matin, nous sortirions chercher le journal et verrions que la maison du vieux Joe, de l'autre côté de la rue, a disparu parce qu'il l'a emportée avec lui en mourant. Nous ne pouvons pas repartir avec nos biens matériels parce qu'ils ne sont pas ce que nous sommes ; bien qu'ils contribuent à la joie de vivre sur terre, ils ne sont pas le but de notre vie.

LAYNE BEACHLEY

C'était difficile, cela relevait du défi, et j'ai multiplié les sacrifices, mais je les ai faits par choix, car poursuivre mon rêve et devenir championne du monde était beaucoup plus important pour moi que de gagner de l'argent.

Nous avons tous besoin de nourriture, d'un toit sur la tête et de vêtements, mais accumuler des biens matériels uniquement pour ce qu'ils sont nous prive de la liberté d'une vie pleinement satisfaisante. Ne faites pas de la sécurité et de l'accumulation de biens matériels le but de votre vie au lieu de poursuivre vos rêves. Ironiquement, c'est lorsque vous choisissez de poursuivre vos rêves avant de chercher la sécurité que vous aurez tout : les richesses matérielles et une vie satisfaisante dans l'abondance.

De plus, vous recevrez alors un bienfait que l'argent ne peut pas acheter ; vous serez habité d'un intense sentiment d'accomplissement et de satisfaction. Bien sûr, vous voudrez toujours en faire davantage et continuer à bâtir sur vos rêves, mais lorsque vous éprouverez ce sentiment d'absolue satisfaction que procure le Voyage du Héros, vous ne douterez plus que vous étiez destiné à entreprendre ce périple. Et tout ce que vous gagnerez à l'intérieur en faisant ce qui est votre raison d'être est ce que vous *apporterez* lorsque vous quitterez cette terre.

Ne faites pas en sorte d'arriver à la fin de votre vie et de regretter tout ce que vous n'avez pas fait. Votre vie est précieuse. Si vous baissez les bras, vous ne trouverez pas ce bonheur véritable que vous cherchez désespérément, car il découle de la réalisation de vos rêves. Imaginez ce que ce serait d'arriver à la fin de votre vie sans avoir de regrets. Imaginez-vous en train de songer à tout ce que vous auriez accompli, et imaginez l'incroyable sentiment de satisfaction que cela vous procurerait.

LIZ MURRAY

Vous connaissez ce dicton : « Ne mourez pas sans avoir chanté votre musique intérieure » ? Les gens rêvent lorsqu'ils posent la tête sur l'oreiller le soir. Et si vous n'honorez pas cette voix, elle ne va nulle part. C'est une énergie qui vit en vous. Vous ne pouvez nier son existence. Elle fait partie de l'essence même de ce que vous êtes en tant que personne. Donc, si vous posez la tête sur l'oreiller le soir, que vous êtes appelé à faire quelque chose dans ce monde et que vous ignorez cet appel, alors ce rêve reste enfermé en vous. À mes yeux, c'est la pire des choses… mourir sans avoir chanté sa musique intérieure.

L'une de mes amies a travaillé pendant de nombreuses années dans le domaine de l'administration télévisuelle, et après des remaniements au sein de la compagnie, elle a perdu son emploi. Elle savait ce qu'elle voulait faire le plus au monde, soit devenir réalisatrice au cinéma, et elle a commencé à planifier une nouvelle vie afin de réaliser son rêve. Mais juste avant qu'elle saisisse l'occasion et mette en branle sa nouvelle vie de réalisatrice, on lui a offert un emploi bien rémunéré, encore une fois dans le domaine de l'administration télévisuelle. Elle l'a accepté, et ses rêves ainsi que la possibilité d'expérimenter une nouvelle vie se sont simplement évanouis.

Michael Acton Smith

Je ne veux pas arriver à la fin de ma vie et me retrouver dans une maison de repos à dresser le bilan de mon existence et à souhaiter avoir tout fait différemment.

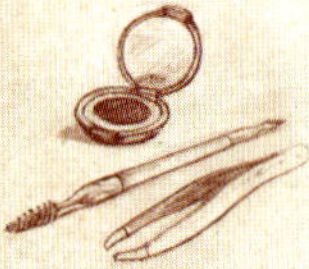

Anastasia Soare

Qu'avez-vous à perdre ? Vous devez essayer. Sinon, vous vivrez votre vie sans savoir que vous en étiez capable. C'est douloureux… À mes yeux, c'est douloureux.

Paul Orfalea

Je dis toujours aux étudiants de créer leur propre entreprise à la fin de leurs études. Quel est le pire qui puisse vous arriver ? Vous pourriez retourner vivre chez vos parents. Oubliez l'expérience – prenez tout simplement un risque et créez votre entreprise.

Mastin Kipp

La plupart des gens n'osent pas franchir le pas, parce qu'ils ne souffrent pas suffisamment. Généralement, ils passent à l'action lorsqu'ils n'en peuvent vraiment plus, lorsque, malades et fatigués, ils se disent : « J'en ai ras le bol. »

Paul Orfalea

Même si vous vous sentez prisonnier d'un emploi ou d'une profession que vous n'aimez pas, le moment n'aura jamais été aussi propice dans l'histoire de l'humanité pour enfin faire quelque chose qui vous satisfait réellement.

N'attendez pas un ras-le-bol pour effectuer un changement. Changez votre vie maintenant ! Rien à part le vrai bonheur et la satisfaction ne saurait vous suffire ; ne vous contentez donc pas de moins. Même si vous pensez que les tentacules de la sécurité se sont déjà enroulés autour de vous et que vous êtes incapable de bouger à cause de vos obligations, il n'est jamais trop tard – il y a toujours d'innombrables moyens de poursuivre vos rêves, et c'est beaucoup plus facile que vous ne le croyez.

TROUVEZ VOTRE RÊVE

Trouvez Votre Rêve

PETER FOYO
L'absolue frustration du genre humain – que vais-je faire de ma vie ?

LAYNE BEACHLEY
Que voulez-vous ? Posez la main sur votre cœur et demandez-vous : « Qu'est-ce que je veux ? » La première chose qui nous vient à l'esprit est toujours la bonne.

Essayez d'oublier les opinions, croyances et conclusions que vous entretenez à votre égard, car ce sont précisément elles qui vous ont empêché de voir votre rêve. Ne vous comparez pas aux autres, car vous avez un potentiel qui n'appartient à personne d'autre sur la planète. Débarrassez-vous des pensées restrictives à propos de ce que vous croyez possible, et ouvrez votre esprit à toutes les possibilités. Si vous pouviez vous défaire du bagage accumulé au cours de votre vie et vous réveiller un matin comme neuf, avec une ardoise vierge, d'incroyables possibilités pourraient surgir librement dans votre vie !

Layne Beachley

Les gens regardent à l'extérieur d'eux-mêmes, mais on ne sait que lorsqu'on regarde à l'intérieur de soi.

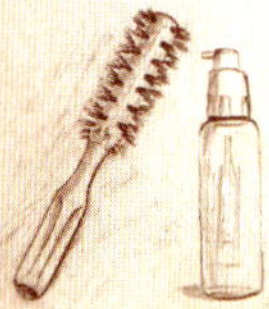

John Paul DeJoria

Nous ne savons pas toujours ce que nous voulons, mais nous savons assurément ce que nous ne voulons pas. Cessez de faire ce que vous ne voulez pas, cessez d'y penser, et allez de l'avant. Si la promenade en train n'est pas agréable, descendez. Vous ne connaîtrez jamais rien d'autre si vous ne descendez pas de ce train. Seulement alors vous ouvrirez-vous à autre chose.

Mastin Kipp

Songez à ces moments où vous vous sentez heureux, à ces moments où le temps file à vive allure, lorsque vous vous sentez vraiment léger, vraiment inspiré. Demandez-vous : « Où ai-je été le plus inspiré ? Où ai-je été le plus heureux ? » Même si ces moments n'ont pas été nombreux au cours de votre vie, ils sont des portes ouvertes sur la nature de votre rêve.

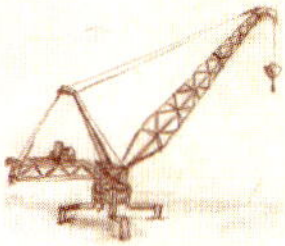

G. M. Rao

Certaines personnes trouvent leur grand rêve lorsqu'elles commencent à songer à leur avenir.

Que feriez-vous si vous pouviez faire n'importe quoi ? Que feriez-vous si l'argent n'entrait absolument pas en ligne de compte ? Que feriez-vous si le succès était garanti ? Lorsque vous posez tout genre de question, notamment une question à propos de votre but dans la vie, l'Univers vous en transmet la réponse. La réponse ne se trouve pas dans votre esprit conscient ; sinon, vous la connaîtriez déjà. La réponse se trouve dans l'Esprit universel.

Layne Beachley

La plupart d'entre nous traversent la vie sans savoir quel est leur rêve ou leur but, parce qu'ils n'ont jamais pris le temps de se questionner. Il est important que les gens prennent le temps de découvrir ce qu'ils aiment. Si vous ne le faites pas, vous n'êtes qu'un bateau à la dérive.

Avant de poser toute question, détendez-vous et faites le vide dans votre esprit. Ensuite, posez tout simplement une question, comme : « Quel est mon but dans la vie ? » Ou : « Que suis-je destiné à faire ? » Ou : « Pour quelle raison suis-je ici ? » N'essayez pas de répondre à la question, laissez-la plutôt en suspens. Restez tranquille pendant une minute, prêtez attention à ce qui se manifeste autour de vous, et puis prenez bien conscience de ce que vous avez envie de faire pendant la journée.

La réponse apparaîtra dans votre esprit comme une révélation, fort probablement lorsque vous serez concentré sur quelque chose de complètement différent. Ne doutez pas de la réponse lorsque vous la recevez, mais pensez à un petit pas que vous pourriez faire dans sa direction.

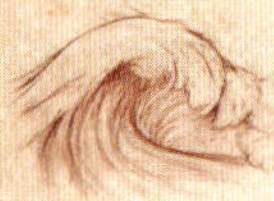

LAIRD HAMILTON

Il s'agit de vous écouter, d'entrer en vous et de rester calme. Allez dans la forêt ou pénétrez dans l'océan ; rendez-vous dans un lieu où vous pourrez entendre la réponse. Elle viendra de votre subconscient. Vous l'avez en vous, elle a toujours été là, vous l'aviez tout simplement enfouie profondément.

JOHN PAUL DEJORIA

Si vous vous ouvrez à l'Univers, il finira par venir à vous.

Une femme appelée Sara Blakely savait qu'elle voulait posséder une entreprise multimillionnaire, et c'est tout ce qu'elle savait. Donc, Sara a *demandé* une idée valant plusieurs millions de dollars. Un jour, alors qu'elle a eu un problème avec ses vêtements en s'habillant, Sara a eu une brillante idée en imaginant un nouveau genre de sous-vêtement féminin, et cette idée est devenue Spanx – aujourd'hui une entreprise mondiale multimilliardaire.

PETER BURWASH

L'autre avenue est d'aller dans la direction du véritable entrepreneur qui se demande : « De quoi le monde a-t-il besoin et que veut le monde en ce moment précis ? »

MASTIN KIPP

« Comment pourrais-je résoudre un problème avec lequel les gens sont aux prises ? » Poser cette question et déterminer si cela correspond à ce qui vous passionne est la clé du succès. C'est le juste équilibre sur les plans spirituel, émotionnel et financier.

PAUL ORFALEA

Kinko's est issue d'une question. Si vous avez cessé de poser des questions, recommencez.

Comme Paul Orfalea, qui a créé Kinko's, et Sara Blakely, qui a créé Spanx, les entrepreneurs posent des questions. C'est ainsi que surgit dans leur esprit une idée parfaite au moment idéal, et le monde a exactement besoin de cela. En posant une simple question, ils reçoivent une idée, et à partir de cette idée, ils créent des compagnies immensément prospères.

Chaque fois que vous devez poser une question, demandez une information, des idées, des solutions ou la façon d'appliquer des décisions, et la réponse, transmise par l'Esprit universel, apparaîtra dans votre esprit comme une révélation. Mettez à profit votre habileté de puiser à cette incroyable ressource.

PETER BURWASH

Voici un moyen de trouver la bonne direction : prenez deux feuilles de papier. Sur la première, notez les domaines ou activités où vous excellez, et sur l'autre ce que vous aimeriez être capable de faire avec votre vie. Voyez ensuite si vous pouvez jumeler ce que vous avez écrit sur ces deux pages.

MASTIN KIPP

Trouvez des gens qui ont effectué ce voyage, ou interrogez des gens qui ont parcouru cette voie sur laquelle vous voulez vous engager. Demandez-leur : « Comment avez-vous fait ? » Choisissez d'évoluer dans un environnement où des gens font ce que vous voulez faire. Absorbez d'énormes quantités d'informations inspirantes, qu'il s'agisse de livres, de DVD ou de CD, car vous penserez alors comme les plus grands de ce monde.

LAYNE BEACHLEY

Vous devez être précis. C'est la précision qui vous donne du pouvoir. Prenez le temps de déterminer ce que vous voulez et faites ensuite un pas dans cette direction. Mais si vous ne savez pas ce que vous voulez, vous permettrez alors à la vie de vous dicter ses conditions. Je n'ai jamais permis à la vie de m'imposer quoi que ce soit.

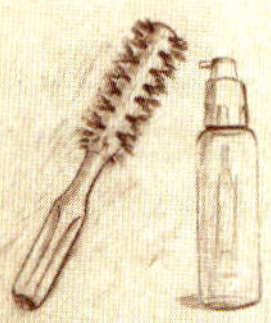

JOHN PAUL DEJORIA

Si vous rêvez de faire quelque chose et que rien ne se passe, écrivez ce que vous voulez accomplir et veillez à ce que cette note soit la première chose que vous voyez en ouvrant les yeux le matin. D'une manière ou d'une autre, si vous vous concentrez sur cet objectif, votre esprit ira dans cette direction. L'esprit accomplit tout ce qu'il peut concevoir ou croire. Plus une chose est présente dans votre esprit, plus il y a de chances qu'elle se manifeste dans votre vie.

PETE CARROLL

Ce n'est pas sorcier. Pour moi, il est vraiment évident qu'il faut prendre une décision consciente à propos de ce qu'on veut accomplir ou devenir dans la vie. C'est cette vision qui met en mouvement les pouvoirs qui sont dans l'Univers et qui nous aide à créer ce que nous voulons.

Même si vous n'avez pas encore découvert votre rêve, il y a ceci que vous pouvez accomplir dès maintenant pour en accélérer la matérialisation : donnez le meilleur de vous-même dans tout ce que vous faites actuellement. Même si vous savez que vous voulez changer d'emploi, accordez toute votre attention à votre emploi actuel et faites de votre mieux. Vous deviendrez ainsi plus grand que votre emploi actuel, et le jour viendra où les portes s'ouvriront et vous serez dirigé vers l'emploi de vos rêves !

LAIRD HAMILTON

Voici une valeur que ma mère m'a inculquée : lorsque vous faites quelque chose, peu importe ce que c'est, faites-le le mieux possible. Si vous êtes balayeur de rue, balayez du mieux que vous le pouvez.

JOHN PAUL DEJORIA

À mes yeux, le succès ne se mesure pas à l'argent que l'on possède, mais plutôt à la maîtrise avec laquelle on accomplit nos tâches. Que vous soyez concierge, homme d'affaires ou aviateur, c'est ce que vous faites et la façon dont vous le faites qui déterminent votre réussite.

De Grands Rêves et de Petits Rêves

ANASTASIA SOARE

Il n'y a rien de mal avec les petits rêves. Les grands rêves sont pour les gens qui veulent consciemment risquer tout ce qu'ils ont dans la vie. Il y a de petits rêves, il y a de grands rêves, et il y a des rêves fous. Il faut avoir une personnalité particulière pour être aussi fou.

MICHAEL ACTON SMITH

La plupart des gens ne caressent pas de grands rêves dans la vie. Ils n'ont pas la confiance nécessaire. Ils pensent que tout ce qui est excitant est accompli par les autres. Mais il est important d'avoir de grands rêves, et cela rend la vie trépidante. Si vous n'avez pas de grands rêves, ils ne pourront pas devenir une réalité.

ANASTASIA SOARE

Les gens doivent savoir ce qu'ils sont prêts à donner pour obtenir ce qu'ils veulent. Dans la vie, tout est comme un compte bancaire. Tout ce que vous y déposez, vous pouvez ensuite le retirer. N'espérez pas obtenir de grandes choses avec peu d'efforts. Cela n'arrivera jamais.

Une personne peut commencer par un très grand rêve, alors qu'une autre peut commencer par un petit rêve qui deviendra beaucoup plus grand qu'elle n'aurait pu l'imaginer. La vie semble nous appeler à caresser un rêve dont nous saurons gérer l'ampleur sur le coup.

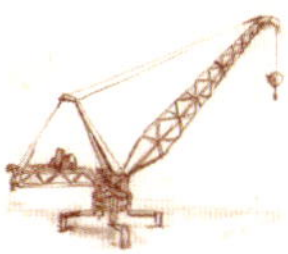

G. M. RAO

Les petits rêves, comme les pièces d'un puzzle, finiront par former un plus grand rêve. Au début, même rêver est difficile, mais il est important de savoir que le Mahatma Gandhi n'a jamais rien fait à partir d'un grand rêve. Il n'a toujours fait que repousser les limites de ce qu'il voulait voir se produire et, comme par magie, une grande chose arrivait.

Lorsque vous trouvez votre rêve et le concrétisez, tous les autres petits rêves que vous avez dans la vie se réalisent également. Lorsque j'étais dans la vingtaine, l'un de mes rêves était de vivre dans un autre pays. Je voulais connaître l'aventure et les défis associés à la vie dans une contrée peu familière, et éprouver l'enthousiasme qu'apporte la découverte d'une autre culture. Lorsque j'ai créé *Le Secret*, mon travail a nécessité que je quitte l'Australie pour m'établir aux États-Unis, et un petit rêve que j'avais donc mis de côté s'est concrétisé en même temps que mon grand rêve. Les rêves sont liés entre eux, et lorsque l'un d'eux se réalise, les autres suivent.

Que vous ayez déjà trouvé votre rêve, ou que vous n'ayez encore aucune idée de sa nature, il y a un conseil extrêmement simple qui, si vous le suivez, vous guidera indéniablement vers votre rêve.

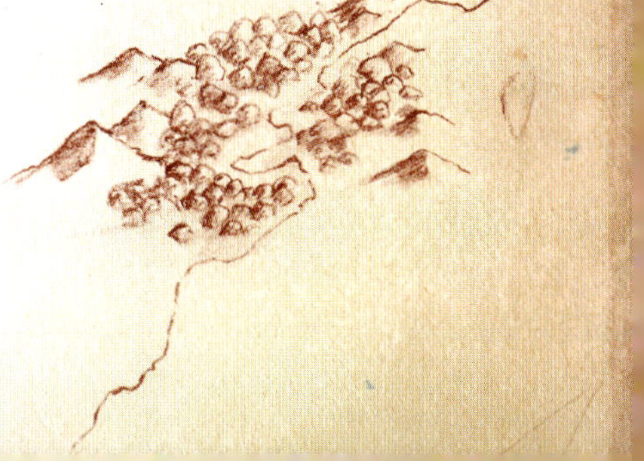

CHERCHEZ LA FÉLICITÉ

Cherchez la Félicité

Joseph Campbell était l'un des mythologues les plus respectés du monde et, par ses enseignements pénétrants, il nous a légué un message simple et profond :

« Cherchez la félicité. »

Ces trois mots sont une boussole pour votre vie ; ils vous indiquent la direction vers laquelle vous diriger en tout temps. La félicité est ce sentiment qui vous habite quand vous faites ce que vous adorez, et c'est un fil qui vous relie à vos rêves. Donc, lorsque vous cherchez la félicité, vous trouvez également vos rêves et vous honorez la raison pour laquelle vous êtes ici.

Nick Woodman savait qu'il voulait devenir entrepreneur, mais il ignorait dans quel secteur d'activité se lancer. Alors qu'il cherchait la félicité en faisant du surf avec ses amis pendant un voyage en Australie et en Indonésie, Nick ne cessait de penser à quel point il serait fantastique d'avoir une caméra afin de capter des images de ses amis et lui en train de surfer sur les vagues. Cette seule petite pensée a été le germe d'une idée qui est devenue la caméra GoPro, qui a fait de Nick Woodman l'un des plus jeunes entrepreneurs milliardaires du monde.

La Félicité Mène au Bonheur Parfait

Il y a une qualité irrésistible et puissante qui irradie de vous lorsque vous êtes heureux et faites ce que vous aimez, et elle vous attire davantage de bonheur. Même si vous n'êtes pas encore capable de voir votre rêve, en état de béatitude, vous êtes sur la voie qui vous y conduira.

LAYNE BEACHLEY

Choisissez une activité qui vous apportera du bien-être sur une base quotidienne. Combien de gens font ça ? Combien de gens découvrent ce qui leur apporte du bien-être et s'engagent à s'adonner à cette activité chaque jour ?

Vous suivez la félicité lorsque vous décidez de faire un geste quotidien qui vous procure un grand bien-être. Un geste aussi simple que de vous asseoir confortablement dans un parc ou un jardin pour vous détendre, ou l'achat d'une tasse de votre café préféré, sauf qu'au lieu de le boire à la hâte, vous le sirotez en plus de vous asseoir, de respirer et d'observer tranquillement le monde autour de vous. Peu importe que cela semble sans importance ou anodin, assurez-vous chaque jour de mener une activité qui correspond pour vous au bonheur. Et bientôt des gestes similaires vous inspireront et, à partir de ce premier petit geste, vous aurez entre les mains un fil qui vous guidera vers vos rêves et une vie bien meilleure.

PETER FOYO

C'est un cliché, mais je crois qu'il est vraiment important que vous viviez pleinement votre vie.

MICHAEL ACTON SMITH

Parallèlement à notre famille et à nos relations avec les autres, notre travail est l'un des aspects les plus importants de notre vie. On y consacre la majeure partie de notre temps, et il doit donc être agréable ; il doit nous passionner et avoir de l'importance à nos yeux.

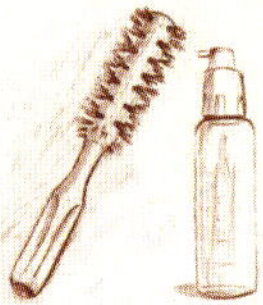

JOHN PAUL DEJORIA

J'adore ce que je fais, sinon je ne le ferais pas.

G. M. RAO

Tout le monde accorde beaucoup d'importance à l'argent et à la sécurité. Mais la satisfaction personnelle et la passion que nous inspire ce que l'on fait sont plus importantes. C'est pour cela qu'il est important de rêver.

Si vous travaillez à temps plein, vous passez probablement près de 250 jours par année au travail. Cela représente les deux tiers d'une année, et si vous ne faites pas ce qui fait chanter votre cœur, ce qui vous remplit de passion et d'enthousiasme, alors vous gaspillez un grand nombre de jours précieux de votre vie.

> « Votre travail occupera une grande partie de votre vie, et la seule façon d'être entièrement satisfait est de faire ce que vous estimez être du très bon boulot. Et la seule façon d'y arriver est d'aimer ce que vous faites. Si vous n'avez pas encore trouvé ce qui vous plaît, continuez à chercher sans jamais renoncer. »

Steve Jobs

Cofondateur d'Apple Inc.

Si vous restez à la maison et élevez vos enfants, veillez à inclure une activité que vous aimez dans ce précieux temps de votre vie et prenez les moyens pour vous y adonner aussi souvent que possible. À l'époque où j'élevais mes enfants, j'ai ressenti le besoin de trouver un exutoire créatif, et j'ai donc commencé à cuisiner. J'ai suivi des cours, acheté des livres, je me suis attelée à la tâche et j'ai perfectionné toutes les techniques que j'ai pu trouver. Cuisiner est devenu un bonheur pour moi. Lorsque j'ai repris mon travail à la télévision, le premier concept que j'ai développé a été une émission de cuisine, et grâce à ce que j'avais appris, l'émission est devenue très populaire. Grâce à ce succès, ma carrière en production télévisuelle s'est épanouie.

John Paul DeJoria

Lorsque vous êtes passionné et que vous aimez ce que vous faites, lorsque vous faites ce que vous voulez faire, et non pas ce que vous devez faire, vous le faites toujours mieux parce que c'est ce qui vous plaît.

Pour une raison ou une autre, un grand nombre d'entre nous a dressé un mur entre la félicité et le travail, et nous n'aimons pas ce que nous faisons chaque jour. Mais ce n'est pas nécessaire dans la vie. Le fait que des gens soient heureux et vivent leur rêve en travaillant montre bien que c'est également possible pour vous. Il n'est pas nécessaire de savoir quel est le travail de vos rêves, car votre bonheur y est lié. Il suffit donc de suivre la félicité, qui vous guidera vers l'emploi idéal !

G. M. Rao

Je ne travaille pas parce que je dois travailler. Je travaille parce que j'aime mon travail. Pour moi, le travail est un culte, car il a un sens et procure bonheur et satisfaction, non seulement à moi, mais aussi à mon entourage.

Liz Murray

Je ne crois pas avoir déjà dit : « Je m'en vais travailler. »

Quel genre de travail pouvez-vous imaginer accomplir, qui ne vous ferait jamais dire : « Je m'en vais travailler » ? Votre travail devrait englober votre passion ou un talent spécial, et être quelque chose que vous feriez, en étant payé ou non.

LIZ MURRAY

Je dois avoir du plaisir quand je fais quelque chose. Si je ne m'amuse pas, si cela ne m'emballe pas, si je n'y vois aucune magie, je ne peux simplement pas continuer. Je dois tenir des activités qui font renaître l'émotion que je ressentais, enfant, le matin de Noël, et qui me catapultait hors du lit. Si je commence à redouter quelque chose ou à souhaiter que ça finisse, c'est le signe qu'un changement s'impose.

MICHAEL ACTON SMITH

À Mind Candy, nous aimons travailler avec des gens qui ne se prennent pas trop au sérieux, qui sont capables de s'amuser en travaillant. Ce n'est pas une question de vie ou de mort, même si certaines personnes aimeraient penser le contraire. Je crois qu'on apprécie la vie et qu'on a l'esprit plus léger lorsqu'on éprouve du plaisir à travailler.

« Mon but n'était pas d'être riche. Dans la vie, je voulais m'amuser et relever des défis – et c'est encore ce que je veux… Mais j'ai découvert que si je m'amuse, l'argent suit. »

Sir Richard Branson

Entrepreneur/Magnat des Affaires

Soyez Fidèle à Vous-même

Si le travail est une joie pour vous, vous serez heureux. Accomplir un boulot que vous pensez devoir faire au lieu de faire ce que vous aimez, c'est mener une vie fausse. Tant de gens précieux vivent la vie que leur ont imposée des parents et des professeurs bien intentionnés, la société ou même un ami ou leur conjoint, et ils sont misérables. Cette misère chez les gens est manifeste. Il suffit de constater l'augmentation alarmante des problèmes de santé mentale dans le monde. Chassez de votre esprit les pensées des autres ; ayez le courage de chercher la félicité et vous serez comblé.

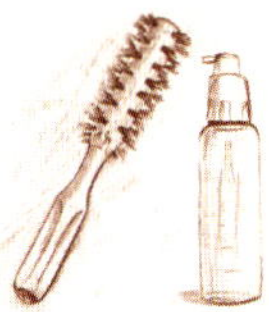

JOHN PAUL DEJORIA

Il y a beaucoup de choses que l'on veut faire qui sortent peut-être de l'ordinaire ou que les autres n'approuvent pas, mais si cela vous rend heureux, persévérez. La fidélité à soi-même est tellement gratifiante.

MICHAEL ACTON SMITH

J'ai quitté l'université et j'ai trouvé un bon emploi dans une banque, mais j'ai vu assez rapidement que ce n'était pas pour moi. Ces fonctions ne parlaient pas à mon âme. Et j'ai compris que je ne serais à ma place pratiquement nulle part dans le monde du travail.

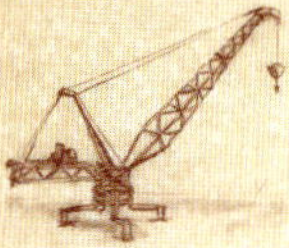

G. M. Rao

Lorsque nous poursuivons un rêve, nous sommes inévitablement tiraillés dans de multiples directions, par des parties prenantes : la famille, les amis et la société. Cela m'est arrivé très souvent. Par exemple, lorsque mes frères avec qui j'étais associé dans notre entreprise familiale ont exprimé des aspirations différentes des miennes, je me suis retiré pour poursuivre mes propres rêves.

G. M. Rao a eu le courage de suivre ses propres rêves, et voyez ce qu'il a fait de sa vie. Il a construit des aéroports, des autoroutes et des hôpitaux. Et il a contribué au développement urbain en Inde. Il a amélioré son pays et la vie de centaines de millions d'individus parce qu'il a pris la décision de rechercher la félicité.

Il faut souvent du courage pour faire ce que l'on aime et aller à l'encontre de la majorité. Résistez à la tentation de plaire à tout le monde et soyez fidèle à vous-même. De toute manière, il ne vous appartient pas de plaire à tous ; les autres doivent se plaire à eux-mêmes et trouver leur propre bonheur. Ceci est votre vie et vous devez écouter votre cœur. Vous avez quelque chose de spécial, un talent ou une habileté que vous seul possédez, et vous avez une responsabilité envers la vie de l'exploiter.

> « Trouvez un emploi que vous aimez. Je crois que vous êtes fou si vous conservez un emploi qui ne vous plaît pas uniquement parce que vous estimez qu'il figurera bien dans votre curriculum vitæ. N'est-ce pas un peu

comme attendre d'être vieux avant d'avoir des relations sexuelles ? »

Warren Buffett

Magnat des Affaires et Investisseur

ANASTASIA SOARE

Examinez votre vie. Si vous êtes heureux maintenant, tant mieux pour vous. Si vous ne l'êtes pas, vous devriez commencer à analyser votre situation. « Bon, qu'est-ce qui me rend heureux ? J'ai un emploi et je suis malheureux. » Eh bien, changez d'emploi.

Si vous avez décidé d'apporter un changement, mais que vous ne savez pas comment procéder, le premier et le plus grand pas consiste à commencer à rechercher la félicité.

ANASTASIA SOARE

Vous êtes un comptable des plus malheureux. Eh bien, peut-être aimez-vous cuisiner. Alors, devenez chef. Ne quittez pas votre emploi immédiatement, car vous avez des factures à payer, mais commencez à dresser un plan. « Très bien, je vais maintenant travailler comme comptable à temps partiel. » Vous devez planifier. Je voulais que chaque sou que je gagnais contribue à la réalisation de mon rêve. Si vous n'avez pas ce soutien financier, le stress engendré par l'incapacité de payer vos factures brisera votre rêve.

Anastasia devait subvenir aux besoins de sa famille et elle a donc passé deux ans à planifier son entreprise avant de faire le grand saut. Aujourd'hui, elle est à la tête d'une entreprise mondiale et elle vit la vie de ses rêves. Si Anastasia n'avait pas dressé un plan et cherché la félicité, elle travaillerait encore 14 heures par jour dans un salon de beauté appartenant à un autre.

Il y a tant de choses que vous pouvez commencer à faire maintenant pour trouver la félicité. Inscrivez-vous à un cours gratuit dans une discipline que vous aimez. Procurez-vous des livres et des magazines, et lisez les témoignages de gens qui font ce que vous voulez faire. Déterminez le type d'emploi que vous pourriez occuper pour évoluer dans ce domaine. Utilisez Internet et les réseaux sociaux, écrivez des blogues et faites des recherches. Vous avez le monde au bout des doigts et plus d'occasions que jamais pour communiquer et explorer. Soyez le plus attentif possible à ce que vous aimeriez faire.

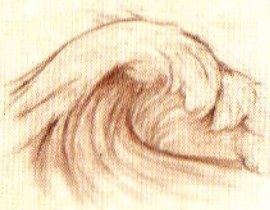

LAIRD HAMILTON

Comment effectuer la transition entre ce que vous faites actuellement et ce que vous aimeriez faire ? Financez ce que vous adoreriez faire à l'aide d'une autre activité, de manière à avoir les moyens de vous adonner à votre passion. Et soudain, vous pourrez subvenir à vos besoins en faisant ce que vous aimez. Et cette transition sera beaucoup plus rapide que vous ne le croyez.

Mastin Kipp

Si vous avez d'autres responsabilités, vous pouvez commencer lentement à monter votre entreprise, et vous pourrez un jour faire le grand saut.

« Cherchez la félicité et l'Univers vous ouvrira des portes là où il n'y avait que des murs. »

Joseph Campbell

Mythologue

Vous pouvez commencer votre poursuite de la félicité dès maintenant, car dans votre vie, il y a certainement quelque chose que vous avez toujours voulu faire, mais que vous n'avez pas encore fait. Avez-vous déjà eu envie de suivre des cours de danse sociale ou de rap, de surf ou de rafting ? Avez-vous déjà eu envie de suivre un cours de théâtre, de peinture ou de jardinage, ou d'apprendre à agencer des vêtements ou à décorer des intérieurs ? Ou aimeriez-vous apprendre à jouer d'un instrument de musique parce que vous entrez immédiatement dans un état de béatitude chaque fois que vous entendez jouer de cet instrument ? Vous sentez-vous attiré par un pays en particulier, et êtes-vous ému lorsque vous entendez parler la langue de ce pays ? Y a-t-il une passion de l'enfance que vous avez mise de côté en grandissant parce que vous deviez gagner votre vie ? Qu'avez-vous toujours voulu faire ?

La plupart des gens ne donnent jamais suite à leurs désirs ou les mettent de côté parce qu'ils les jugent insignifiants et sans lien avec leurs grands rêves. Mais ce désir ardent d'une activité particulière est un message de l'Univers qui vous exhorte à rechercher la félicité, et cette activité est nettement liée à la voie qui mène à la concrétisation de vos rêves. Ce lien reste invisible pour vous qui êtes sur terre, mais l'Univers voit clairement qu'il est la voie qui vous guidera vers vos rêves.

Cette Chose qui Vous Fait Vibrer

Par quoi êtes-vous attiré ? Qu'est-ce qui vous fait vibrer ? Qu'avez-vous toujours eu envie de faire ? Cédez à ce désir ; cherchez la félicité, parce que même si vous croyez que cela n'a aucun lien avec votre rêve, c'est en fait le fil qui vous guidera vers lui – comme il l'a fait pour ma fille.

Dès qu'elle a su lire, ma fille a dit qu'elle voulait devenir écrivaine. À part l'écriture, elle aimait deux choses plus que tout : la nature et l'équitation. Elle a entretenu cet amour pour ces trois choses tout au long de son enfance et jusqu'à l'âge adulte, mais lorsqu'elle a déménagé en Amérique, elle a dû laisser ses chevaux derrière elle.

En quittant son pays d'origine, elle a laissé son rêve de jeunesse passer tranquillement à l'arrière-plan, et un autre grand rêve est né en elle – lier connaissance avec le partenaire idéal et fonder une famille. Elle a dressé la liste de tout ce qu'elle voulait trouver chez cet homme, mais il est resté introuvable pendant des mois.

C'est alors qu'elle a décidé de chercher la félicité. Elle s'est inscrite à des cours d'équitation, s'est remise à l'écriture et a acheté une petite maison entourée d'arbres. Cette petite maison avait *grand besoin* d'être rénovée, mais elle était heureuse d'y vivre, car elle se trouvait en pleine nature.

Voici ce qui est arrivé lorsque ma fille a décidé de chercher la félicité. On lui a proposé un nouveau cheval à l'écurie et dès qu'elle est montée en selle, ce fut la symbiose. Elle venait de trouver le cheval de ses rêves et on lui a donné la possibilité de l'acheter avec un mode de paiement échelonné, une option très commode. Elle a ensuite eu une idée et elle a écrit son premier livre pour enfants. Elle nageait dans le bonheur ; elle possédait le cheval de ses rêves, elle vivait dans la nature et elle avait enfin écrit un livre.

Et puis, au milieu de tout ce bonheur, ma fille a rencontré l'homme de sa vie. Deux mois plus tard, son vieux rêve de devenir écrivaine s'est concrétisé ; une grande maison d'édition a accepté de publier son livre ! De plus, tout a soudain semblé prometteur en ce qui avait trait à sa petite maison qui nécessitait beaucoup de travaux – son partenaire idéal était justement le fils d'un ouvrier du bâtiment !

Vous pouvez avoir tout ce que vous désirez. Et même si la félicité qui vous habite ne semble avoir aucun lien avec le grand rêve que vous caressez, cherchez à l'entretenir en y mettant tout votre cœur. Bien que vous ne puissiez pas voir le dénouement, sachez que cette félicité est le fil qui vous guidera vers la concrétisation de *tous* vos rêves !

Deuxième Partie
Le Héros

LA CONFIANCE EN SOI

La Confiance en Soi

LAYNE BEACHLEY

En fin de compte, pour accomplir quoi que ce soit dans la vie, vous devez croire en vous. Cette croyance est ce qui m'a permis de remporter de nombreux titres mondiaux.

LAIRD HAMILTON

Vous devez croire que tout est possible – que vous pouvez y arriver.

Croire en vous est peut-être la plus puissante habileté de héros dont vous disposiez. Votre conviction vous permettra de traverser toutes les situations difficiles ou de relever de grands défis, et de réaliser ultimement votre rêve !

Lors de sa première saison à titre d'entraîneur-chef à l'université de la Californie du Sud, Pete Carroll a encadré un jeune quart-arrière talentueux dont l'immense potentiel menaçait de rester inexploité. En effet, ce joueur était enclin à se sous-estimer, ce qui nuisait parfois à son jeu. Une fois que Pete a découvert que son quart-arrière s'attendait toujours à commettre des erreurs, il a travaillé de concert avec son personnel à faire taire le monologue intérieur négatif de son protégé.

Grâce à cette intervention judicieuse, le quart-arrière a fini par croire en lui, tant et si bien que, deux saisons plus tard, il a reçu le trophée Heisman, distinction remise au meilleur joueur de football universitaire. Il a ensuite connu une brillante carrière dans la NFL et a remporté le titre de « meilleur joueur » au Pro Bowl. Son nom est Carson Palmer.

PETE CARROLL

Tout au long de ma carrière d'entraîneur, j'ai aidé les gens à comprendre le pouvoir de leurs pensées et de leurs croyances personnelles. Le monologue intérieur d'un individu est le meilleur indicateur des croyances qu'il entretient à son égard. Je prêche constamment la valeur et l'importance du dialogue intérieur positif en tant qu'élément clé dans la concrétisation de nos rêves.

ANASTASIA SOARE

Voici le message que je veux transmettre aux gens : si je suis arrivée ici sans parler anglais, sans un sou en poche, et que j'ai été capable de réussir, alors n'importe qui peut le faire. Il suffit de croire en vous. C'est tout.

Mais si vous ne croyez pas en vous-même ?

La seule raison pour laquelle vous ne croyez pas en vous est que vous vous êtes *persuadé* de ne pas croire en vous. Vous avez entretenu toutes sortes de pensées et les avez acceptées comme de vraies croyances. Vous croyiez en vous à la naissance, et si ce n'est plus le cas aujourd'hui, cela signifie simplement qu'au cours de votre vie, vous avez accepté des opinions à votre sujet que d'autres personnes ont implantées dans votre esprit, que vous avez considérées comme vraies. Et vous avez entretenu ce manque de confiance en le nourrissant avec vos propres pensées – votre monologue intérieur.

MASTIN KIPP

Le plus grand obstacle au succès, c'est croire que l'on est incapable de réussir. Si vous croyez qu'une chose est impossible, vous avez raison. Et l'Univers entier sera contre vous, non pas parce que l'Univers est un lieu mauvais, mais parce que vous interagissez avec lui de cette façon, et tout ce que vous chercherez sera une preuve de votre piètre estime de soi et une façon de démontrer pourquoi ce n'est pas possible.

Il est très simple de se défaire de ce manque de confiance en soi. Commencez par nourrir des pensées opposées à votre perception de vous-même : dites-vous que vous *pouvez* le faire, et que vous avez tout ce qu'il faut en vous pour y arriver. Rappelez-vous que vous avez des habiletés incroyablement puissantes, et que vous saurez exactement comment les utiliser en temps et lieu. Souvenez-vous qu'il suffit de faire un pas à la fois.

Votre subconscient

En vous sachant capable de réaliser vos rêves, vous modifierez la programmation de votre subconscient. Votre subconscient est comme un ordinateur ; il contient de nombreux programmes que vous avez vous-même téléchargés, avec vos pensées ou en écoutant et en acceptant les pensées des autres à votre égard. Et vous l'avez fait pendant toute votre vie.

MICHAEL ACTON SMITH

Si vous ne croyez pas en vous – si vous vous pensez incapable d'accomplir quelque chose –, alors personne ne le fera à votre place.

Tous les programmes qui se trouvent dans votre subconscient y ont été installés par des pensées, et la pensée seule créera un nouveau programme pour remplacer les anciens.

Au début, lorsque vous commencerez à penser que vous pouvez tout faire, vous sentirez le rejet du « mur coupe-feu » de votre subconscient : il vous dira que ces pensées ne sont pas vraies. Mais si vous persévérez à croire que vous en êtes capable, alors ces pensées finiront par devenir une croyance, et vous aurez modifié le programme.

Layne Beachley

Tout le monde peut arriver à croire en soi – il suffit d'en faire le choix.

Il est étonnant de constater qu'après toutes ces années – même toute une vie – passées à ne pas croire en vous, il suffit d'une brève période d'efforts concertés pour que vous commenciez à découvrir votre potentiel.

Le moment le plus propice pour reprogrammer le subconscient est le soir, lorsque vous sombrez dans le sommeil. Une fois dans cet état de somnolence, entre l'éveil et le sommeil, campez une nouvelle pensée dans votre esprit en vous disant que vous êtes capable de faire n'importe quoi et que vous pouvez accomplir tout ce que vous dictez à votre esprit. Votre but est de faire en sorte que cette pensée, « croire en vous », soit la dernière qui flotte dans votre esprit avant de vous endormir, car la dernière pensée que l'on a avant de sombrer dans le sommeil traverse le pare-feu et pénètre dans le subconscient. Et lorsque cette pensée traverse la barrière de sécurité, le subconscient doit l'accepter comme vraie.

Une fois votre subconscient doté de ce nouveau programme de croyance, il doit le lancer et prouver la véracité de cette confiance renouvelée en vous. Vous constaterez soudain que de nouvelles personnes qui croient en vous entreront dans votre vie, ou bien vous trouverez un nouveau soutien auprès de gens qui vous côtoient déjà, et vous vous sentirez inspiré à adopter des mesures ou à oser des gestes particuliers qui prouveront vos nouvelles habiletés et augmenteront votre confiance en vous.

Tout ce que vous gardez dans votre subconscient se manifeste dans votre vie. Et c'est parce que tout nouveau programme installé dans votre subconscient est immédiatement transmis à l'Esprit universel ; une fois que l'Univers aura pris connaissance des directives, il travaillera de concert avec vous pour s'assurer que vous accomplissiez ce en quoi vous croyez. Peut-être comprenez-vous maintenant pourquoi l'on dit que « tout ce que l'esprit de l'homme peut concevoir et *croire*, il peut l'accomplir ».

G. M. RAO

Je crois fermement en ma vision et en ma capacité de créer quelque chose de valable pour la société. En dépit de deux importants revers qui auraient pu faire dérailler ma vie, j'ai persévéré parce que mes valeurs et un engagement inflexible étaient alignés avec la volonté de l'Univers, qui m'a soutenu inconditionnellement. Il n'y a jamais eu un seul doute dans mon esprit.

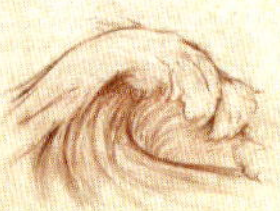

LAIRD HAMILTON

Je croyais vraiment que je pouvais réaliser mon rêve. Je n'aurais pas pu accomplir ce que j'ai réussi sans y croire vraiment. Mais cela ne veut pas dire que je n'étais pas assailli par le doute, car le doute est omniprésent, menaçant ; c'est un tourbillon qui tente d'avoir une emprise sur vous. Mais j'ai rejeté ce doute.

Même si vous croyez en vous, il y aura des moments où vous remettrez en question votre habileté à concrétiser vos rêves. Dans ces moments de doute, redirigez tout simplement votre esprit sur la prochaine étape à franchir, car vous trouverez plus facile de croire que vous pouvez faire ce petit pas plutôt que d'avoir la tête qui tourne en songeant à tout le cheminement qu'il vous reste à faire. Et lorsqu'on y pense bien, on ne peut que faire un pas à la fois pendant le Voyage du Héros, et c'est tout ce qu'a fait chaque personne qui a réussi.

Lorsque vous vous sentez heureux, votre confiance est plus forte. Si vous vous sentez fatigué, découragé, si vous n'êtes pas dans votre assiette ou si vous manquez d'énergie, le doute s'installe. Tout le monde passe par de tels moments. Rappelez-vous que cet état d'âme est temporaire, et qu'il *passera*. C'est pourquoi il est si important de chercher la félicité chaque jour, car c'est ainsi que vous serez heureux et que, du coup, votre confiance sera forte.

G. M. RAO

Vous devez instiller la croyance dans votre rêve ; ayez confiance que ce que vous voulez est ce qu'il y a de mieux au monde pour vous. Sans cette croyance, il s'ensuivra une approche peu enthousiaste, sans effort ni détermination ou persévérance. Fréquemment, la peur de l'échec se trouve derrière ce manque de conviction.

MASTIN KIPP

Ma mère me disait que je pouvais atteindre tous les buts que je me fixais. Et je l'ai donc crue. Je savais depuis le début que, lorsque je programmais réellement mon esprit, quelque chose de grand allait se produire.

LAIRD HAMILTON

Ma mère croyait que je pouvais marcher sur les eaux. Sa conviction avait moins à voir avec mon but qu'avec le fait que je pouvais devenir une bonne personne, mais cela m'a donné la force de croire en moi-même. Tous ceux qui côtoient des gens qui croient en eux doivent entretenir ces relations. Ils en ont besoin dans leur entourage.

ANASTASIA SOARE

Une petite chose changera votre vie. J'étais encore très naïve à l'époque, mais je me souviens parfaitement d'un jour, alors que j'avais six ans, où je me trouvais dans la boutique de confection de mes parents. Ma mère avait dit : « Tu te rappelles chaque fois que je t'amène à la boutique ? Je vais écrire ce que tu dois acheter sur un bout de papier et je te donnerai de l'argent. Tu prendras l'autobus et tu compteras six arrêts. Assure-toi de demander au chauffeur si tu es au bon arrêt. » J'ai dit : « Maman, j'ai six ans ! Je ne sais pas... » « Non, tu es intelligente. Tu peux le faire. » J'avais un peu peur, mais vous savez à quoi je pensais ? Elle avait dit que j'étais intelligente et que je pouvais le faire ; puisqu'elle l'avait dit, j'étais donc intelligente. Je suis revenue et je n'oublierai jamais le sourire sur son visage. Elle a réitéré : « Je te l'avais dit, que tu étais intelligente et que tu pouvais le faire. Je suis si fière de toi. »

Michael Acton Smith

La confiance en soi est plus facile à acquérir lorsque nos parents nous soutiennent, mais il n'est certainement pas impossible d'y arriver sans eux.

Même si vos parents ne vous ont pas aidé à avoir confiance en vous, il y avait quelqu'un qui croyait en vous lors de votre enfance ; peut-être un parent éloigné, vos grands-parents, un voisin, un professeur, un frère ou une sœur… Chose certaine, au moins une personne croyait en vous pendant votre enfance. Et qu'elle soit encore vivante ou non, tout le soutien maintenant nécessaire est disponible.

Lorsque vous déciderez de poursuivre votre rêve, l'Univers vous soutiendra et vous présentera toutes les circonstances, toutes les personnes et tout ce dont vous avez besoin pour réaliser votre rêve. Et le moyen de tirer parti de l'Univers consiste à utiliser votre subconscient pour croire !

Laird Hamilton

Soyez persuadé que les choses s'arrangeront d'elles-mêmes si vous vous contentez de vous concentrer sur votre mission ou vos buts, et que vous recevrez tout ce dont vous avez besoin en raison des efforts que vous faites.

Mastin Kipp

Dressez la liste des gens qui vous inspirent, et notez ensuite ce qui vous inspire chez ces gens. Est-ce leur ténacité ?

Leur générosité ? Leur compte bancaire ? La marque qu'ils ont créée ? Ce qu'ils ont apporté au monde ? Ensuite, admettez que ce qui vous inspire chez ces gens fait également partie de vous.

LIZ MURRAY

Nous apprenons sur le tas, et si vous pouvez vous mettre dans des situations propices, l'apprentissage par l'expérience vous permettra de reconstruire votre estime de soi et vous pourrez remanier votre système de croyances. Vous pourrez faire des choses qui ne vous semblaient pas possibles auparavant parce que vous n'en aviez pas d'exemple dans votre vie. Cela s'apparente à la mémoire musculaire. Donc, de nouvelles expériences peuvent faire naître en nous de nouvelles croyances.

Votre confiance s'intensifiera et se renforcera à chaque étape que vous franchirez et à chacune de vos expériences pendant le Voyage du Héros, alors que vous découvrirez par vous-même vos capacités réelles.

Croyez en votre rêve et croyez en vous, car vous êtes un héros, et le héros en vous ne croit pas seulement que vous pouvez concrétiser votre rêve – il *sait* que vous le ferez !

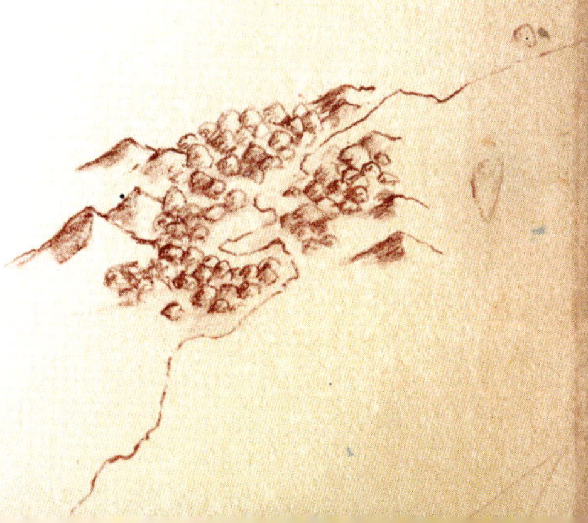

LA VISION

La Vision

Mastin Kipp

La Bible le dit bien : faute de vision, le peuple vit sans frein.

Laird Hamilton

Toutes les idées que j'ai eues et tout ce que j'ai fait, je l'ai d'abord vu dans mon esprit. Les gens parlent de visualisation ; c'est uniquement une façon de dire que l'on peut projeter ce que l'on veut dans notre esprit. En fin de compte, vous ne pouvez pas caresser un rêve sans être capable de le voir. Comment pourriez-vous provoquer la manifestation de quelque chose que vous ne voyez même pas dans votre esprit ?

Les sportifs et les athlètes connaissent le pouvoir que procure la création d'une vision de leur rêve. Vous entendrez un athlète olympique après l'autre révéler qu'ils ont fait défiler pendant quatre ans dans leur esprit le moment où ils remportent l'or. Les athlètes utilisent constamment la technique de la visualisation pendant leur entraînement afin de voir dans leur esprit tout ce qu'ils souhaitent accomplir, de manière à s'exercer à des habiletés spécifiques et à les améliorer.

LAYNE BEACHLEY

J'ai passé beaucoup de temps à m'imaginer en tant qu'athlète. Ce qui est fantastique lorsqu'on est un athlète, c'est qu'on peut utiliser cette technique pour visualiser le résultat souhaité.

PETE CARROLL

Nous travaillons constamment avec la visualisation, avec une projection de ce que nous pourrions devenir. Tout le pouvoir découle de cette habileté à visualiser ce que vous voulez devenir. Comment pourriez-vous y arriver à moins de pouvoir l'imaginer ? Vous ne sauriez pas que vous avez réussi.

« Lorsque je suis sur le point de m'endormir, je visualise précisément ce que je veux accomplir : plonger, glisser, nager, tourner, toucher le mur, me retourner en un centième de seconde, et puis faire ainsi le nombre de longueurs nécessaires pour terminer la course. »

Michael Phelps

Nageur et Champion Olympique

Le monde du sport s'est emparé de l'une des plus puissantes techniques, qui permet de créer ce que l'on veut – la visualisation dans notre esprit du résultat que nous voulons obtenir. Malgré le succès remporté par les athlètes utilisant cette technique, les gens n'ont généralement pas encore pris conscience du fait qu'ils peuvent eux aussi l'utiliser pour obtenir du succès dans leur vie.

LAYNE BEACHLEY

Je ne pouvais visualiser qu'un seul résultat, et c'était me tenir debout sur le podium, brandissant un trophée à bout de bras, pendant que le champagne pleuvait. C'est tout ce qui comptait pour moi.

L'aspect le plus important de la création d'une vision, c'est la projection dans votre esprit d'une image du résultat final que vous souhaitez obtenir. Ne pensez pas aux détails sur la façon de vous y prendre, contentez-vous de ne voir que votre rêve réalisé. Layne Beachley a choisi de se voir debout sur le podium des gagnants en train de se faire asperger de champagne parce que cette vision représentait manifestement le dénouement qu'elle souhaitait – devenir une championne du monde.

MICHAEL ACTON SMITH

J'adore dessiner, gribouiller et faire des croquis, et j'ai passé des heures à remplir des cahiers. J'esquissais ainsi les choses que je rêvais d'accomplir.

Lorsque vous mettez en images les éléments de votre rêve, votre esprit s'en inspire immédiatement pour former une vision. Lorsque vous prenez des notes à propos de votre rêve, votre esprit s'en inspire automatiquement pour former une vision. Dans un cas comme dans l'autre, vous visualisez.

Dans ma vie, chaque fois que je dois faire quelque chose que je n'ai encore jamais fait, je n'envisage jamais de commencer sans avoir d'abord visualisé le résultat souhaité. Je fais défiler cette vision dans mon esprit, et je me sens fébrile comme si cela s'était déjà produit. Je ne pense pas à la façon de m'y prendre, je me contente de visualiser le résultat que je souhaite. Cette technique est l'une des habiletés les plus puissantes et les moins connues dont disposent les êtres humains pour créer tout ce qu'ils veulent dans leur vie. Votre subconscient aime les images et chaque fois que vous lui en offrez une, il se doit de tout faire pour qu'elle se matérialise.

G. M. RAO

Mon rêve était toujours présent dans mon esprit. Dès le début, je vivais avec mon rêve bien vivant en moi, je le visualisais alors qu'il n'était encore que des filaments de pensée. Mes actes ont résulté de cette vision d'un rêve déjà réalisé et j'ai alors pu voir les résultats se matérialiser.

« Le succès arrive toujours deux fois. D'abord dans l'esprit, ensuite dans le monde réel. »

Azim Premji

Magnat Indien des Affaires

PETER FOYO

Pratiquement tout ce que j'ai fait dans ma vie n'est pas le résultat de ce que j'ai étudié ou d'un travail acharné. C'est le résultat de la visualisation et de la certitude d'avoir déjà réussi.

Pendant que je réalisais le film *Le Secret*, je visualisais plusieurs fois par jour le résultat que je souhaitais obtenir. Je le voyais si clairement dans mon esprit que je me sentais comme si le film était déjà terminé. Je ne doute pas un seul instant que la visualisation est la chose la plus puissante que j'aie faite pour favoriser l'immense succès du *Secret*.

PETER FOYO

Les gens pensent que vous êtes un fieffé menteur lorsque vous faites de la visualisation et ils se disent : « Rien n'est encore arrivé. Ce n'est pas réel. » Oh oui, c'est réel. C'est tout à fait réel, car si vous pouvez y penser, cela peut arriver.

Lorsque vous arrivez à bien visualiser la matérialisation de votre rêve dans votre esprit, lorsque vous vous sentez comme si c'était bien réel, vous pouvez alors utiliser la même technique pour chaque petite étape à franchir ou tout objectif à atteindre pendant votre Voyage du Héros. Mais même si vous visualisez simplement le résultat final voulu, votre vision garantit votre réussite, d'une façon ou d'une autre.

LIZ MURRAY

Parce que mon but était d'obtenir des A partout, je suis allée au secrétariat de mon école et j'ai demandé que l'on imprime mon relevé de notes. On m'a dit : « Vous venez juste de commencer. Vous n'en avez pas encore. » J'ai dit : « Je veux un exemplaire du formulaire vierge. » On m'a donc donné un relevé en blanc où figurait mon nom et, assise dans les escaliers, j'ai inscrit mes notes. J'avais le sentiment qu'elles existaient déjà et que je n'avais qu'à travailler pour les concrétiser. Lorsque je faisais mes travaux scolaires, je sortais ce relevé où j'avais inscrit des A partout et je le plaçais sur ma table de manière à le voir pendant que je travaillais. J'avais réellement le sentiment que ces résultats étaient déjà réels quelque part.

Vous pouvez utiliser la visualisation dans toute situation dont vous souhaitez un dénouement heureux. Vous pouvez visualiser le résultat d'examens, d'auditions, d'entrevues, de réunions, de présentations, de propositions, de conférences, de rencontres avec votre belle-famille, de voyages, ou de la plus importante promotion jamais offerte dans l'histoire de votre compagnie !

Assurez-vous de vous visualiser là où vous souhaitez vous trouver à la fin de cette année, et créez cette vision annuelle à chaque Nouvel An. De plus, visualisez-vous dans cinq ans. Et observez ensuite ce qui se passera dans votre vie !

> « Vous devez visualiser ce vers quoi vous vous dirigez et être très précis. Prenez une photo Polaroid de là où vous serez dans quelques années. »

Sara Blakely

Fondatrice de Spanx

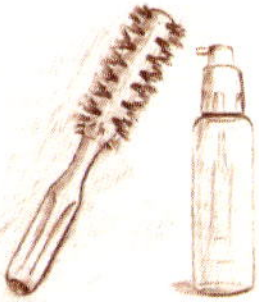

John Paul DeJoria

Je me lève le matin et je suis tout simplement moi. En d'autres termes, je n'allume pas la télé, je me prépare une tasse de café. Je ne fais rien. Je reste dans mon lit et je suis tout simplement moi. Je n'ai pas de décisions à prendre, ni d'appels téléphoniques à faire. Pendant cinq minutes, je fais le vide dans mon esprit et j'existe au moment présent. De cette manière, mon esprit épuré traverse la journée. Et si vous voulez concrétiser un rêve, pensez-y un peu pendant les deux dernières minutes, pensez à l'intensité avec laquelle vous souhaitez ce résultat, à la raison pour laquelle vous voulez réaliser ce rêve et à ce que vous pourriez faire pour vous en rapprocher.

Lorsque vous mettez un frein à la frénésie de la journée avant même qu'elle ne commence et que vous placez votre esprit dans un état de détente absolue, la vision de votre rêve glisse directement dans votre subconscient. C'est un peu comme si vous éteigniez votre ordinateur afin d'y installer une mise à jour ou un nouveau programme. Les mises à jour ne peuvent être installées pendant que votre ordinateur exécute un grand nombre de programmes – de la même manière, votre subconscient ne peut capter votre vision si votre esprit est occupé par autre chose. Mais si vous faites le vide au moyen d'un exercice de relaxation, votre vision s'installera avec succès.

Lorsque vous utilisez efficacement la visualisation, votre entourage se demande comment il peut être possible que, soudain, tout vous réussisse, que tout aille bien pour vous, comme si vous étiez surhumain. Et vous saurez que vous ne faites qu'utiliser l'une des habiletés les plus simples, mais aussi les plus puissantes, avec lesquelles vous êtes né, et que possèdent tous les êtres humains de cette planète.

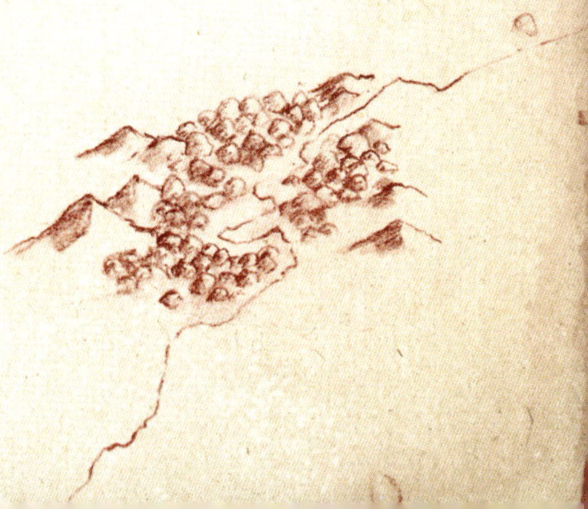

L'ESPRIT D'UN HÉROS

L'Esprit d'un Héros

Peter Burwash

Le matin, au réveil, vous n'avez en fait qu'une seule grande décision à prendre ; et ce n'est pas de choisir les vêtements que vous porterez, ni de décider de votre coiffure. Il s'agit de vous demander si vous aurez une bonne ou une mauvaise attitude. Parce qu'une bonne attitude est cruciale.

Michael Acton Smith

J'ai beaucoup de chance d'être une personne naturellement optimiste, et je crois que cela m'a énormément aidé.

L'un des combats les plus difficiles de tout être humain a trait à son attitude. Lorsque vous comprenez vraiment que vous nuirez à votre propre réussite, serez misérable et vous rendrez peut-être malade à moins d'adopter une attitude positive, vous choisirez de contempler la vie avec optimisme. C'est vous qui créez votre attitude. Et elle peut soit causer votre perte, soit devenir l'un de vos alliés les plus puissants.

LAYNE BEACHLEY

Si vous voulez que les choses s'améliorent dans votre vie, si vous voulez apporter un changement dans votre mode de vie actuel, alors apprenez à assumer la responsabilité de vos pensées.

Vos pensées modèlent votre attitude et pour changer cette dernière, la première étape consiste donc à assumer la responsabilité de vos pensées. Lorsque vous serez capable de reconnaître et d'accepter que vos pensées vous font sentir misérable, alors vous commencerez à changer le type de pensées que vous nourrissez.

Si quelqu'un vous offrait la vie de vos rêves en échange du plus grand nombre possible de bonnes choses que vous pourriez trouver chaque jour, vous le feriez sans hésiter. Eh bien, c'est ainsi que vous recevrez la vie de vos rêves !

PETE CARROLL

Dans ma vie, j'ai découvert que penser positivement et vivre dans l'optimisme est le meilleur moyen de réussir et de créer les choses que l'on veut.

Si vous vous tournez vers les circonstances extérieures qui prévalent dans le monde pour former votre attitude, vous aurez des ennuis. Il faudrait alors que toutes les circonstances qui vous entourent soient parfaites en tout temps pour que vous puissiez avoir une attitude positive ; or vous ne pouvez pas exercer un contrôle sur toutes les circonstances. Il faudrait également que beaucoup de gens se comportent parfaitement en tout temps, et vous ne pouvez exercer un contrôle que sur vous-même. Si vous y réfléchissez bien, vous auriez en fait besoin des 7 milliards d'entre nous pour devenir la personne que vous voulez être de manière à pouvoir adopter une attitude optimiste et positive. Vous ne pouvez tout simplement pas demander aux circonstances extérieures de vous dicter le genre d'attitude que vous aurez. Si vous le faites, vous trouverez toujours une circonstance ou une personne qui vous donnera une raison d'adopter une attitude négative. Afin de faire de votre attitude l'un de vos plus puissants outils, on doit la lui dicter de l'*intérieur*.

MASTIN KIPP

Je suis resté optimiste dans les pires circonstances.

PETER BURWASH

Il y a un côté positif et un côté négatif à tout. On peut trouver ces deux côtés dans toutes les situations partout dans le monde. L'individu qui réussira est l'individu qui sera capable de voir d'abord les choses avec un regard positif.

Vous êtes libre de choisir d'être optimiste ou pessimiste. Vous pouvez retirer votre vieille attitude comme vous le feriez d'un vêtement, et ensuite enfiler une attitude positive toute neuve chaque jour. C'est aussi simple que cela.

Quelque Chose de Bon est sur le Point de se Produire

PETE CARROLL

Ma mère disait toujours que quelque chose de bon était sur le point de se produire. Je n'ai pas bien saisi sur le coup, mais j'ai vécu ma vie en pensant que peu importent les aspects sombres ou difficiles que prennent les choses, il y a toujours l'espoir d'un revirement de situation. Ma mère m'a fait ce cadeau. Il me permet de rester positif et de toujours voir les choses avec optimisme. J'ai eu beaucoup de chance de vivre ma vie avec cette pensée.

Étant donné la dualité omniprésente sur terre, il y aura toujours des expériences positives et d'autres négatives. Mais si vous cherchez constamment le bon aspect et si vous gardez une attitude positive en dépit des circonstances extérieures, vous triompherez. Et il n'y a pas de meilleures paroles à se rappeler que celles de la mère de Pete Carroll pour vous aider à garder une attitude positive : « Quelque chose de bon est sur le point de se produire ! » Si vous êtes toujours certain que quelque chose de bon est sur le point de se produire, votre optimisme ne vous abandonnera jamais longtemps.

G. M. Rao

Ma spiritualité m'a aidé à penser positivement même lorsque les choses semblaient mornes.

Les gens heureux qui réussissent pensent davantage aux bonnes choses qui peuvent arriver ; ils pensent davantage à connaître le bonheur, avoir de l'argent et créer une vie riche et significative.

G. M. Rao

J'ai rencontré tant de gens instruits, issus d'un milieu aisé et d'un rang social élevé, qui sont incapables de réussir à cause de leur attitude négative. La négativité entrave les gens.

Une attitude pessimiste envers la vie est synonyme de vie misérable. Au cours de votre vie, il vous est certainement arrivé de rencontrer un type pessimiste vis-à-vis de tout. Lorsque vous étiez en compagnie de cette personne, vous deviez vous sentir drainé de votre énergie et vide de joie. C'est précisément l'effet d'une attitude pessimiste.

Anastasia Soare

Si vous êtes pessimiste et déprimé en tout temps, cela tuera votre rêve.

D'un autre côté, je suis certaine que vous avez déjà connu quelqu'un qui était toujours radieux, dont l'attitude face à la vie était optimiste, et lorsque vous étiez en sa compagnie, vous vous sentiez merveilleusement bien et plein de vie. C'est précisément l'effet qu'une attitude optimiste a sur vous.

Montrez-moi seulement une personne pessimiste follement heureuse en tout temps. C'est impossible, car même si elle avait tout ce qu'elle voulait, le verre lui paraîtrait toujours à moitié vide !

PETER BURWASH

Imaginez deux voisins. L'un se lève le matin et ouvre la fenêtre en disant : « Bon matin, Seigneur ! » Et l'autre, le pessimiste, dit : « Seigneur, c'est le matin. »

Demandez-vous tout simplement si vous croyez qu'une personne peut transformer sa vie et accéder au succès et au bonheur en blâmant et se plaignant. Croyez-vous que c'est en geignant et en critiquant qu'une personne peut réaliser ses rêves et atteindre un bonheur durable ?

PETE CARROLL

Une des règles qui s'appliquent toujours dans notre programme est de ne pas geindre, se plaindre ou se trouver d'excuses. Car ces schèmes de pensée sont néfastes. Cette attitude ne nous mènerait pas là où nous voulons aller.

Avez-vous déjà vu Superman se lamenter ? Avez-vous déjà vu Indiana Jones se plaindre ? Avez-vous déjà vu James Bond blâmer les autres pour ce qui arrive dans sa vie ? Vous ne verrez jamais de super-héros du cinéma adopter une telle attitude, car les cinéastes savent que le super-héros perdrait immédiatement toute crédibilité à vos yeux et ne serait plus un héros. Et le public sentirait instinctivement que quelque chose ne va pas ; en effet, comment une personne si négative peut-elle devenir un héros ? Et la réponse est : elle ne le peut pas.

Le blâme, le ressentiment, les lamentations et les plaintes sont des excuses que nous présentons lorsque nous ne vivons pas la vie que nous sommes venus vivre en ce monde.

LIZ MURRAY

Pendant nos moments les plus sombres en tant qu'êtres humains, nous nous mettons en colère, nous revendiquons et blâmons. Je crois que la colère, la revendication et le blâme sont réciproquement cousins ; ils ont trait à ce que nous devrions avoir eu, à ce qui nous manque et à qui aurait dû nous le donner. J'ai grandi en pensant que personne ne me devait quoi que ce soit. Comprenez que vous avez beaucoup de chances d'avoir ce que vous avez, car cela pourrait aisément disparaître. C'est une bien meilleure attitude à adopter.

Parce que nous voyons autour de nous des gens qui blâment, qui éprouvent de la rancune, qui se lamentent et qui se plaignent, nous pouvons avoir la fausse impression que c'est normal et que cela ne nous blessera pas. Mais toutes ces émotions négatives auront sur vous un effet de plus en plus déprimant et vous enlèveront tous vos moyens jusqu'à ce que vous vous sentiez désespéré. Aucune de ces émotions ne pourra jamais vous donner le bonheur que vous souhaitez et méritez. Aucune de ces émotions ne vous guidera vers votre rêve. Aucune de ces émotions ne sied au héros que vous êtes.

Laird Hamilton

Il est impossible de se sentir tout le temps de bonne humeur, heureux, d'être souriant et totalement satisfait. Vous éprouverez parfois de la jalousie, de l'envie ; des émotions négatives s'empareront parfois de vous. C'est tout simplement dans la nature humaine. Mais leur donnerez-vous un terreau fertile, ou les repousserez-vous pour les remplacer par des émotions positives ? Que faites-vous, pensez-vous et dites-vous la majorité du temps ? Voilà ce qui portera ses fruits pour vous.

Une attitude positive et optimiste ne signifie pas que vous n'aurez pas parfois le cafard. Il y *aura* de mauvaises journées. Mais il ne s'agit pas ici de ces mauvaises journées ; nous parlons plutôt du nombre de ces 24 869 précieuses journées de votre vie que vous apprécierez grâce à votre attitude positive et optimiste.

Pete Carroll

Essayez de garder un esprit paisible sur une base quotidienne, sans toujours tout remettre en question et vous demander si vous êtes à la hauteur. Des pensées négatives telles que « Je ne sais pas si j'y arriverai », « C'est au-dessus de mes forces », « Je ne connais pas cet endroit » et « Autrefois, il m'est arrivé d'échouer » détournent votre attention et vous empêchent de réussir comme vous en êtes capable. Il est fort probable que ces pensées deviennent permanentes et nuisent à votre performance.

LAYNE BEACHLEY

Soyez conscient de vos sentiments, car lorsqu'ils sont négatifs, vous vous sentez déprimé, ou abattu, et ce que vous pouvez faire qui compte le plus est d'assumer la responsabilité de vos sentiments, de reconnaître qu'ils émanent de votre façon de penser, et de choisir ensuite de faire quelque chose de différent pour transformer votre situation actuelle.

Si vous vous sentez déprimé, faites quelque chose qui vous procure un réel bien-être et vous remonte le moral. Pensez à ce que vous pourriez faire en cet instant de manière à vous sentir aussi bien que possible, et faites-le.

LAYNE BEACHLEY

Pour me sentir heureuse et positive, je dois m'adonner à une activité que j'aime et créer un sentiment de satisfaction en moi. Donc, chaque jour, je fais du surf, car je sais que cela me rend très heureuse et satisfaite.

L'esprit d'un héros est un esprit majoritairement positif. Son attitude est systématiquement optimiste. Ensemble, un esprit positif et une attitude optimiste forment un outil puissant qui vous permettra de réaliser vos rêves, car vos pensées et votre attitude deviennent votre vie !

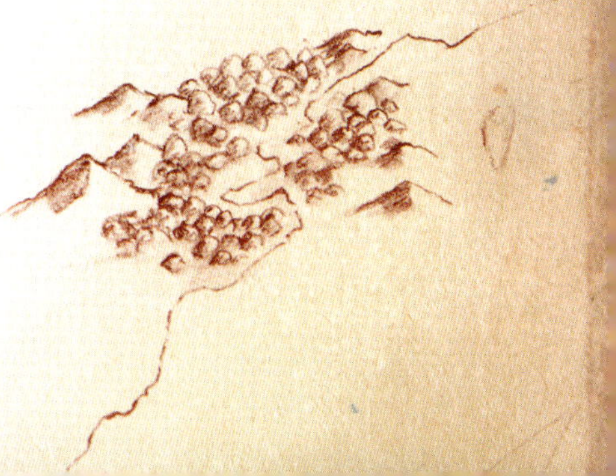

LE CŒUR D'UN HÉROS

Le Cœur d'un Héros

Le Courage

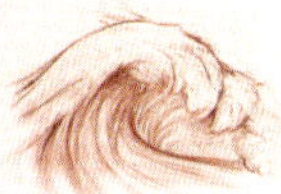

LAIRD HAMILTON

La peur est une émotion omniprésente en nous. C'est en partie ce qui nous fait évoluer.

LIZ MURRAY

On ne peut jamais se débarrasser de la peur, car c'est une réaction physiologique. Il suffit de brancher quelqu'un sur une machine pour constater sa réaction de peur. Il y aura toujours cette réaction de peur.

Bien que chacun de nous soit un individu en soi, nous sommes tous humains, et chacun de nous possède donc en lui toute la gamme des émotions humaines, telles que la peur, l'incertitude, le doute, la joie, la passion, l'espoir et la croyance. À divers moments pendant votre Voyage du Héros, vous éprouverez toutes ces émotions. Le fait que des gens ont réussi ne veut pas dire qu'ils n'ont pas éprouvé ces mêmes sentiments de peur, d'incertitude et de doute. La peur est la même pour eux que pour vous. Le doute est le même aussi. Les gens qui ont réussi ont tout simplement décidé de poursuivre leur rêve en dépit de ces émotions. Ils n'ont pas permis à la peur ou au doute de les paralyser ou de leur faire renoncer à leur rêve.

Mastin Kipp

Que vous caressiez un grand rêve ou un petit rêve, il se situe tout de même à l'extérieur de votre zone de confort, et sortir de votre zone de confort suscite la peur. Mais la peur est peut-être l'une des entités les plus mal comprises du développement humain. D'un point de vue biologique, la peur a pour but d'assurer notre sécurité ; la peur est liée à l'instinct de conservation.

En tant qu'êtres humains, nous pouvons éprouver deux types de peur. Mais il est important de comprendre que l'instinct physiologique qui assure notre survie se distingue de la peur psychologique.

La peur psychologique, nous la créons dans notre propre esprit alors qu'il n'y a aucun danger pour notre survie. Vous avez peut-être déjà éprouvé ce genre de peur si vous deviez passer un examen final dont dépendait votre avenir, ou au moment de passer un test pour obtenir votre permis de conduire. Vous avez peut-être éprouvé cette peur psychologique si vous avez participé à une compétition sportive à votre école, ou si vous avez dû prononcer un discours devant une foule. Dans toutes ces situations, votre vie n'était pas menacée ; la peur ressentie était psychologique, une peur générée par votre esprit. La majorité d'entre nous n'éprouvera que la peur psychologique lors du Voyage du Héros, mais certaines personnes, tel l'athlète qui s'adonne à un sport extrême, pourront être aux prises avec les deux types de peur en même temps.

LAIRD HAMILTON

Les gens disent : « Tu n'as pas peur. » En fait, c'est faux. Je crois que c'est moi qui ai le plus peur. J'ai peur des grosses vagues. Mais l'imagination est toujours plus grande que la réalité. Affronter la chose qui nous fait peur est probablement le meilleur moyen de l'apprivoiser, de devenir intime avec elle, et puis soudain, elle n'a plus le même pouvoir.

Dans les films fantastiques, on peut voir le héros affronter des dragons ou des monstres qu'il doit tuer pour accomplir sa mission. Dans les films, la quête du héros représente notre vie et ce qu'il nous faut traverser pour réaliser notre rêve. Les monstres sont les doutes et les peurs qui hantent notre propre esprit, et tout comme dans les films, nous devons les surmonter et ne pas les laisser nous empêcher de concrétiser notre rêve.

Le seul fait d'accomplir quelque chose qui se situe à l'extérieur de notre zone de confort tue net les monstres et les dragons de la peur et du doute.

MASTIN KIPP

Si vous voulez une vie sans peur, ne sortez jamais, jamais de votre zone de confort. Si vous voulez grandir – et en fin de compte, c'est la croissance qui vous rendra heureux –, vous devrez constamment sortir de votre zone de confort. Il faut donc comprendre qu'avoir peur est une bonne chose.

Lorsque vous allez au-delà des frontières de votre zone de confort malgré la peur, cette dernière s'atténue et votre courage augmente.

Le mot courage vient du mot *cœur*. Lorsque vous allez de l'avant et accomplissez quelque chose malgré la peur que cela suscite en vous, le courage surgit de votre cœur. C'est ainsi qu'on acquiert le courage. Ce n'est pas le contraire, où il vous faudrait trouver le courage nécessaire avant d'agir. Le courage apparaît lorsque nous osons des gestes qui nous effraient ! Plus vous deviendrez courageux, plus vous constaterez que ce qui vous faisait peur autrefois n'est absolument plus effrayant.

LAYNE BEACHLEY

Si vous avez le courage de vous fixer un but et la ferme intention de l'atteindre, vous sortirez chaque jour de votre zone de confort. Le succès repose donc en partie sur votre aptitude à vous montrer assez enthousiaste et courageux pour sortir de votre zone de confort.

Mastin Kipp

Il y a un livre fantastique qui s'intitule Tremblez mais osez ! *J'ai lu le titre et je ne suis pas allé plus loin. Je n'avais pas besoin de lire le reste du livre. J'avais compris. Et c'est vraiment le meilleur des conseils.*

Michael Acton Smith

Il y a encore des choses qui me font peur. Prononcer un discours devant des centaines de personnes est effrayant. Aussi, rencontrer pour la première fois une personne que je respecte. Mais nous ne progressons et n'évoluons vraiment, et ne nous rapprochons de nos rêves ultimes, qu'en nous plaçant dans des situations qui nous font peur. Est-ce bien Eleanor Roosevelt qui a dit : « Fais chaque jour une chose qui te fait peur » ? J'adore cette philosophie.

La préparation atténue la peur. On peut aisément comprendre que plus vous serez préparé avant un test, un examen ou un discours, moins vous aurez peur. Eh bien, lorsque vous préparez votre esprit pour un projet que vous êtes sur le point d'entreprendre en visualisant le résultat, vous atténuez la peur que vous ressentez. Vous pourriez aussi découvrir qu'au moment où vous commencerez à accomplir cette tâche qui vous effraie, la peur disparaîtra immédiatement. Je l'ai constaté maintes et maintes fois au cours de ma vie ; la peur d'agir est bien pire que le geste lui-même. Et lorsque vous pratiquez la visualisation, votre récompense finale est un résultat identique à celui que vous avez imaginé.

Prendre des Risques

Lorsque nous avons tourné le film *Le Secret*, j'y ai misé ma carrière, ma compagnie, ma maison, ma réputation et tout l'avoir pour lequel j'avais travaillé. Mais pas une fois je n'y ai vu un risque. Je savais que mon rêve deviendrait réalité.

G. M. RAO

J'ai tout misé pour concrétiser mon rêve. Après tout, c'était un investissement 25 fois plus important que ce que je possédais. Mais je n'ai jamais pensé que je ne réaliserais pas mes rêves. J'ai toujours adopté une mentalité d'abondance.

MICHAEL ACTON SMITH

Le risque est très important. Je ne parle pas de risques démesurés et inconsidérés ; je parle plutôt de défis dont on ne connaît pas l'issue, mais qui nous semblent voués au succès. Ma philosophie en affaires repose sur ces petits défis, et si quelque chose fonctionne, nous continuons ; sinon, nous nous secouons un peu et retournons à la planche à dessin.

ANASTASIA SOARE

Bien sûr que c'est terrifiant, mais j'aime prendre des risques. Si vous ne prenez pas de risques dans la vie, premièrement, vous ne découvrirez jamais la force qui est en vous. Et, deuxièmement, vous ne grandirez jamais.

Il y aura des moments pendant votre Voyage du Héros où vous serez appelé à prendre un risque. Si vous avez peur, mais que vous pensez que c'est la bonne chose à faire, foncez et prenez ce risque. Toutefois, si vous avez peur et doutez qu'il s'agisse du bon choix, ne courez pas ce risque – du moins pas avant de vous sentir plus sûr de vous quant à la direction à prendre. Dans le doute, s'abstenir.

PETE CARROLL

J'ai entraîné l'équipe de football de l'université de la Californie du Sud pendant neuf ans et cela a été fantastique. Nous avons remporté de très nombreuses victoires et établi un grand nombre de records. Et puis, l'occasion de travailler dans la NFL s'est présentée, mais cela voulait également dire de laisser derrière moi les meilleurs moments de ma vie. C'est le plus grand risque que je n'ai jamais pris, car tout allait bien pour moi, j'avais réussi ; mais c'était en même temps une occasion tellement extraordinaire d'accomplir quelque chose dans un environnement aux enjeux encore plus élevés, promettant des défis encore plus grands.

Un Cœur Plein de Gratitude

G. M. RAO

La gratitude est la clé pour qui veut réaliser ses rêves – la gratitude pour ce que l'on a et pour ce qui viendra bientôt. C'est le premier pas vers la pensée positive, un sentiment qui nous fait dire que « tout va pour le mieux dans le meilleur des mondes » et qui nous permet de recevoir les bienfaits de l'Univers.

La gratitude est essentielle lors du Voyage du Héros. Il s'agit d'une qualité paisible, sans prétention, mais immensément puissante. Grâce à la gratitude, vous pourrez non seulement adoucir, mais aussi accélérer votre cheminement, et ainsi faire l'expérience de circonstances miraculeuses qui sembleront surgir de nulle part, comme si elles tombaient du ciel.

LAYNE BEACHLEY

Je crois beaucoup en la gratitude parce qu'elle remet tout en perspective et qu'elle nous permet de vivre le moment présent. Il est étonnant de constater à quel point, lorsqu'on est reconnaissant, l'Univers ne cesse de nous offrir plus de bonheur et de gratitude.

ANASTASIA SOARE

Dès votre réveil le matin, soyez reconnaissant d'être en bonne santé, de pouvoir marcher, de pouvoir voir, de pouvoir respirer.

La gratitude atténue ou écarte toutes sortes de situations apparemment négatives, comme les défis, les obstacles et les problèmes. Si vous êtes confronté à un problème, ou dans un cul-de-sac dont vous ne voyez aucune issue, la gratitude la plus profonde vous indiquera la voie à suivre. C'est comme si votre gratitude poussait l'Univers à vous offrir un « laissez-passer » qui vous permet de sauter par-dessus l'obstacle. Soudain, vous constatez que l'obstacle qui se dressait devant vous diminue ou disparaît et que la voie est libre, ou bien vous trouvez la solution et surmontez l'obstacle.

PETER FOYO

La gratitude doit être au premier plan de tout ce que vous faites. Tout d'abord, vous devez être très reconnaissant d'être ici. S'il y a des choses positives dans votre vie, éprouvez de la gratitude à leur égard et elles se multiplieront. Plus vous serez reconnaissant, plus elles se multiplieront, et plus de gens, d'événements et de situations qui ne sont pas merveilleux pour vous se dissiperont, disparaîtront ou s'évanouiront. Il est stupéfiant de constater que plus on éprouve de gratitude, plus rapidement se volatilisent les choses qui ne sont pas en notre faveur. J'en ai été témoin à d'innombrables reprises à tous les niveaux.

Si vous remplissez votre cœur de gratitude dès le début de votre Voyage du Héros, et que vous entretenez cette gratitude en cours de route, tout sera plus facile pour vous et l'ampleur des difficultés diminuera de façon spectaculaire. Sans la gratitude, vous laissez passer l'occasion de permettre à l'Univers de travailler pour vous, de planifier et de vous envoyer les bonnes personnes au moment précis où vous en avez besoin pour vous aider à concrétiser votre rêve de la façon la plus magique qui soit. Sans la gratitude, votre voyage sera très mouvementé ; de plus, vous n'éprouverez pas ce merveilleux sentiment qui accompagne un cœur reconnaissant.

MASTIN KIPP

Ce qu'il y a de si merveilleux avec la gratitude, c'est qu'elle vous transporte à l'extérieur de vous-même. Vous vous tournez vers ce que vous avez, vous vous tournez vers les bienfaits dont vous jouissez, vers les autres aussi, et c'est finalement de là que vient l'épanouissement. Lorsque vous éprouvez de la gratitude, vous n'est pas centré sur vous-même. La gratitude a mis fin à mon mal de vivre.

MICHAEL ACTON SMITH

Le contraire est aussi vrai. Si vous ressassez les points négatifs, les problèmes et les difficultés, vous vous engagez dans une spirale descendante et vous ne faites que vous rendre encore plus tendu, contrarié et malheureux.

MASTIN KIPP

La gratitude est essentielle à l'accomplissement. Je connais beaucoup de gens qui ont « réussi », mais qui n'éprouvent pas de gratitude, et je ne voudrais pas être à leur place.

PETER FOYO

Je crois que la gratitude est un état d'esprit à nourrir constamment. En fait non, je ne le crois pas – je le sais. Je le sais pertinemment. Chaque fois que je n'ai pas entretenu en moi ce sentiment de gratitude, j'ai nettement vu une différence.

MICHAEL ACTON SMITH

Lorsque je suis déprimé ou que j'ai traversé une mauvaise journée, si je prends un bain le soir ou bois une tasse de café, je passe en revue les choses pour lesquelles je suis reconnaissant – ma santé, mes amis, ma famille. Cela me remonte aussitôt le moral. Et je crois que la majorité des gens qui réussissent comprend ça.

Lorsque nous tournions le film *Le Secret*, je ne sortais jamais de mon lit le matin sans avoir éprouvé de la gratitude pendant 10 à 15 minutes.

PETER FOYO

Même mon mot de passe sur mon ordinateur me rappelle chaque jour à quel point je suis reconnaissant et heureux de toutes les choses que j'ai.

PETER BURWASH

Dès que j'ai eu cinq ans et que j'ai su écrire, ma mère m'a donné l'une de ses plus grandes leçons. Le jour de Noël, je n'avais pas le droit de sortir et de jouer tant que je n'avais pas rédigé une note de remerciement pour tous ceux qui m'avaient offert un cadeau. Encore aujourd'hui, je m'efforce d'envoyer chaque jour à quelqu'un une note de remerciement écrite à la main.

LAYNE BEACHLEY

Je faisais du surf à Noosa il y a environ un mois, et les vagues étaient si belles et l'océan si chaud et soyeux, je me suis sentie tellement nourrie et j'avais tellement de plaisir que je me suis arrêtée net en sentant cet extraordinaire sentiment de gratitude venant de mon cœur, et puis j'ai regardé l'océan en pensant : « Cela a été tellement amusant. » Et puis soudain, une vague s'est élevée de nulle part, il n'y avait personne ni à gauche ni à droite pour me la disputer, et je l'ai donc chevauchée, et cela a été la plus longue et la plus belle vague de toute ma vie. À la fin, j'ai tout simplement regardé l'océan et j'ai dit : « Merci. »

Vous ne ferez jamais l'expérience du pouvoir de la gratitude pour transformer votre vie tout entière tant que votre cœur ne sera pas rempli de gratitude. Et ceux qui ont trouvé la gratitude chanteront ses louanges dans l'espoir que tout le monde les entende.

LIZ MURRAY

Après les funérailles de ma mère, je suis allée chez un ami et je me suis assise dans la salle de séjour. Mon ami Bobby a commencé à se plaindre que sa mère avait fait brûler les côtelettes de porc qu'elle préparait pour le dîner. Mon autre amie se plaignait de son patron, et un autre encore était mécontent d'avoir abandonné ses études. Je les ai regardés et j'ai pensé à ma mère et à son cercueil de pin, et puis je me suis regardée, et j'ai commencé à comprendre à quel point nous avions de la chance. À quel point nous étions bénis. Nous étions en bonne santé. Nous étions vivants. Je crois que la gratitude n'est rien de plus que de réaliser que chaque petite chose que nous avons peut très facilement nous être enlevée. Et puis tout est devenu clair dans mon esprit. J'ai vu que j'étais riche, parce que j'étais non seulement vivante, en bonne santé et jeune, mais aussi parce que j'avais d'excellents amis. Nous n'étions pas parfaits, mais nous nous aimions. Certains soirs, je pouvais dormir sur leur canapé ou sur le sol. Il m'arrivait souvent de dormir dans un parc ou dans un vestibule, mais cela n'allait pas me faire mourir. Si l'on pense aux habitants de la planète et à ce qu'ils traversent, ma notion de la pauvreté ne se compare même pas à celle de bien des gens. Je n'avais pas d'endroit où vivre ni de nourriture à manger, mais je me savais privilégiée.

L'Intuition

Peter Burwash

J'ai consacré six années à étudier des leaders de partout dans le monde, et 99,9 pour cent d'entre eux disent que l'intuition est plus importante que la logique. La logique est ce que vous avez appris. L'intuition est qui vous êtes. Cela ne signifie pas que vous ne pouvez pas être pragmatique et utiliser la logique et le sens commun, mais cette première impression émotionnelle est très, très importante.

« Ayez le courage d'écouter votre cœur et votre intuition. Pour une raison ou pour une autre, ils savent déjà ce que vous voulez vraiment devenir. »

Steve Jobs

Cofondateur d'Apple Inc.

Mastin Kipp

L'intuition est le principal outil dont vous avez besoin pour faire une réalité de votre rêve. Si vous ne faites pas confiance à votre intuition, vous connaîtrez échec après échec.

L'intuition est un éclair de connaissance, accompagné d'un sentiment très intense et irrésistible lorsqu'on le reçoit. Ce sentiment nous pousse dans une direction en particulier alors qu'il se produit quelque chose dans notre vie, ou encore nous dicte de ne pas nous engager dans une direction donnée. Bien que ce sentiment soit toujours immédiat et fort, les gens remettent souvent en question l'incroyable communication qu'ils ont reçue et permettent à leur esprit conscient de les dissuader d'en tenir compte.

Michael Acton Smith

Je crois énormément en l'instinct. Un grand nombre de gens n'y voient que mysticisme et non-sens, sans réels fondements, mais je crois qu'il y a bien quelque chose là, car notre subconscient est beaucoup plus sensible que notre esprit conscient, et c'est au moyen de notre instinct que nous parle notre subconscient. Lorsque vous avez une intuition à propos de quelqu'un ou d'une situation, il est très, très important d'en tenir compte. D'après mon expérience, c'est la plupart du temps fructueux.

Bien que la science n'ait pas encore découvert ce qu'est l'intuition ni d'où elle vient, il est révélé dans d'anciens écrits que l'intuition est la connaissance qui découle d'un degré supérieur de la conscience qui s'appelle l'Esprit universel. La connaissance est communiquée à notre subconscient au moyen de vibrations. Les vibrations sont alors transmises à notre cerveau et à certaines de nos glandes endocrines, qui interprètent cette connaissance d'une manière que nous comprendrons. Ceci explique pourquoi nous ressentons tout élan impulsif comme une impression ou un sentiment provenant de notre estomac ou de la région du cœur.

En termes simples, votre intuition est une communication en provenance de l'Univers. Du point de vue de l'Esprit universel, ce qui est devant nous peut être vu clairement, et l'Univers vous inspire à suivre une voie en particulier. Ne doutez pas de cette communication lorsque vous la recevez. Peu importent les preuves du contraire, fiez-vous à votre intuition, car l'Univers connaît la voie.

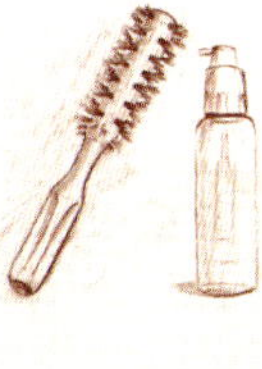

JOHN PAUL DEJORIA

J'ai embauché des gens en me basant uniquement sur mon intuition – sur ce que je ressentais à leur endroit. Si je me trouve dans une situation d'ordre professionnel et que j'envisage de faire affaire avec quelqu'un, je me fie à mon intuition, car l'âme sent ces choses-là.

LAYNE BEACHLEY

Nous sous-estimons la valeur de notre intuition. Nous ne faisons pas confiance à notre instinct. J'ai commis mes pires erreurs parce que je n'ai pas écouté mon intuition, ou bien j'y ai prêté attention, mais je l'ai mise en doute. Il est important que vous appreniez à lui faire confiance.

Vous avez peut-être fait taire votre intuition à votre insu, à l'instar d'un grand nombre d'entre nous, mais vous pouvez réanimer vos habiletés intuitives. C'est justement en vous mettant à l'écoute de votre intuition que vous la renforcerez, et c'est pourquoi tant de gens qui ont réussi lui accordent une telle importance. Ils ont confiance en leur instinct, ils le suivent et agissent en conséquence ; ainsi leurs habiletés intuitives se développent considérablement. La plupart des gens qui ont réussi écoutent leur instinct pratiquement à chaque prise de décision.

LAIRD HAMILTON

Chaque fois que j'ai une intuition, j'en tiens compte. Ce qui est intéressant, c'est que lorsqu'on prend conscience d'agir en fonction de notre instinct, on le fait de mieux en mieux. C'est en fait une habileté fondamentale que l'on peut améliorer.

Outre faire confiance à votre instinct et le suivre plus souvent, il y a un moyen facile d'accroître vos habiletés intuitives. Posez des questions !

Lorsque vous questionnez, vous « recevez » une réponse par le biais de votre intuition. Vous pouvez commencer par des questions faciles pour lesquelles vous estimez obtenir rapidement la confirmation de la réponse. Par exemple : « À quelle heure telle personne arrivera-t-elle ? » Ou : « De quelle couleur seront les vêtements de telle personne aujourd'hui ? » Lorsque votre téléphone sonne et qu'il ne se trouve pas devant vous, demandez : « Qui m'appelle ? » Parfois, votre esprit vous donnera la réponse. Mais si vous le réduisez au silence pendant que vous posez la question de manière qu'il soit en mode réceptif, avec un peu d'entraînement, le nom de la personne qui vous appelle vous sera révélé en un éclair.

Poser une question ou demander une solution repose sur le même processus que la transmission d'une réponse, mais à l'envers ; votre question est envoyée à l'Esprit universel. Peut-être comprendrez-vous maintenant que c'est lorsque les entrepreneurs demandent l'idée parfaite dont le monde a actuellement besoin qu'ils reçoivent une idée qui correspond *exactement* à ce dont le monde a besoin à ce moment précis !

Alors que vous apprendrez à mieux écouter votre instinct, vous aurez de plus en plus d'intuitions et d'inspirations qui vous pousseront à agir, et lorsqu'elles se révéleront justes, comme de nombreuses personnes qui réussissent, vous leur ferez confiance et saurez qu'elles figurent parmi vos habiletés les plus puissantes.

L'ATTITUDE D'UN HÉROS

L'Attitude d'un Héros

La Règle d'Or

LAIRD HAMILTON

Vous pourriez dire à ma mère : « Je suis sur la page couverture de ce magazine, ou j'ai accompli telle ou telle chose », et elle vous demanderait : « C'est merveilleux. Mais comment traitez-vous les gens ? »

PETER FOYO

Traitez les autres comme vous aimeriez qu'ils vous traitent. Faites à autrui ce que vous voudriez qu'il vous fasse.

Si nous ne subissions pas les conséquences de nos actes, positives ou négatives, nous n'apprendrions jamais rien et nous n'évoluerions jamais. Vous savez qu'il y a une conséquence à toucher un fer chaud, à rester au lit au lieu de travailler ou à ne pas payer votre facture de téléphone. Mais plusieurs ignorent qu'on attribue les pires conséquences à notre manière de traiter les autres.

PETE CARROLL

Dans la vie, notre façon de traiter nos semblables revêt une importance cruciale. L'un des principes de notre programme a trait au respect d'autrui en tout temps. Une excellente façon de vous y exercer consiste à considérer la façon dont vous traitez votre entourage ; c'est le meilleur moyen d'atteindre votre but.

JOHN PAUL DEJORIA

Ne pas être aimable avec les gens qui vous entourent ne vous aide en rien. Souvent, vous pensez à tort que vous êtes gentil. Ne soyez pas mesquin. Cela vous nuira. C'est une règle d'or : ce que vous ne voulez pas qu'on vous fasse, ne le faites pas aux autres.

« C'est agréable d'être important, mais il est plus important d'être agréable. »

Roger Federer

Champion de Tennis

Vous ne pourrez jamais trouver le véritable bonheur si vous traitez mal les autres. Nous sommes tous reliés ; nous faisons partie d'une famille unique, et l'Univers est là pour nous *tous*.

L'ENGAGEMENT

votre attention à votre plan A, concentrez-vous sur lui et le rêve de votre vie se matérialisera !

La Détermination

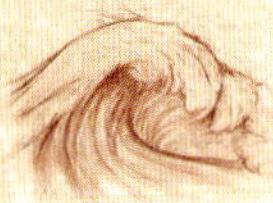

LAIRD HAMILTON

Vous devez persévérer et ne pas vous décourager
à la poursuite de votre rêve.

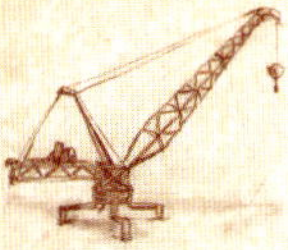

G. M. RAO

Une fois que j'ai pris un engagement, ma détermination
à réussir est née.

PETE CARROLL

Ce n'est pas tout le monde qui fait preuve du même degré de détermination. Lorsque l'obstacle apparaît et que le doute commence à faire petit à petit son chemin, tout le monde n'a pas le même courage pour aller jusqu'au bout. Mais le potentiel est là.

Alors que vous n'étiez encore qu'un bébé, vous êtes tombé des centaines de fois lorsque vous avez essayé de faire vos premiers pas. La première fois que vous avez tenté de manger seul, vous avez mis de la nourriture dans vos yeux, sur vos joues et un peu partout… sauf dans votre bouche. Apprendre à parler a été un long processus pendant lequel vous avez multiplié les erreurs, mais vous n'avez jamais songé à abandonner. La détermination

L'ENGAGEMENT

Si nous faisons du mal à une autre personne, nous faisons par le fait même du mal à l'Univers. Grosse… très grosse erreur !

Michael Acton Smith

Cela me semble la bonne chose à faire – la bonne manière de traverser la vie : dire s'il vous plaît et merci, respecter les autres et les aider dans la mesure du possible. C'est très important.

John Paul DeJoria

La prochaine chose à faire ? Ne *jamais répandre de rumeurs. Vous ne savez pas toute la vérité. Et ce n'est tout simplement pas une bonne fréquence à lancer sur la planète. Émettez des ondes positives. Si vous émettez des fréquences négatives, vous ralentirez votre progression et tout ce qui tourne autour de vous.*

Si vous avez offert un cadeau à une personne qui a été grossière, ne vous a pas remercié et n'a pas apprécié votre geste, vous ne lui offririez plus jamais rien. De la même manière, la vie ne nous fera pas de cadeaux ; nous n'aurons pas de « coups de chance » ni de grandes occasions si nous sommes grossiers, ingrats ou radins avec les autres êtres humains. Si vous traitez les gens avec gentillesse, peu importent les circonstances, l'Univers vous renverra cette gentillesse. C'est ainsi que va la vie pour chacun de nous.

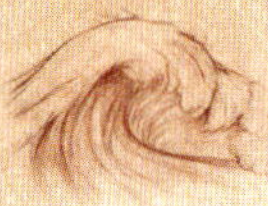

LAIRD HAMILTON

C'est stupéfiant : alors que vous donnez avec générosité, vous bénéficiez de la générosité des autres. Mais lorsque vous répandez la nouvelle aux gens, il semble que ce soit pour eux un concept presque trop simple à saisir.

LAYNE BEACHLEY

Prenez conscience que chaque choix que vous exercez, chaque mot que vous prononcez et chaque geste que vous faites a une conséquence et un impact sur les autres.

PAUL ORFALEA

Je crois au karma. Ce que vous lancez dans le monde vous sera renvoyé. Autrement dit, faites de bonnes actions. Et payez toujours vos impôts.

« Je suis conscient depuis des années de la troisième loi de Newton [mouvement] ou du karma – peu importe le nom que vous lui donnez. J'en parle comme d'une relation de cause à effet : l'énergie que vous lancez dans le monde vous revient. En d'autres termes, le fruit est dans la graine. Vous ne pouvez semer un pépin de pomme et espérer que pousse un avocatier. C'est avec vos gestes et votre comportement que vous semez les conséquences dans votre vie. »

Tom Shadyac

Réalisateur de Films

Peter Burwash

Beaucoup de gens disent : « Je ne crois pas au karma. »
Eh bien, cela n'a rien à voir avec le fait d'y croire ou non.
Ce qui doit arriver arrivera.

À mesure que se déroulera votre Voyage du Héros, plus vous grandirez, plus votre esprit se développera. Il se développera tant que vous commencerez à percevoir des choses qui se situent au-delà de la vie quotidienne, et que vous n'aviez même jamais vues. Vous constaterez que pour chaque bienfait ou gentillesse, quelque chose de fantastique *vous* arrivera. Vous verrez par contre que si vous vous comportez mal avec quelqu'un, un incident fâcheux *vous* arrivera. Vous commencerez à percevoir comment fonctionne la vie en observant les résultats de vos gestes et de ceux de votre entourage. Vous verrez des modèles se dessiner, vous discernerez les rouages internes, vous percevrez les rythmes de la vie, et là où vous vous trouviez autrefois dans l'obscurité, vous commencerez à voir la lumière.

Laird Hamilton

Une grâce qui m'a été accordée est le karma instantané. Si je tiens des propos arrogants, je me cogne aussitôt un orteil ou la tête. Je paye instantanément pour toute négativité. Cela me rappelle d'être positif et de dire des choses gentilles, car j'en récolte instantanément les fruits. Il m'est arrivé plusieurs fois d'entrer dans l'océan après avoir fait ou dit à quelqu'un quelque chose qui n'était pas très positif, et puis de me faire littéralement écraser par une vague. Je me montre ensuite

positif, généreux et poli, et je suis récompensé par des vagues magnifiques.

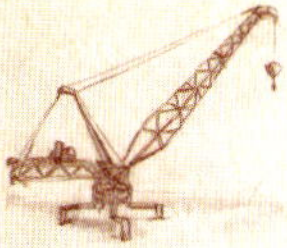

G. M. RAO

En brassant des affaires, mon but n'est pas uniquement de gagner de l'argent. Je crois que mon karma est d'atteindre un idéal plus élevé en ayant un impact durable sur la société. Faire des affaires, c'est rendre service à la société, et la prospérité de toute entreprise sera proportionnelle à la valeur qu'elle offrira à la société.

Vous savez déjà que vous ne vous sentez pas joyeux ou heureux lorsque vous parlez en mal d'une autre personne. Ce sentiment affreux vous signale que votre comportement n'appartient pas au héros qui est en vous. Et ce comportement a des conséquences sur votre santé physique et mentale, et sur votre bonheur.

ANASTASIA SOARE

Je ne veux rien faire qui blesse les gens pour une raison bien précise – à cause de moi. Parce que je serais tellement bouleversée et rongée de remords que ça n'en vaut pas la peine. Je suis alors plus meurtrie que les autres sont blessés. Et si je peux faire quelque chose de bien, je le ferai sans rien demander en échange.

« Lorsque vous faites un geste aimant, lorsque vous dégagez une énergie positive, vous vous sentez heureux. C'est ainsi que sont connectés les êtres

humains. Donc, le but du karma – si but il y a – n'est pas de dégager de l'énergie positive de manière à recevoir de l'énergie positive en retour. Le but est de dégager de l'énergie positive et de se sentir positif face à notre vie. C'est à cela qu'il faut s'atteler. C'est pour cette raison que la véritable révolution est une révolution personnelle. »

Tom Shadyac

Réalisateur de Films

L'Humilité

LAYNE BEACHLEY

Si vous avez entrepris le Voyage du Héros, il est vraiment important de garder les pieds sur terre et de faire preuve d'humilité.

PETER BURWASH

Devenez sincèrement humble. Car si vous faites preuve d'humilité, vous saurez écouter ; si vous écoutez, vous apprendrez ; et si vous apprenez, vous pourrez enseigner.

MASTIN KIPP

Mon professeur m'a dit que plus l'on s'élève, plus il faut faire preuve d'humilité. Il disait qu'être humble, c'est être toujours

accessible. Si vous réussissez aujourd'hui, si votre vie est un best-seller aujourd'hui, cela ne signifie pas que ce succès est garanti.

PAUL ORFALEA

Mon père me disait toujours que la plus grande cause de l'échec est un succès antérieur qui nous est monté à la tête.

L'attitude du héros repose sur son comportement et sur la façon dont il traite les autres. Le héros est gentil et humble, et son attitude est donc caractérisée par la gentillesse et l'humilité. Notre comportement sera soit un tremplin qui nous propulsera sur la voie qui mène à notre rêve, soit un tremplin qui nous renverra en arrière. Le choix nous appartient.

L'Engagement

ANASTASIA SOARE

C'était mon intention, mon engagement. Même si une porte était fermée, j'allais y frapper, la fracasser ou entrer par la fenêtre. Rien ne pourrait m'arrêter.

Vous vous engagez automatiquement envers une chose si vous la voulez suffisamment. Vous n'avez même pas à y penser, vous vous y jetez tête baissée. Si vous tenez absolument à voir un film, vous engager à aller au cinéma ne vous demandera aucun effort. Lorsque vous tombez fou amoureux, vous ne pouvez pas vous empêcher de vous engager à voir l'autre personne.

LAIRD HAMILTON

Les activités que nous pratiquons sur l'océan ont cette particularité : elles sont très engagées. On ne fait pas semblant de chevaucher une vague ; on la chevauche

> *ou on ne la chevauche pas. Chaque vague et chaque chevauchée repose sur une croyance et un engagement. Nous prenons cette responsabilité.*

Laird Hamilton sait ce qu'est l'engagement. Si vous avez besoin d'inspiration pour renforcer votre engagement, visionnez une vidéo de Laird Hamilton qui s'engage à chevaucher l'une des vagues les plus meurtrières du monde à Teahupoo, sur la côte sud-ouest de Tahiti.

Teahupoo est reconnu comme l'endroit où se déploient les plus grosses vagues du monde. Elles peuvent atteindre une hauteur de 6,4 mètres et ont l'épaisseur d'un immeuble. Elles se brisent à quelques dizaines de centimètres seulement d'une barrière de corail tranchant comme un rasoir. La seule façon de surfer sur les vagues de Teahupoo qui atteignent cette ampleur est de se faire remorquer par une motomarine et de lâcher prise en plein mouvement.

Ce n'est qu'au moment où Laird a lâché le câble qu'il a constaté l'ampleur de la double vague monstrueuse qui se dressait derrière lui. Il a dû prendre une décision en une fraction de seconde. S'il n'avait pas choisi de chevaucher cette vague, il n'aurait probablement pas survécu à la montagne d'eau et au dangereux corail. Laird a franchi les frontières du possible et est rentré dans l'histoire.

Liz Murray

C'est tout un événement que de décider sur le moment si nous avons les capacités nécessaires pour faire ce que nous avons à faire. Si vous avez toujours l'impression que vous n'avez pas tout ce qu'il faut, si vous pensez : « Il faudrait que j'aie ceci pour faire cela », vous attendez le moment propice. Or, il n'y a jamais de moment propice.

Le moment propice n'est jamais dans l'avenir. C'est maintenant. Et un engagement total est le signal qui ouvre la porte à vos rêves. Vous ne les réaliserez jamais autrement. Tant que vous ne vous engagerez pas, vous ne verrez que des murs.

Michael Acton Smith

Vous devez vraiment vous engager. Vous ne pouvez pas faire les choses à moitié. Lorsque vous vous engagez vraiment, tous les muscles de votre corps, votre subconscient et votre esprit conscient, que vous soyez éveillé ou en train de rêver, travailleront de concert pour vous aider dans ce que vous tentez d'accomplir. Et cela fait toute la différence.

Laird Hamilton

Lorsque vous vous engagez, les situations surviennent pour vous. J'aimerais dire : « Je suis si intelligent, j'y ai pensé », mais personne n'est aussi intelligent. Ces situations se sont présentées parce que vous étiez engagé envers une croyance qui vous dictait que c'était possible.

LAYNE BEACHLEY

Tout à coup, on vous présente des guides et l'Univers vous soutient. C'est exactement comme dans ce dicton voulant que lorsque l'élève est prêt, le professeur apparaît.

MASTIN KIPP

Si vous vous engagez totalement envers votre rêve, les portes s'ouvriront. En fait, je crois que les portes ont toujours été là, mais qu'on les voit seulement lorsqu'on s'engage à plein.

G. M. RAO

Les portes s'ouvrent lorsque mon engagement devient une certitude. Je peux citer en exemple le moment où nous avons fait une soumission pour l'aéroport de Delhi. Nous voulions construire le meilleur et le plus vaste aéroport du monde. C'était notre rêve. Le projet avait attiré les plus grands et les meilleurs concepteurs d'aéroports du monde, et le processus d'appel d'offres était extrêmement complexe et rigoureux. Nous nous sommes préparés avec des associés parmi les plus compétents, des experts chevronnés et une équipe très motivée. Nous avons visité des aéroports modernes de par le monde et en avons tiré un enseignement. Nous avons surmonté tous les obstacles qui se sont dressés sur notre route et il est apparu que nous étions le seul soumissionnaire techniquement qualifié. Mais notre trajet ne s'arrêtait pas là. Le processus d'appel d'offres a fait l'objet d'une contestation judiciaire, une affaire qui s'est rendue jusqu'au plus haut tribunal du pays. Les délais qui en ont résulté ont rendu le calendrier d'exécution, déjà serré, encore plus difficile à respecter. Ce serait le cinquième plus grand aéroport du monde, avec des installations extrêmement complexes et 58 secteurs à coordonner. Dès le début du projet, les choses se sont mises en place, nous avons réuni des capitaux de financement de près de 2,5 milliards de dollars, et plus de 40 000 ouvriers et ingénieurs venus de 27 pays se sont attelés à la tâche et ont terminé la construction en un temps record de 37 mois. L'Univers a béni notre engagement et notre rêve de bâtir le meilleur aéroport du monde. Il avait aussi pavé la voie pour que nous atteignions notre but. Aujourd'hui, nos installations arrivent au 4ᵉ rang sur un total de 199 aéroports.

Lorsque nous voyons des gens réaliser leur rêve, nous pouvons penser à tort qu'ils ont joui de privilèges. En fait, c'est l'inverse : des privilèges vous sont accordés lorsque vous décidez de faire le grand saut et d'entreprendre le Voyage du Héros. Lorsque vous vous engagez envers votre rêve, c'est comme si toutes les personnes pouvant vous aider à le réaliser étaient mobilisées par l'Univers et appelées à se trouver là pour vous afin de vous offrir tout ce dont vous avez besoin au moment précis où vous en avez besoin.

L'Engagement et l'Univers

Le petit ami de ma fille avait un emploi stable, et il savait que s'il travaillait très dur pendant 15 ans, il gravirait graduellement l'échelle organisationnelle de son entreprise. Mais cet emploi était loin de faire son bonheur. Il travaillait d'arrache-pied, mais dans l'unique but de pouvoir faire ce qu'il aimait le plus au monde, du surf. Donc, ce jeune adulte a pris une grande décision. Il a décidé qu'il allait chercher la félicité.

Il a passé plusieurs mois à planifier son départ du milieu des affaires pour se lancer ensuite dans la fabrication de planches de surf. Fidèle à sa parole, il a donné sa démission le jour même où il s'était engagé à le faire. Il n'avait rien d'autre qu'un rêve et son engagement à le concrétiser, mais voici ce que l'Univers lui a offert.

Un manufacturier prospère de sa localité l'a invité à le regarder travailler. Un autre manufacturier lui a donné des leçons de taille. Il lui a même appris à façonner des outils qui allaient lui permettre d'économiser encore plus d'argent. Un graphiste l'a assisté dans la création du logo de sa nouvelle entreprise, sans lui demander un sou. Une boutique d'équipement de surf lui a offert au prix de gros les articles dont il avait besoin. Son père lui a donné de l'équipement, des lampes et des étagères afin qu'il installe son atelier dans un bureau qu'on lui a gracieusement offert, assorti d'une vue à couper le souffle sur l'océan et la côte californienne, un panorama dont personne n'aurait pu rêver. Et partout où il va, les gens lui demandent de leur fabriquer une planche de surf.

Tout cela s'est produit en *seulement* deux semaines. Tel est le pouvoir de convocation de l'Univers lorsque vous prenez l'engagement de réaliser votre rêve, et tels sont les « privilèges » qui pleuvent sur vous lorsque vous allez à la poursuite de la félicité.

MASTIN KIPP

Si vous avez un rêve, renoncez à un plan B. Will Smith a dit que si vous avez un plan B, vous finirez par le mettre en œuvre. Vous devez tout investir dans le plan A. Tout votre amour, toute votre foi, votre énergie et votre détermination.

LAIRD HAMILTON

Vous avez un plan de secours ; vous savez que, quoi qu'il advienne, si le secret que votre petit doigt vous a révélé est exact, vous pourrez ainsi arriver à quelque chose. Mais vous n'aurez pas recours à ce plan B. Si vous commencez à vous concentrer sur ce plan, c'est lui que vous utiliserez finalement.

Vous pouvez installer dans votre esprit un filet de sécurité rassurant en sachant qu'en dépit de ce qui arrive, tout ira bien pour vous, mais si vous créez sérieusement un plan B, vous risquez que votre subconscient le mette en œuvre. Accordez toute votre attention à votre plan A, concentrez-vous sur lui et le rêve de votre vie se matérialisera !

La Détermination

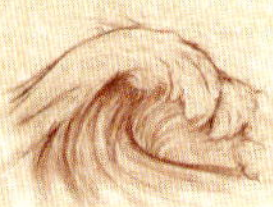

LAIRD HAMILTON

Vous devez persévérer et ne pas vous décourager à la poursuite de votre rêve.

G. M. RAO

Une fois que j'ai pris un engagement, ma détermination à réussir est née.

PETE CARROLL

Ce n'est pas tout le monde qui fait preuve du même degré de détermination. Lorsque l'obstacle apparaît et que le doute commence à faire petit à petit son chemin, tout le monde n'a pas le même courage pour aller jusqu'au bout. Mais le potentiel est là.

Alors que vous n'étiez encore qu'un bébé, vous êtes tombé des centaines de fois lorsque vous avez essayé de faire vos premiers pas. La première fois que vous avez tenté de manger seul, vous avez mis de la nourriture dans vos yeux, sur vos joues et un peu partout… sauf dans votre bouche. Apprendre à parler a été un long processus pendant lequel vous avez multiplié les erreurs, mais vous n'avez jamais songé à abandonner. La détermination est intrinsèque à votre nature. Vous l'avez déjà en vous, et vous pouvez la retrouver.

MICHAEL ACTON SMITH

Nous avons réussi par nos propres moyens à rassembler les capitaux nécessaires pour lancer l'entreprise. Mais c'est une chose difficile. Les banques ne veulent pas vous prêter d'argent. Personne ne veut prendre de risques si vous n'avez pas encore fait vos preuves. Vous devez relever vos manches et trouver un moyen d'arriver à vos fins.

Si un désir brûlant de concrétiser votre rêve vous habite, alors vous aurez toute la détermination nécessaire pour en faire une réalité. Certains jours, il se peut que vous vous sentiez un peu déprimé, que vous doutiez de vous, que vous pensiez même ne pas pouvoir y arriver, mais votre désir brûlant est une force puissante qui prend le pas sur toute envie temporaire d'abandonner, et il fait naître en vous un engagement et une détermination qui viendront à bout de tous les obstacles sur votre chemin. Lorsque nous tournions le film *Le Secret*, mon désir brûlant et ma croyance étaient si grands que je n'ai même jamais pensé à tenter de trouver la détermination nécessaire : j'en étais déjà remplie.

ANASTASIA SOARE

J'avais besoin d'une carte de crédit. Je suis allée à la banque, mais on a refusé de m'en accorder une parce que je n'avais pas d'antécédents de crédit (ni ma mère). J'ai dit au directeur de

> *la banque Wells Fargo à Beverly Hills : « Si vous ne m'aidez pas, comment vais-je devenir solvable ? Donnez-moi une marge de crédit de 500 $. Je ne vous demande pas 5 millions de dollars. Je vais déposer 1 000 $ dans un compte à votre banque et vous me donnez une marge de crédit de 500 $. » Il n'a pas voulu. J'ai dit : « Écoutez, je vais m'immoler par le feu devant la banque. » Il m'a donc donné une carte de crédit avec une limite de 500 $. Et je suis toujours une cliente de la Wells Fargo.*

La détermination découle également de votre confiance en vous. Grâce à celle-ci, vous êtes naturellement déterminé. Les entraîneurs sportifs et personnels ont un impact positif parce qu'ils nous disent continuellement que nous pouvons nous améliorer et réussir, et ils nous encouragent à chaque étape. La confiance qu'ils nous témoignent nous persuade que nous pouvons réaliser notre rêve, et lorsque nous y croyons, nous avons la détermination pour accomplir n'importe quoi. Vous pouvez être votre propre entraîneur ! Vous pouvez vous encourager en entretenant un dialogue intérieur positif ; en vous disant que vous êtes capable d'y arriver, que vous avez déjà triomphé dans des circonstances beaucoup plus difficiles, que vous avez ce qu'il faut pour réussir, que vous avez pris un engagement et que la concrétisation de votre rêve se trouve entre vos mains, bref que vous *serez* vainqueur ! Votre subconscient entendra chaque mot prononcé, et puis vous *passerez* à l'action !

Mastin Kipp

Les rêves sont comme des graines ; il faut prendre le temps de les semer. Cela ne se fait pas du jour au lendemain. Nous avons oublié qu'il nous faut les mériter. Nous voulons une gratification immédiate ; donnez-le-moi maintenant et, soit dit en passant, ne me demandez rien en retour, contentez-vous de me le donner. Mais les rêves doivent être mérités. Si les vôtres ne se sont pas encore matérialisés, continuez d'essayer.

N'Abandonnez Jamais, Jamais, Jamais

Laird Hamilton

Il est trop facile d'abandonner. L'abandon est une dérobade. C'est dire : « Je suis vieux, je suis ceci, je suis cela. » C'est juste une excuse pour ne pas livrer vraiment les efforts nécessaires.

Pete Carroll

Si vous pensez ne pas pouvoir aller plus loin, alors vous ne le pouvez pas. C'est sans espoir. Mais personne ne souhaite se retrouver dans une situation totalement désespérée. Il y a toujours de l'espoir. Il y aura toujours quelque chose de bon qui nous arrivera.

Liz Murray

Même si vous êtes très déterminé, il y aura toujours des jours où vous voudrez abandonner. J'ai été souvent rejetée, pratiquement au point de sombrer dans la dépression. Un jour en particulier, après avoir été rejetée pour la millionième fois, après avoir rayé de ma liste une autre école, une liste sur laquelle ne figurait pratiquement plus d'institutions, j'ai dû faire un choix. J'avais en poche assez d'argent pour prendre le métro et me rendre à une autre entrevue, ou bien je pouvais abandonner et acheter une pointe de pizza. Pizza ou entrevue… Quoi choisir ? Je me disais : « Je n'ai nulle part où habiter et j'ai faim. Ils vont encore me rejeter. » Et puis soudain, cette partie de moi qui rêve a pensé : « Et si cette école m'acceptait ? » Il fallait que j'oublie la pizza, que je prenne le métro et que je me rende à cette école. Et j'ai été acceptée – justement par cette école. Nous ne sommes parfois qu'à quelques centimètres du but ; on ne sait jamais. Il faut essayer encore une fois. Et si ça ne fonctionne pas, essayez une fois de plus.

Vous vivez dans un monde de dualité et vous connaîtrez donc des hauts et des bas. Certains jours, pour une raison ou pour une autre, vous vous sentirez vraiment déprimé, et chaque petite chose vous paraîtra insurmontable, comme si vous pataugiez dans la boue à chaque pas. Vous ne vous sentirez probablement pas très déterminé, voire pas du tout.

Vous connaîtrez également d'autres journées où vous vous sentirez incroyablement heureux et plein d'énergie, où vous vous sentirez au sommet du monde et capable d'accomplir n'importe quoi. Eh bien, ce sentiment joyeux et merveilleux est l'une des émotions humaines les plus élevées et les plus puissantes, car lorsque vous l'éprouvez, vous vous sentez non seulement invincible, mais vous *êtes* invincible. Lorsque vous débordez de joie, vous êtes également rempli de détermination, car tout semble facile lorsqu'on est joyeux. Cherchez la joie – suivez la félicité – et vous trouverez toute la détermination nécessaire pour réaliser votre rêve.

Troisième Partie

LA QUÊTE

LE LABYRINTHE

Le Labyrinthe

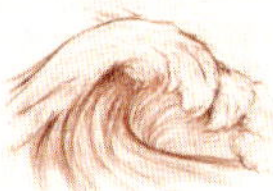

LAIRD HAMILTON

Le voyage lui-même ne sera jamais ce que vous aviez imaginé. Vous avez une idée de la destination, mais vous ne connaissez jamais l'itinéraire.

Plusieurs personnes abandonnent leurs rêves ou n'essaient même pas de les réaliser parce que, d'où elles se trouvent, elles ne voient pas l'ensemble du trajet qu'elles devront emprunter. Mais vous ne verrez jamais ce chemin, et vous ne saurez donc jamais à l'avance comment votre rêve se réalisera. Les gens qui ont réussi ne savaient pas comment leur rêve deviendrait réalité. Ils ont tout simplement cru qu'il se concrétiserait, et ils n'ont pas abandonné tant que cela n'a pas été le cas.

MASTIN KIPP

Je n'aurais jamais pensé que ma vie serait ce qu'elle est aujourd'hui. Je savais qu'elle serait excitante, mais jamais comme ça.

La voie qui mène à la concrétisation de vos rêves est comme un labyrinthe. Vous ne voyez qu'à quelques mètres devant vous. Ce qui se trouve après le prochain virage reste invisible tant que vous ne l'avez pas négocié, et puis vous voyez encore les quelques mètres que vous devrez parcourir avant le suivant. Parfois, vous vous engagerez dans une impasse et vous devrez rebrousser chemin, et parfois vous trouverez des raccourcis, par hasard et comme par magie, qui vous permettront d'accélérer votre progression. La voie qui mène à vos rêves est similaire.

LAYNE BEACHLEY

Personne ne peut voir l'ensemble du parcours. Il suffit d'être prêt à faire un premier pas et à entreprendre le voyage.

MASTIN KIPP

Le processus qui consiste à vivre vos rêves a tout de l'aventure – il s'agit de voir ce qui arrivera ensuite. Les gens que vous respectez ou qui vous inspirent n'ont aucunement entrepris ce voyage avec la certitude d'arriver à bon port. Ils avaient peut-être une idée, une intention ou un but ultime, mais ils ignoraient comment ils y parviendraient.

Cheminer dans un labyrinthe est exactement le genre d'aventure que vous souhaitiez vivre. Vous ne vouliez pas tout voir et tout savoir à l'avance, vous ne vouliez pas concrétiser votre rêve en claquant simplement des doigts. Vous vouliez surmonter les défis du voyage, car c'est seulement ainsi qu'on parvient au bonheur véritable et à la satisfaction que recherchent tous les êtres humains.

Anastasia Soare

Il y aura toujours des imprévus et vous devez être préparé, vous devez avoir une stratégie pour changer de cap – pour prendre une autre direction. C'est comme dans un labyrinthe. Vous avancez et puis vous vous retrouvez dans un cul-de-sac. Vous faites donc volte-face et vous vous retrouvez encore dans une impasse. Mais vous finirez quand même par arriver au point Z et par réaliser votre rêve.

Lorsque vous êtes engagé sur la voie qui mène à la concrétisation de vos rêves, un mur pourra soudain se dresser devant vous, et vous aurez le sentiment d'être coincé dans une impasse et qu'il n'y a plus rien à faire. Mais tout comme dans un labyrinthe, peu importent les apparences, il y aura toujours une autre voie à emprunter. Lorsque vous avez la certitude que la concrétisation de votre rêve se trouve au centre du labyrinthe, les méandres imprévus du parcours ne vous découragent pas, car vous savez que la réussite pourrait survenir tout de suite après le prochain virage. Et c'est exactement ainsi que les rêves deviennent réalité.

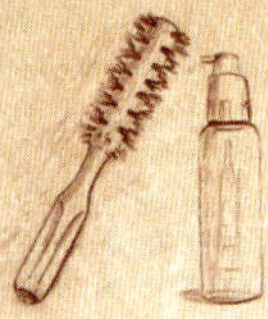

JOHN PAUL DEJORIA

Il est fort possible que votre rêve ne se réalise pas d'un seul coup, mais si vous voulez vraiment quelque chose, sachez que le succès se tisse un fil à la fois. De petits pas mènent à destination.

LIZ MURRAY

Je comprends que les gens doivent surmonter beaucoup de difficultés. Mais en dépit de circonstances très contraignantes, vous pouvez quand même faire quelque chose. Je pense ici à cette citation de Theodore Roosevelt : « Faites ce que vous pouvez, avec ce que vous avez, là où vous êtes. » Vous pouvez vous fixer un objectif et vous consacrer à l'atteindre, et même si c'est long, centimètre après centimètre et choix après choix, vous vous bâtirez une nouvelle vie à votre goût. Un dénouement théâtral, spectaculaire ou hollywoodien n'est pas nécessaire.

Un Pas à la Fois

Pendant votre voyage, rappelez-vous qu'il suffit de faire un pas à la fois. Vous ne pourrez jamais en faire plus d'un à la fois. Et peu importe l'endroit où vous êtes, ou la situation dans laquelle vous vous trouvez, vous demeurerez limité à faire ce pas avant l'autre. Vous pourriez vous sentir dépassé par les événements si vous permettiez à votre esprit de se laisser emporter par toutes les possibilités que vous réserve l'avenir. De toute manière, la voie qui mène à la concrétisation de votre rêve ne sera jamais comme vous l'aviez imaginée. Contentez-vous donc de faire « un pas à la fois ». Ces mots m'ont énormément aidée lorsque nous avons réalisé le film *Le Secret*. Lorsque mon rêve semblait dévier de la trajectoire que mon esprit humain considérait comme la bonne, je m'obligeais à ne faire que le prochain pas, et avec ce petit pas à la fois, j'ai transposé mon rêve en réalité.

LIZ MURRAY

Si vous pensez être en mesure de voir toutes les étapes, vous vous trompez. Nous faisons erreur en pensant qu'il nous faut – ou même que nous pouvons – tout contrôler. Ma mère a été membre des Narcotiques Anonymes et tous les participants aux réunions récitaient la prière de la sérénité : « Mon Dieu, donnez-moi la sérénité d'accepter les choses que je ne puis changer, le courage de changer les choses que je peux, et la sagesse d'en connaître la différence. » Tout est là. Je ne pouvais pas sauver ma mère. Je ne pouvais pas changer le diagnostic de VIH de mon père. Je ne pouvais pas contrôler la température. Vous pourriez dresser une liste de tout ce que vous ne pouvez pas contrôler, et même si vous y mettiez toute votre énergie, cela ne changerait rien. Dites-vous plutôt : « Très bien, qu'est-ce que je peux faire ? »

MICHAEL ACTON SMITH

J'ai fait un pas à la fois et, à l'occasion, un pas en arrière ou bien je me suis retrouvé dans une impasse, mais tant et aussi longtemps que vous avez en tête cette grande vision, que vous croyez concrétiser un jour, vous finissez par y arriver.

Et, tout comme si vous étiez dans un labyrinthe, vous amorcez un jour un dernier virage et vous arrivez à destination ; votre rêve s'est réalisé.

Une fois que vous aurez concrétisé votre rêve et que vous repenserez au chemin parcouru, vous verrez que chaque mur vous a obligé à changer de voie, ce qui vous a non seulement conduit à votre rêve, mais souvent à une de ses versions améliorées, que vous n'auriez jamais crue possible. En fait, il n'y avait pas de murs ; ces murs n'étaient que des *illusions*. Il n'y avait pas d'impasses : ces impasses n'étaient que des *illusions*. Vous avez seulement emprunté des détours visant à vous guider vers une meilleure version de votre rêve.

G. M. Rao

Pendant les quatre décennies de mon voyage, il est arrivé plusieurs fois que les choses ne tournent pas selon mes prévisions. Je n'ai pas hésité à m'arrêter et à changer de direction en gardant l'esprit ouvert. Cela nous est arrivé récemment, lorsque nous avons acquis 50 pour cent d'un géant international de l'énergie pour la somme de 1,2 milliard de dollars. Lorsque les choses ne se sont pas déroulées comme nous nous y attendions et que nos aspirations n'ont plus été en harmonie avec celles de nos partenaires, nous avons décidé de nous retirer, quitte à essuyer un revers temporaire. Cependant, avec le recul, je constate que nous nous en sommes très bien tirés. Si la pureté de l'intention est là, l'Univers trouve un moyen de vous récompenser.

Si votre engagement commence à vaciller à une étape donnée de votre Voyage du Héros, à cause de la déception, du rejet ou d'un déroulement imprévu, vous devrez alors vous rappeler que vous vous dirigez toujours vers votre rêve d'une manière qui garantit la meilleure issue possible.

MASTIN KIPP

En tant qu'entrepreneur, j'applique le principe du pivot, c'est-à-dire que si ça ne fonctionne pas, je pivote : je mets en œuvre ce que j'ai appris et je trouve quelque chose de nouveau. C'est toute l'utilité du Voyage du Héros. Voyez ce qui fonctionne, changez ce qui ne va pas, essayez encore et, un jour, vous arriverez à destination.

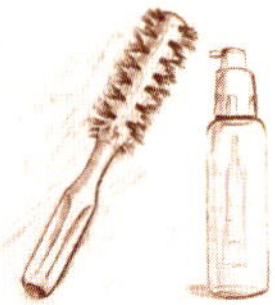

JOHN PAUL DEJORIA

Les rêves changent. Lorsque, avec mon associé, j'ai créé John Paul Mitchell Systems en 1980, notre rêve était : « Si nous pouvions générer des ventes de l'ordre de 5 millions de dollars par année, nous gagnerions chacun entre 200 000 $ et 250 000 $. Notre avenir serait assuré. » Eh bien, lorsque notre entreprise a généré de tels revenus, notre rêve a changé et a pris de l'ampleur. Il est donc important de savoir qu'une fois le rêve réalisé, vous passez au rêve suivant. C'est une évolution.

Lorsque vous poursuivez votre rêve le long des excitants méandres du Voyage du Héros, il y a ceci de bon : votre rêve ne deviendra jamais plus petit. Il ne pourra que grandir, et d'une manière que vous n'auriez jamais pu imaginer.

OPPOSANTS ET ALLIÉS

Opposants et Alliés

Peter Foyo

Il y aura toujours quelqu'un pour s'opposer à vous. Pour ériger une entreprise de cette taille, j'ai dû rivaliser avec les plus grands détracteurs qui soient.

Peter Foyo a dû affronter des opposants venant de toutes les directions, allant des investisseurs éventuels aux concurrents en passant par des administrateurs gouvernementaux qui auraient pu l'empêcher de réaliser son rêve. Mais malgré ces adversaires et toutes les difficultés se dressant sur sa route, Nextel México a aujourd'hui un effectif de 17 000 employés qui offrent la fine pointe de la technologie dans le domaine des télécommunications à plus de 4 millions de clients. Fils de vaillants travailleurs immigrants, Peter a réalisé en moins de cinq ans l'immense rêve qu'il caressait pour Nextel, alors qu'il n'avait que 38 ans. Avec Peter à la barre, Nextel México a poursuivi sa croissance rapide tout au long de la dernière décennie et est devenue une entreprise multimilliardaire.

Mastin Kipp

Les êtres inflexibles font partie du voyage. Sachez que si vous réussissez, si vous accomplissez de grandes choses, les gens vont soit vous adorer, soit vous détester. Je n'y vois qu'un signe de réussite.

Tous ceux qui ont accompli quelque chose d'inédit ont dû faire face à des centaines et des centaines de personnes irréductibles qui prétendaient que leur rêve était irréalisable. Que croyez-vous que les gens ont dit à Thomas Edison lorsqu'il a affirmé qu'il inventerait un appareil qui éclairerait une pièce entière ? Que croyez-vous que les gens ont dit à Alexander Graham Bell lorsqu'il a révélé qu'il était en train d'inventer un instrument qui permettrait à deux personnes de se parler alors qu'elles se trouvaient à des milliers de kilomètres l'une de l'autre ? Ayez la certitude que si vous avez un grand rêve et qu'un grand nombre de détracteurs gravitent autour de vous, c'est que vous *pouvez* réussir !

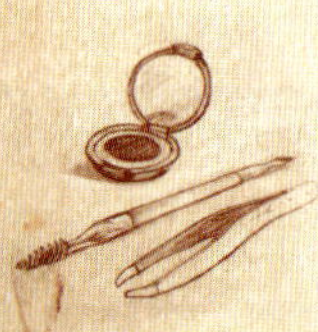

Anastasia Soare

En 1995, j'étais si occupée que j'ai pensé : « Il faut que j'ouvre ma boutique à Beverly Hills. » Je suis allée voir le propriétaire d'un local et il m'a dit : « Avez-vous perdu l'esprit ? Ce n'est pas en épilant des sourcils que vous gagnerez assez d'argent pour payer le loyer. » Il ne voulait pas me louer le local. Mais il a vu que j'étais vraiment folle et il a cédé. Il a dit : « Bon, d'accord, je vous donne six mois. » Eh bien, dès la première semaine, les clientes faisaient la queue sur le trottoir et, un jour, le proprio m'a téléphoné et m'a dit : « Je n'ai jamais rien vu de tel. Êtes-vous sûre que vous ne faites qu'épiler des sourcils là-dedans ? »

LAIRD HAMILTON

Les opposants sont toujours présents. Et en tant qu'être sensible, vous en serez toujours affecté ; ce qui compte, c'est votre façon de réagir. Ne vous y laissez pas prendre, car ils atteindraient alors leur but.

L'influence des détracteurs inflexibles dépend de *vous*. Personne d'autre ne décidera de votre réaction. Si vous permettez à un indomptable de vous atteindre, vous ouvrirez la voie à d'autres détracteurs qui, à leur tour, vous affecteront. Ne les laissez donc pas vous tracasser. Bien qu'ils cherchent l'effet contraire, leurs paroles, au lieu de vous dissuader, peuvent même vous insuffler une nouvelle énergie qui vous propulsera et vous guidera vers la matérialisation de votre rêve.

PETER FOYO

C'est une sensation incroyable que de se servir d'un opposant comme d'un moteur de propulsion vers le succès. En fait, les sceptiques vous poussent à être plus heureux et à mieux réussir plus rapidement.

Laird Hamilton

Je me suis beaucoup servi de mes opposants comme d'un carburant. J'interprétais leur « Tu ne peux pas faire ça ! » par mon « Oh oui, je peux le faire ! » C'est ce qui m'a poussé à continuer. Je renversais tout simplement l'énoncé, transformant le négatif en positif, car dans le monde où j'évolue, les détracteurs étaient nombreux, et ils le sont toujours.

Peter Burwash

La critique ne me dérangeait pas tant et aussi longtemps que j'avais le sentiment d'avancer sur la bonne voie.

« On m'a si souvent dit que cela ne pouvait pas s'accomplir. Encore et encore, j'ai dû faire appel à toute ma persévérance pour réussir. »

Howard Schultz

Président du Conseil et PDG de Starbucks

Les détracteurs peuvent également vous indiquer une meilleure voie. Vous avez peut-être déterminé dans votre esprit la façon dont vous alliez réaliser votre rêve et, alors que vous suivez cette voie, vous rencontrez d'irréductibles preneurs de décisions qui stoppent votre progression. Dans l'incapacité d'aller plus loin, vous êtes obligé de chercher un autre moyen de mener votre rêve à bien, et vous en découvrez un largement supérieur au plan initial – grâce à vos opposants. Bénis soient-ils !

Peter Foyo

Lorsque je croise des gens extrêmement négatifs, ils m'indiquent en fait la direction à prendre. Au lieu de me faire reculer, ils me poussent même plus vite dans la bonne direction.

Peter Burwash

Lorsque je jouais au Canada, le président de l'association de tennis de l'époque m'a écrit une lettre : « Vous devriez laisser tomber ce sport, car vous êtes vraiment nul. » Mais plutôt que d'y voir un obstacle, j'y ai vu un défi. De retour au Canada dans le cadre des championnats nationaux, je m'apprêtais à changer de côté et à servir pour le dernier jeu de la manche finale. J'ai sorti la lettre dans laquelle ce type affirmait que j'étais médiocre, et pourtant j'étais sur le terrain principal, sur le point de remporter les championnats nationaux.

Ignorez la Majorité Insignifiante

Voici un conseil précieux dont vous tiendrez sans doute compte avant d'entreprendre votre voyage. Croyez en vous et montrez-vous plein d'assurance avant de parler aux autres de votre rêve. Si vous commencez à en parler trop tôt, vous pourriez vous laisser décourager par leurs réactions et abandonner avant d'avoir vraiment commencé. C'est arrivé à de nombreuses personnes, peut-être même à vous. Vous avez eu une idée géniale et vous avez eu envie de faire quelque chose qui sortait de votre champ de compétences habituel ; vous en avez parlé à d'autres, qui ont semé le doute dans votre esprit ; ainsi votre idée et votre rêve sont morts dans l'œuf. Et puis, le sort a voulu, quelque temps plus tard, que vous découvriez que votre idée géniale s'était matérialisée dans le monde grâce à quelqu'un d'autre – se soldant par une grande réussite.

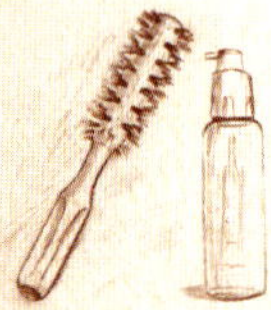

JOHN PAUL DEJORIA

Prêtez l'oreille à vos partisans. Ignorez la majorité démoralisante.

LIZ MURRAY

Veillez à ne pas laisser les autres déterminer les choses à votre place. Les gens ont leurs opinions et ils s'empressent toujours de vous dire ce qui est possible ou impossible. Leur conviction lorsqu'ils livrent leur opinion est regrettable. Personne ne sait ce qui est possible avant de tenter le coup. Personne.

« Tenez-vous à l'écart des gens qui freinent vos ambitions. Les petits esprits font toujours cela. Les plus grands esprits seuls vous font sentir que vous aussi pouvez aspirer à la grandeur. »

Mark Twain

Auteur

Lorsque j'ai décidé de réaliser *Le Secret*, je n'ai confié mon rêve à personne tant qu'il n'était pas entièrement précisé dans mon esprit. J'ai passé quatre mois à faire des recherches, à planifier et à tout assimiler dans mes neurones, jusqu'à ce que j'aie la certitude que personne ne tenterait de me convaincre de renoncer à mon projet. C'est seulement là que j'en ai fait part aux autres, quand des milliers de détracteurs auraient pu prétendre que mon rêve était irréalisable, sans qu'aucun ne puisse m'atteindre.

Avant d'en parler, planchez sur votre rêve, renforcez votre croyance en lui et formulez-le dans votre esprit jusqu'à en obtenir une représentation claire comme de l'eau de roche.

LAYNE BEACHLEY

Lorsque j'étais jeune et que je faisais du surf à Manly Beach, il y avait toujours deux gars à ma droite qui me disaient de sortir de l'eau et deux gars à ma gauche qui m'encourageaient : « Nous te trouvons fantastique et nous aimons beaucoup surfer avec toi. » Qui croyez-vous que j'écoutais ? Les gars à ma gauche, bien sûr.

PETE CARROLL

Ce qui m'a donné la force de vraiment m'épanouir après mon congédiement et d'en émerger plus fort est que je n'approuvais pas cette décision. Je ne l'acceptais tout simplement pas. J'ai remis cette décision en question et je savais qu'il y avait lieu de me sentir autrement.

La vérité à propos des opposants, c'est que ce sont souvent des gens qui ont fermé leur esprit et qui ne vivent pas à la hauteur de leur plein potentiel. S'ils tiraient le meilleur parti de leur potentiel, ils sauraient que tout est possible.

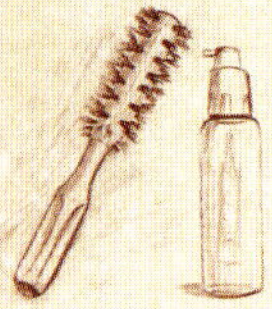

John Paul DeJoria

Lorsque j'étais en 11e année, mon professeur de commerce m'a dit ainsi qu'à mon amie Michelle, devant toute la classe, que nous ne ferions jamais rien de bon. Nous savions qu'il avait tort. Nous allions assurément faire quelque chose de notre vie. Michelle est devenue une vedette. C'est Michelle Phillips, du groupe The Mamas & the Papas.

J'ai eu de nombreuses expériences avec des détracteurs lorsque nous avons tourné le film *Le Secret*, mais l'une d'elles se démarque tout particulièrement. Je présentais le premier montage du film devant un groupe important de producteurs du milieu de la télévision. Il m'avait fallu un an de travail et j'avais tout sacrifié pour me retrouver là. À la fin de la projection, le film n'a pas suscité un seul compliment. Au lieu de quoi, les producteurs ont été très négatifs et ont trouvé des défauts sur tous les plans. J'étais bouleversée lorsque j'ai quitté la salle et j'ai erré dans un état second dans les rues après être sortie de l'édifice où avait eu lieu la rencontre. Finalement, je me suis ressaisie et me suis rendue à l'aéroport pour prendre l'avion qui me ramènerait à la maison en une heure. Pendant le vol, j'ai conscientisé qu'il était tout à fait impossible de parer les innombrables critiques des producteurs. Et je n'avais pas besoin de le faire. Avant même que l'avion atterrisse, j'avais eu quelques idées à propos de modifications que je pourrais apporter au film. Nous nous sommes basés sur ces inspirations et les avons intégrées au film; elles se sont même révélées les éléments qui allaient faire du *Secret* un énorme succès.

Les Alliés

Alors que vous croiserez certainement des détracteurs pendant votre Voyage du Héros, vous êtes également destiné à rencontrer de très nombreux alliés, des anges qui font déjà partie de votre vie ou qui y apparaîtront, ne serait-ce que brièvement, pour vous soutenir et vous aider dans votre voyage.

MASTIN KIPP

Je ne crois pas que le succès arrive tout seul ou qu'une personne réussisse en vase clos, car tout le monde a besoin d'aide en cours de route.

LAYNE BEACHLEY

Tous les gens qui ont réussi ont été épaulés par quelqu'un, et il est important, quelle que soit votre réussite, de vous rappeler que l'on vous a aidé pendant ce voyage, et d'apprécier la valeur de cette contribution.

Personne ne réalise son rêve sans aide. Un nombre incalculable de gens vous soutiendront et feront des pieds et des mains pour vous aider à progresser sur la voie qui mène à la concrétisation de votre rêve. De toutes les expériences que vous vivrez pendant le Voyage du Héros, les surprises que vous procureront vos connaissances et d'autres que vous connaissez à peine et qui vous aideront en cours de route seront sans doute les plus merveilleuses.

Michael Acton Smith

Je travaille avec de vastes réseaux d'entraide. De tous les membres de ma famille qui m'ont appuyé aux investisseurs qui injectent des capitaux dans mon entreprise, en passant par les employés qui ont accepté de travailler pour moi, alors que mes idées n'étaient encore qu'embryonnaires.

Layne Beachley

Me fixer le but ambitieux de devenir championne du monde alors que je n'avais que huit ans était de toute évidence un très gros défi, et il y a eu des moments où j'ai voulu abandonner et où j'ai voulu me retirer, et lever les bras au ciel et dire : « C'est tout simplement trop difficile. » Heureusement, pendant ces moments déchirants, il y a eu dans ma vie des gens qui sont intervenus et qui m'ont dit : « Tu peux y arriver. Je crois en toi. » Et lorsqu'une personne que vous respectez et appréciez vous encourage de la sorte, votre confiance en vous augmente beaucoup. Il est vraiment important d'avoir de telles personnes dans votre vie.

Pendant le tournage de mon film *Le Secret*, d'innombrables personnes sont entrées dans ma vie et m'ont aidée à franchir l'étape suivante. En plus de tous ces alliés, je pouvais compter sur une équipe qui a travaillé de concert avec moi à la création du film, et sans son dévouement et son soutien, jamais mon rêve ne serait devenu réalité.

À une occasion, j'ai manqué d'argent pour payer mes employés. J'avais hypothéqué ma maison de la cave au grenier, exploité toutes les possibilités de découvert et atteint la limite de toutes mes cartes de crédit en vue de poursuivre la production du film. Et puis, est arrivé ce jour déchirant où je n'ai pas eu les fonds pour payer les membres de mon équipe. Savez-vous ce qu'ils ont fait ? Deux de mes plus anciens collaborateurs, de concert, ont emprunté sur leur carte de crédit pour payer leurs collègues incapables de survivre sans leur salaire. Il ne fait aucun doute que les membres de mon équipe ont été mes plus grands alliés.

LA ROUTE DES ÉPREUVES ET DES MIRACLES

La Route des Épreuves et des Miracles

ANASTASIA SOARE

La vie est un défi. Si vous pensez qu'elle est facile et parfaite, vous vous trompez ou vous vous illusionnez.

PETER BURWASH

Chaque jour apporte des obstacles. Personne ne s'éveille le matin sans que rien ne cloche du point de vue physique, mental, émotionnel ou spirituel. Acceptez le fait que des obstacles se dresseront devant vous. Cela arrive à tout le monde. Les gens disent : « Pourquoi moi ? » Pourquoi pas vous ?

« La voie qui mène à votre but ne sera pas toujours facile. Des obstacles surgiront et des problèmes apparaîtront, mais vous devez vous rappeler pour quoi vous luttez… N'oubliez pas la vue d'ensemble et ne laissez pas les petits contretemps ou les petits revers vous arrêter. »

Derek Jeter

Champion Américain de Baseball

Les Défis et les Obstacles

Tous les obstacles que vous rencontrerez et les défis que vous relèverez pendant le Voyage du Héros vous transformeront à mesure que vous acquerrez la force de caractère, les qualités et les habiletés nécessaires pour en venir à bout. L'émergence de ces qualités et de ces habiletés fera de vous le genre de personne que vous devez devenir pour concrétiser votre rêve. Pour cette raison, les défis et les obstacles sont d'excellents indicateurs et ils confirment que vous êtes sur la bonne voie. En fait, plus grands seront les obstacles et les défis à affronter, plus grande sera votre réussite, dont vous vous rapprocherez par le fait même.

MASTIN KIPP

La principale chose que les gens gagnent en relevant des défis n'est pas ce qu'ils obtiennent, mais ce qu'ils deviennent. Lorsque vous relevez un défi avec brio, votre foi en vous et en vos habiletés augmentent, vous faites davantage confiance au divin, et vous pouvez accomplir de plus grandes choses encore. Surmonter les obstacles est probablement le plus grand des cadeaux – de beaucoup supérieur aux biens matériels que cela pourrait vous valoir. Parce que c'est quelque chose qu'on ne pourra jamais vous enlever.

Peter Burwash

Après avoir traversé une série de chagrins, de défis, de bouleversements ou de chavirements, peu importe, vous en sortez toujours meilleur, parce que le gain de confiance en soi est phénoménal.

S'il vous est déjà arrivé de faire face à un obstacle que vous n'aviez pas le choix de surmonter, vous avez su puiser des forces que vous ne soupçonniez guère. Ces forces forment votre caractère et vous sortez grandi de l'épreuve. Les femmes qui ont donné naissance le savent bien. Les femmes se doivent d'être fortes pour élever un bébé et en prendre soin. Elles ont besoin de patience, de tolérance, de détermination et d'endurance physique. L'accouchement les prépare à la maternité en leur donnant la force et les qualités nécessaires. C'est à cause de la force dont elle fait preuve dans les moments les plus difficiles qu'un grand nombre d'entre nous considèrent leur mère comme une héroïne.

Mastin Kipp

Lorsque vous vous y mettez vraiment, vous vous attaquez au défi et le surmontez, une petite voix en vous s'exclame : « Merde alors ! Tu as réussi ! » Vous ne pouvez pas rester chez vous à ne rien faire et affirmer : « Je m'aime. » L'estime de soi se gagne.

Layne Beachley

Les défis et les obstacles nous donnent à tous l'occasion de grandir, de nous améliorer, d'apprendre, de sortir de notre zone de confort et d'expérimenter ce que la vie a réellement à nous offrir.

Les défis et les obstacles qui jalonnent le Voyage du Héros servent à nous inculquer les qualités et les habiletés nécessaires pour entretenir notre rêve une fois matérialisé. Sans les habiletés préalables à la gestion du succès, votre rêve s'envolera en fumée dès l'atteinte de votre but. Donc, les défis et les obstacles nous préparent au succès.

G. M. Rao

Mon cheminement dans le monde des affaires a été comme le flux d'une rivière, où chaque obstacle m'a fait changer de cap, jusqu'à ce que j'arrive à destination. Toute ma vie a été remplie de défis. Chaque défi a été une coïncidence significative et a ouvert une porte sur une occasion encore plus grande.

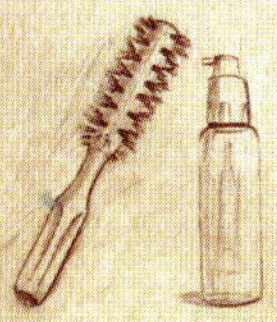

John Paul DeJoria

Grâce aux défis et aux obstacles, nous acquerrons une éducation complète, et cela fait partie de notre réussite. Il est arrivé si souvent que des pépins dans l'engrenage empêchent le déroulement que je souhaitais, mais ils m'ont fait comprendre qu'autrement, je n'aurais pas été aussi heureux ou prospère que maintenant. Dans la vie, des choses vont se produire, qui seront des leçons vous guidant vers l'ultime récompense.

Lorsque je repense à mon voyage, les obstacles et les défis auxquels j'ai été confrontée ne sont rien en comparaison de ceux qui ont jalonné ma vie avant que je décide de poursuivre mon rêve. Lorsque vous avez un but et que vous poursuivez votre rêve, les obstacles et les défis semblent plus faciles ou surmontables. Sans un but, les défis ou les obstacles semblent sans motif, le simple résultat de la malchance. Ils ont cependant une fin, car vous devez évoluer, et même si vous essayez de vous cacher de la vie, vous buterez tout de même sur des défis et des obstacles.

PETER BURWASH

Ma philosophie de base a toujours été : si quelque chose de bon se produit, je l'apprécie, et pour quelque chose de fâcheux, j'y vois un processus d'apprentissage.

Les défis et les obstacles sont pénibles pour chacun d'entre nous, la première fois, mais seulement tant que nous n'avons pas trouvé la solution et un moyen de les relever ou surmonter. Un obstacle ou un défi ne surgira *jamais* sur votre route si vous n'avez pas la capacité de le surmonter. Jamais.

PETER FOYO

La mentalité transcende les obstacles. Et ma mentalité est le bonheur et la gratitude. Il en a toujours été ainsi.

> *J'ai également pris la décision de partager beaucoup plus sur le plan financier, et plus l'on partage, plus les obstacles tombent.*

Peter Foyo attribue son succès à l'utilisation de quelques principes qu'il a appliqués religieusement dans le but de concrétiser son rêve. Aucun obstacle ne l'a jamais rebuté. Il entretient une mentalité positive et heureuse par une constante reconnaissance. Il aide les autres chaque fois qu'il le peut. Et devant une difficulté, il a recours à l'une des plus grandes habiletés du héros : la visualisation.

PETER FOYO

Des obstacles sont venus de la concurrence, de la corruption, des autorités de réglementation, mais ils ne me touchent pas vraiment. Je sens plutôt le résultat ; je vois ma destination. Un obstacle est plutôt un détour. Je me dis : « Très bien, comment vais-je faire pour le contourner ? » Je visualise quelque chose de différent.

Visualisez le résultat que vous souhaitez, et vous recevrez la solution au problème ou trouverez le moyen de relever le défi. Mais pour percevoir la solution lorsqu'elle vous est donnée, il vous faut un esprit exempt de souci.

Imaginez-vous perdu, à demander votre chemin. Pendant qu'une personne vous indique la direction et tente de vous aider à sortir de cette impasse, vous continuez à lui expliquer que vous étiez perdu, que c'était un gros problème, que vous avez tout tenté pour retrouver votre chemin et que l'idée de ne jamais y parvenir vous inquiète. Vous seriez alors incapable d'écouter la personne qui tente de vous aider, malgré la clarté de ses indications ! Si votre esprit est occupé par des pensées chargées d'inquiétude et d'angoisse, vous serez incapable de percevoir la solution que vous envoie l'Univers.

LIZ MURRAY

Parfois, je m'éveillais allongée sur le sol chez mon ami. Il fallait que je me hâte, car je m'étais inscrite à un cours matinal qui précédait les classes ordinaires. J'avais besoin de motivation pour ce cours. J'imaginais donc une coureuse. Je suppose que c'était censé être moi, mais je ne voyais que son dos. Elle courait seule sur une piste. Il y avait des obstacles qu'elle franchissait l'un après l'autre. Je restais étendue à visualiser cette coureuse afin de trouver le courage de me lever. Je me disais : « D'accord, tu es fatiguée, c'est un obstacle. Tes devoirs, tu les as faits hier soir. Tu as franchi un obstacle. Tu dois maintenant prendre le train jusqu'à l'école et tu es affamée. Obstacle, obstacle, obstacle. » Et je voyais la coureuse au dos musclé qui sautait par-dessus les obstacles et qui transpirait sous le soleil. Donc, chaque fois qu'une difficulté survient dans ma vie, ne serait-ce donc qu'un autre obstacle ? Parce qu'un obstacle n'est pas séparé de la piste ; il en fait partie et il ne serait pas le signe que je dévie de ma trajectoire. Lorsque des difficultés se dressaient devant moi, cela faisait simplement partie de mon parcours et cela voulait dire qu'à surmonter ces obstacles, j'allais finir par franchir la ligne d'arrivée.

MICHAEL ACTON SMITH

Je ne savais pas comment j'y arriverais mais, dans les moments les plus sombres, parce que je croyais profondément en ce produit, je savais que j'allais réussir. Si vous persévérez, et si vous adressez une demande à l'Univers, il livre la marchandise.

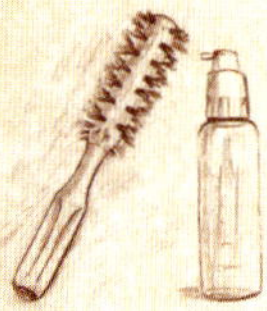

JOHN PAUL DEJORIA

Le rejet peut être un obstacle pour les gens qui ont réussi, car il les pousse à abandonner. Une clé de la réussite dans tout domaine consiste à se préparer à essuyer de nombreux rejets sans se laisser troubler. Tant de gens ne se préparent pas avant toute entreprise, et ils se sentent alors vraiment nuls et cela les arrête. Si je n'avais pas connu tous ces rejets, je n'aurais jamais pu créer John Paul Mitchell Systems.

Les Échecs et les Erreurs

« Nous commettons des erreurs. Ça ne serait pas amusant si nous ne faisions pas d'erreurs. Si je signais un trou d'un coup à chacun des 18 trous de mon parcours de golf, je me lasserais vite de ce sport ; je veux dire qu'il faut parfois descendre dans la fosse pour rendre le jeu intéressant. Mais pas trop souvent, toutefois. »

Warren Buffett

Magnat des Affaires et Investisseur

LAYNE BEACHLEY

Si vous prenez le temps de repenser à vos supposés échecs et erreurs, ou à vos revers et déceptions, vous vous rendez compte qu'ils étaient tous des étapes importantes de votre voyage.

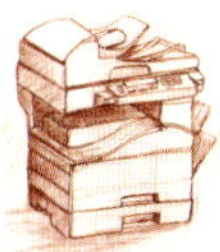

PAUL ORFALEA

Comment un bébé fait-il pour se lever et tomber ? Il lui faut beaucoup de courage. L'ensemble du processus qui consiste à partir de l'âge zéro à cinq ans est parsemé d'obstacles. Mais l'on apprend de ses erreurs.

LAIRD HAMILTON

Il faut être prêt à risquer l'échec. En ce qui me concerne, j'ai tiré les plus grandes leçons de mes échecs, pas de mes succès. C'est ce qui m'a rapproché de mon rêve.

Si vous n'avez pas acquis les qualités de discernement ou de bon jugement nécessaires à la réalisation de votre rêve, les échecs et les erreurs vous permettront de les développer. Vous pouvez mettre votre confiance en quelque chose à cause de ce que quelqu'un vous a dit, et vous échouez. Vous pouvez prendre une décision sans bien réfléchir et vous faites une grosse erreur. Cependant, lorsque vous repenserez à cet échec ou à cette erreur, vous comprendrez peut-être que vous avez ignoré des drapeaux rouges ou des signaux qui vous avertissaient de difficultés. Autrement dit, vous comprendrez que vous n'avez pas écouté votre intuition.

LAYNE BEACHLEY

Les erreurs sont une occasion réelle d'apprentissage, et la seule énormité consiste à ne pas assimiler la leçon la première fois. Et ce qu'il y a de merveilleux avec l'Univers, c'est qu'il continuera à vous présenter la même leçon jusqu'à ce que vous l'ayez assimilée.

Vous pourriez vous rendre compte que vous auriez dû effectuer vos propres recherches et ne pas faire si aveuglément confiance aux opinions d'autrui. Ou vous pourriez saisir que vous auriez dû réfléchir davantage avant d'accomplir un grand geste.

« J'ai appris davantage de mon unique restaurant qui n'a pas fonctionné que de tous les autres qui ont prospéré. »

Wolfgang Puck

Restaurateur et Homme d'Affaires

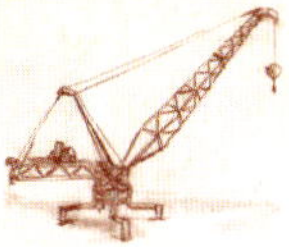

G. M. Rao

Nous devons nous réjouir de nos échecs, car ils découlent de l'action et, par conséquent, deviennent de merveilleuses occasions d'apprendre. Et nous devons nous concentrer sur cet apprentissage de manière à ne pas répéter nos erreurs. Si elle peut favoriser les nouvelles idées, les nouvelles approches, l'expérimentation et l'innovation, une erreur ne devrait pas être censurée.

Lorsque vous assumez la responsabilité de vos échecs et de vos erreurs, sans blâmer qui que ce soit, et si vous cherchez la leçon qui se cache derrière eux, ils deviendront de puissants outils qui favoriseront votre progression lors de votre Voyage du Héros. Les erreurs et les échecs sont inévitables ; c'est à vous qu'il appartient d'en extraire la magie !

Laird Hamilton

Il existe un processus conventionnel. Premièrement, vous devez croire que c'est possible. Ensuite, vous devez être prêt à échouer ; vous vous relevez et vous recommencez, et bientôt vous vous dites « ouah! ça marche » et puis « je m'améliore », et enfin : « J'excelle dans ce domaine. » Et avant longtemps, vous serez au sommet à vous apercevoir que tout n'était pas dans l'ascension, mais dans le processus. Et vous deviendrez accro à ce processus.

Les Miracles

PETER BURWASH

J'ai été très reconnaissant des événements qui se sont produits dans ma vie, et j'ai vu que nous ne sommes pas aussi indépendants que nous voulons le croire. Nous sommes très dépendants, pas seulement de l'oxygène, mais aussi de la bonne fortune, du moment propice et de nos semblables.

Des épreuves jalonneront votre Voyage du Héros, mais vous vivrez aussi des miracles en cours de route. En vérité, les miracles l'emportent largement sur les épreuves. D'après ma propre expérience, la magie et les miracles qui se sont produits pendant que je cheminais vers la concrétisation de mon rêve ont été *aussi* excitants que l'atteinte de mon but. Lorsque l'Univers commencera à aligner les choses pour vous comme aucun esprit humain ne pourrait jamais le faire, je vous le promets, cela vous coupera le souffle. Vous vous demanderez encore et encore : « Comment cela est-il arrivé ? »

LIZ MURRAY

Je dormais dans la rue et je volais à l'étalage ; ce n'est pas la meilleure habitude du monde, mais il fallait que je mange. J'allais aussi chez Barnes & Noble et je volais des livres traitant d'épanouissement personnel, que je lisais assise dans une cage d'escalier. Et puis mon histoire s'est répandue et j'ai reçu un appel de l'entreprise de Stephen Covey. J'ai accepté de donner une conférence, et ce n'est que debout devant lui que je me suis rendu compte que j'avais volé son livre. Il fallait que je le lui dise. « J'ai volé votre livre. » Et il m'a riposté que c'était la maison qui me l'offrait.

Liz Murray n'avait que 18 ans lorsque Stephen Covey lui a demandé de partager la scène avec lui et de raconter son histoire. Cette journée s'est révélée miraculeuse pour Liz, car elle a tracé sa voie. Liz est devenue conférencière ; elle raconte son histoire et inspire les autres. Liz a ensuite écrit un best-seller et a partagé la scène avec des gens tels que Mikhaïl Gorbatchev, le dalaï-lama et Tony Blair.

Peter Burwash

À la fin de 1968, lorsque j'évoluais sur le circuit de tennis, il me restait peu d'argent. Je jouais avec Isadore « Issy » Sharp, le fondateur de la chaîne d'hôtels Le Quatre Saisons, et il m'a dit : « Qu'allez-vous faire ? » J'ai répondu : « Je ne sais pas, peut-être rentrer chez moi et devenir professeur. » Et il a ajouté : « De quoi avez-vous besoin pour demeurer sur le circuit ? » J'ai dit : « Deux billets d'avion ouverts à 1 800 $ chacun. Cette somme de 3 600 $ me permettrait de rester. » Le lendemain matin, je suis descendu à son bureau et il m'a tendu un chèque de 3 600 $ en me disant : « Bonne chance. » Cela a transformé ma vie. Cela a joué un rôle majeur dans ma carrière, car cela m'a permis de rester sur le circuit et d'obtenir un bon rang mondial. Le reste appartient à l'histoire.

Mastin Kipp

Je dormais sur le canapé dans un pavillon de piscine de 2,5 mètres carrés chez les parents de mon ex-petite amie. The Daily Love *était mon passe-temps, mais je venais de décider d'en faire un travail à temps plein. Après que j'eus passé un mois à bloguer sur Tweeter et à envoyer des courriers électroniques, m'investissant entièrement dans mon projet tout en jonglant avec une grande incertitude, Kim Kardashian a envoyé un « tweet » à plus de 2 millions de personnes, les invitant à me suivre sur mon compte Twitter. Je n'oublierai jamais cet instant. Du jour au lendemain, le nombre de personnes qui me suivaient est passé de 1 000 à 10 000. J'ai senti une présence divine qui m'encourageait à continuer.*

Le grand rêve de Layne Beachley était de devenir la meilleure surfeuse du monde, et elle devait pour cela battre le record mondial dans quatre championnats mondiaux consécutifs. Layne participait à l'événement final de l'année et visait son quatrième titre. C'est l'athlète qui accumule le plus de points dans le cadre de plusieurs compétitions au cours de l'année qui remporte le titre mondial : Layne menait et son quatrième titre mondial était à sa portée.

Layne Beachley

C'était en 2001, et c'était la dernière compétition de l'année. J'étais passée en quart de finale et je suis tombée alors que je négociais ma dernière vague, ce qui m'a coûté la victoire et ce qui pouvait en fin de compte me priver de mon quatrième titre consécutif. J'avais le sentiment d'avoir laissé tomber le monde entier. J'étais anéantie, car mon but ultime était d'égaler et puis de battre le record actuel, qui était de quatre titres mondiaux consécutifs.

Layne avait besoin d'un miracle. Plusieurs de ses concurrentes avaient une occasion de la supplanter en emmagasinant plus de points et de revendiquer le titre mondial si elles remportaient l'épreuve du jour.

LAYNE BEACHLEY

Pauline Menczer, qui avait été championne du monde en 1993, est passée à côté de moi et m'a dit : « Ne t'en fais pas, nous te couvrons. » Elle voulait me voir remporter ce titre mondial. Pauline, déchaînée, a écrasé les autres concurrentes, les empêchant de remporter l'épreuve, et elle m'a ainsi offert mon quatrième titre mondial consécutif. Elle était extrêmement myope et n'avait pas les moyens de se payer une chirurgie oculaire; je lui ai donc payé cette chirurgie en guise de remerciement.

Layne Beachley a finalement remporté six titres mondiaux consécutifs.

LIZ MURRAY

Lorsque l'histoire de ma vie est parue dans le New York Times, *j'ai beaucoup appris sur la réalité du héros. Tout le monde de ma communauté est venu à mon école dans le but de m'offrir de l'aide. Je n'en connaissais pas un seul. Ces gens m'ont apporté des brownies faits à la maison, des vêtements puisés dans leur placard et des paquets-cadeaux, et ils se tenaient là comme un groupe d'anges. J'avais été une sans-abri ; ils m'ont trouvé un appartement et ont payé le loyer. Ils ont construit des lits. Ils ont fait installer l'électricité. Ils ont rempli le réfrigérateur. Tous ont été merveilleux à leur manière, mais une femme en particulier s'est démarquée. Elle est apparue environ trois semaines après ce groupe de gens et elle m'a immédiatement serré la main devant l'école, puis elle s'est présentée et s'est excusée. Je lui ai demandé pourquoi elle s'excusait et elle m'a répondu : « Parce que j'ai lu votre histoire dans le* New York Times, *que j'ai collé l'article sur mon réfrigérateur, et que, chaque jour, j'avais l'intention de vous aider. Mais ensuite, je me disais : «Oh non, pas le temps, pas d'argent – je ne peux pas.» Eh bien, ma chère, ce matin pendant que je faisais ma lessive, j'ai eu une idée. Je me suis dit que vous deviez avoir du linge à laver. » Je me suis alors rendu compte qu'elle était debout devant une fourgonnette. Elle m'a regardé et a dit : « Eh bien, avez-vous du linge à laver ? » Nous sommes allées chercher mes vêtements et, par la suite, elle s'est chargée de ma lessive une fois par semaine, chaque semaine. Elle m'a dit : « Je ne peux pas faire grand-chose pour vous, mais au moins je peux faire ça. » Ce serait bien si tout le monde sur la planète apprenait cette leçon – je ne peux pas faire grand-chose, mais au moins je peux faire ça. J'ai appris qu'on peut aider les autres avec de petits gestes que l'on peut faire dans la seconde. Si nous vivions tous ainsi, vous constateriez un changement de mentalité sur cette planète.*

L'ÉPREUVE SUPRÊME

L'Épreuve Suprême

Anastasia Soare

À moins que vous ne vouliez faire la même chose chaque jour, vous devez être un battant. Vous devez être un guerrier si vous voulez faire une différence, si vous voulez apporter votre contribution. Je voulais apporter ma contribution et faire des choses qui changeraient ma vie et celle de mes semblables. Je ne peux pas me contenter d'être ordinaire.

Michael Acton Smith

C'était difficile. Il a fallu des mois avant que l'entreprise démarre vraiment. Nous ne gagnions pas beaucoup d'argent. Pratiquement personne ne connaissait l'existence d'Internet en 1998, et à peine quelques clients achetaient nos produits. L'un de nos amis passait une commande chaque mois sous un faux nom, uniquement pour nous remonter le moral et nous encourager à continuer. Nous avons failli abandonner.

Pendant votre Voyage du Héros, vous devrez relever un dernier défi avant d'être récompensé par le succès, un défi d'une ampleur proportionnelle à l'ampleur de votre rêve. Ce dernier défi est l'Épreuve Suprême. Vous aurez peut-être l'impression que votre rêve est mort, mais lorsque vous vous relèverez, votre rêve sera né.

MICHAEL ACTON SMITH

C'est là le Voyage du Héros classique, n'est-ce pas ? Se retrouver dans une impasse, perdre pratiquement tout espoir, et puis faire volte-face. Ce serait ennuyeux si nous sortions directement du parc sans n'avoir jamais eu à lutter ni à surmonter quoi que ce soit.

LAYNE BEACHLEY

Il faut toucher le fond du baril et relever des défis pour être en mesure de rebondir.

Vous avez sans doute été témoin de cette Épreuve Suprême au cinéma. Lorsque le héros a surmonté tous les obstacles surgissant devant lui pendant sa quête, alors qu'il s'apprête à secourir la princesse ou à s'emparer du Saint-Graal, un dernier défi s'impose à lui avant qu'il puisse toucher sa récompense.

MASTIN KIPP

Chaque héros frôle la mort, ou meurt et ressuscite. Et cette notion de mort psychologique, émotionnelle, spirituelle ou physique, de mort littérale, est terrifiante pour les gens. Mais nous devons traverser cette épreuve, comme le Christ sur la croix, les bras grands ouverts.

« Aurais-je vraiment réussi dans un autre domaine que je n'aurais jamais trouvé la détermination de réussir dans une arène où j'ai véritablement ma place. J'ai été libérée, car j'avais vaincu ma plus grande peur et j'étais encore vivante, et j'avais encore ma fille que j'adore, et j'avais encore ma vieille machine à écrire, et une grande idée. Et le fond du baril est donc devenu une fondation solide sur laquelle j'ai rebâti ma vie. »

J.K. Rowling

Auteure de la série Harry Potter

JOHN PAUL DEJORIA

J'ai travaillé pour une entreprise où j'ai occupé deux postes à temps plein. Même si elle avait le vent dans les voiles, ses dirigeants m'ont dit que je n'étais pas leur type de directeur et ils m'ont congédié. J'ai ensuite trouvé du travail dans une autre entreprise. Un an plus tard, j'étais encore mis à pied parce que je ne fréquentais pas les autres employés pendant les week-ends. J'ai encore changé d'employeur et j'ai triplé son chiffre de ventes et, un jour, le propriétaire de la compagnie m'a dit : « Je suis désolé, mais nous devons vous renvoyer, car nous avons trouvé quelqu'un qui pourra faire votre travail pour la moitié de votre salaire. » C'est là que j'ai créé John Paul Mitchell Systems. Deux ans plus tard, j'ai compris que sans mes emplois dans les trois entreprises qui m'avaient congédié, il m'aurait été pratiquement impossible de créer John Paul Mitchell Systems, car chaque entreprise m'avait appris quelque chose. Même si j'avais été licencié, c'était comme si l'Univers me guidait, m'enseignant diverses choses en cours de route, que j'en sois conscient ou non.

Alors que John Paul DeJoria et son associé en affaires, Paul Mitchell, s'apprêtaient à lancer leur gamme de produits capillaires, un investisseur qui avait accepté d'injecter des capitaux dans leur entreprise s'est soudainement retiré. John Paul et son partenaire se sont retrouvés avec de nombreux engagements, sans aucun moyen de payer leurs factures ni de survivre pendant les 45 prochains jours, c'est-à-dire jusqu'à ce que leurs clients règlent leur compte. Leur entreprise semblait vouée à l'échec. C'est alors que John Paul a eu une idée brillante : offrir un rabais pour paiement comptant au moment de la livraison. Presque tous ses clients ont profité de cette option, et John Paul Mitchell Systems a été sauvé.

LAYNE BEACHLEY

En 1995, j'étais classée deuxième au monde et j'aspirais à mon premier titre mondial. J'étais très exigeante envers moi-même et, en 1996, j'ai été atteinte de fatigue chronique. Physiquement, tout semble normal, mais l'on est terrassé mentalement, émotionnellement et spirituellement. J'ai touché le fond au point d'avoir des idées suicidaires ; pour moi qui aimais tant la vie, c'était très déconcertant. J'ai voulu abandonner, mais il me restait une raison de vivre : j'ai choisi de me concentrer sur mon amour du surf. Je n'avais plus la force physique de m'adonner à ce sport que j'adorais, mais j'avais de nouveau la force mentale pour préparer mon retour. Je me suis engagée à me rendre à Hawaï et à participer à une compétition même si je savais ne pas être à la hauteur physiquement. J'ai pensé : « Je vais juste aller là-bas et passer un moment agréable. » Cette année-là, j'ai gagné toutes les épreuves disputées à Hawaï, et j'ai remporté mon premier titre mondial l'année suivante. Cet épisode de fatigue chronique a été une leçon très précieuse. Je suis vraiment heureuse de ne pas avoir abandonné.

PETE CARROLL

J'ai été congédié à quelques reprises pendant ma carrière d'entraîneur. Dans mon champ d'activité, tout le monde est au courant des congédiements. Les journaux et les bulletins d'informations en parlent. C'est la nouvelle de l'heure. Vous ne perdez pas simplement votre emploi avant de rentrer à la maison y affronter votre épouse. Vous devez faire face à tout le monde. C'est un énorme défi. Mais, me suis-je dit, c'est dans la normalité des choses, et cette épreuve pourrait bien m'aider à me renforcer et m'améliorer à long terme. C'est à ce moment-là que m'est venue une révélation. J'ai compris que j'avais travaillé longtemps, sans jamais creuser assez en profondeur pour découvrir ce qui m'importait vraiment, de manière à l'intégrer dans mon prochain programme d'entraînement. Acculé au pied du mur, j'ignorais si j'allais avoir une autre chance, mais si l'occasion se présentait, je serais prêt. Et puis, l'université de la Californie du Sud m'a embauché, et je me suis lancé dans l'aventure du football universitaire avec la vision que je me débrouillerais mieux que jamais auparavant.

Mastin Kipp

Lorsque les choses vont mal et que nous sommes déracinés, n'avons-nous pas le sentiment que la vie s'oppose à nous, ou qu'elle est cruelle ? Et si ces moments n'étaient qu'une tempête divine ? Et s'ils n'existaient que pour nous faire comprendre que nous n'exploitons pas pleinement notre potentiel et ne cheminons pas sur notre voie spirituelle ? Que ce déracinement ne sert pas à nous punir, mais qu'il sert grandement notre intérêt ? Et si la pire des semaines ou la pire des journées vous était envoyée divinement pour en fait se révéler la meilleure de toutes ?

Anastasia Soare était sur le point de lancer sa gamme de produits pour les sourcils lorsque son principal investisseur lui a fait faux bond. Soudain, Anastasia avait besoin de 2 millions de dollars pour commercialiser, vendre et distribuer ses produits qui remplissaient tout un entrepôt. Elle n'avait que sept jours pour trouver l'argent, ou elle devrait renoncer à son rêve. Au lieu d'abandonner, Anastasia a appris seule tout ce qui a trait à la commercialisation, la vente et la distribution. Grâce à son ingéniosité et à sa ténacité, les produits pour les sourcils d'Anastasia sortis de l'entrepôt lui ont valu un succès phénoménal aux quatre coins des États-Unis et partout dans le monde.

Michael Acton Smith

J'ai créé cette compagnie de jeux, Mind Candy, en 2004. Le premier jeu que nous avons mis sur le marché était très créatif, mais il s'est soldé par un désastre commercial. Avec Moshi Monsters, nous allions jouer notre dernière carte : c'était notre dernière chance de réussite. Nous avons créé le jeu, mais cela nous a coûté jusqu'à notre dernier sou ; donc, à la fin de 2008, nous étions virtuellement fauchés. Mon instinct clamait haut et fort que ce produit dégageait une certaine magie et comportait un aspect tout à fait spécial, sauf que nous n'arrivions pas à trouver d'investisseurs. Cette période de ma vie a été la plus folle et le plus gros obstacle que j'aie dû surmonter, puisque j'avais mon personnel à rémunérer. Nous sommes passés à un cheveu de la faillite et de la fermeture. Durant de bien longues et sombres nuits, je me réveillais à 4 heures, me tournais et retournais dans mon lit, anxieux de résoudre cet affreux problème. Heureusement, j'ai déniché un nouvel ange investisseur, et juste avant Noël, nous avons eu assez d'argent pour verser leur salaire à nos employés et acquitter la facture d'électricité. Le mois suivant, nous avons lancé notre service d'abonnement et depuis, l'entreprise est rentable.

Paul Orfalea

Les Chinois ont un dicton : « Une crise est une occasion. » Il est évident que tout échec renferme les semences d'une nouvelle occasion.

Je rêvais à la sortie simultanée du film *Le Secret* dans tous les pays du monde. J'étais persuadée que le seul moyen d'y arriver était les multiples réseaux de télévision de la planète qui le diffuseraient à l'intérieur d'une période de 24 heures. Au début, lorsque l'idée du *Secret* a germé dans mon esprit, les réseaux de télévision internationaux ont manifesté un réel intérêt envers mon projet. Cependant, une fois le film terminé, sans même l'avoir vu, ces réseaux se sont désistés l'un après l'autre. Le film était terminé, mes dettes s'élevaient à 3 millions de dollars, et je ne voyais pas comment je pourrais assurer la sortie de mon film à l'échelle mondiale.

Et puis, j'ai entendu parler d'une compagnie qui avait créé une nouvelle technologie qui diffusait de la publicité dans Internet. Une nouvelle possibilité venait d'apparaître ! Notre équipe a travaillé d'arrache-pied avec cette entreprise afin d'adapter sa technologie à la diffusion d'un long métrage, et *Le Secret* est sorti en direct via Internet – une première. La technologie a permis au *Secret* d'être vu partout sur la planète en 24 heures, exactement comme dans mon rêve.

« Il vaut mieux risquer mourir de faim que de capituler.
Si vous renoncez à votre rêve, que vous reste-t-il ? »

Jim Carrey

Acteur

Bien que l'Épreuve Suprême semble terrifiante, vous ne vous rendrez probablement pas compte qu'il s'agit bien d'elle, le moment venu. Toutefois, vous serez préparé à y faire face. Rendu à ce stade, vous avez déjà découvert vos puissantes habiletés, et vous savez que vous possédez les moyens d'affronter cette Épreuve Suprême – et de triompher.

Quatrième Partie

LA VICTOIRE

LA RÉCOMPENSE

La Récompense

Vous avez constaté le bonheur délirant des équipes sportives qui remportent un championnat, et des athlètes qui gagnent une médaille d'or et qui fracassent des records mondiaux. Leur énergie est si grande qu'elle déferle sur vous ; vous êtes euphorique, et même ému jusqu'aux larmes. Pourtant, vous n'éprouvez rien en comparaison des émotions que ressent le sportif ou l'athlète au moment du triomphe. Vous saurez exactement ce que l'on éprouve au moment de recevoir la récompense suprême du succès lorsque vous aurez franchi toutes les étapes du voyage, relevé tous les défis et surmonté tous les obstacles ; pas avant.

PETE CARROLL

Nous sommes en 2005, à la veille d'un match que nous disputons en Oklahoma. Je m'apprête à parler à mon équipe. Nous avons connu une saison sans défaite, et nous affrontons une équipe au parcours aussi impeccable dans la partie la plus importante de l'histoire du football universitaire. Qu'est-ce qui valait la peine d'être mentionné pendant notre rencontre préparatoire ? Je suis entré dans le vestiaire et j'ai dit à mes joueurs que nous avions fait tout ce que nous avions espéré. Nous voulions faire mieux que toute équipe avant nous, nous avions remporté victoire après victoire et nous allions maintenant disputer le match le plus important qui soit. Nous avions adhéré à cette vision, nous avions travaillé jusqu'à la concrétiser, et il n'y avait aucune chance que l'adversaire l'emporte. Mais là n'était pas la leçon ; la leçon, c'était qu'en se fixant un objectif et en créant une vision, on peut accomplir exactement ce que l'on veut. Et nous avons écrasé l'adversaire.

PETER BURWASH

J'ai vraiment eu une vie des plus merveilleuses. Aujourd'hui, ma compagnie est la seule survivante des 17 entreprises qui évoluaient à l'origine dans notre industrie. Nous gérons des terrains de tennis dans 134 pays – notre vision est devenue réalité.

MICHAEL ACTON SMITH

L'un des moments les plus excitants de ma carrière a eu lieu au début de 2009 lorsque j'ai lancé mon service d'abonnement. Nous demandions 5 £ par mois aux parents pour un produit qui ne nous avait rien coûté. Les membres de notre minuscule équipe étaient massés devant l'ordinateur lorsque nous avons mis le service en ligne, et nous sommes restés assis à regarder l'écran. Nous avons reçu notre première commande en moins de cinq minutes et nous avons gagné nos cinq premières livres. Nous sautions de joie et nous nous donnions des accolades. Et avant même que nous ayons eu le temps de retrouver notre calme, une deuxième commande est entrée, et puis une troisième et une quatrième. Nous étions absolument ravis que les mamans et les papas soient prêts à payer pour ce produit dans lequel nous avions mis tout notre cœur, toute notre âme et notre énergie. C'était un sentiment absolument extraordinaire.

Liz Murray

J'ai connu un merveilleux moment lorsque, boursière, je suis entrée à Harvard et j'ai eu l'occasion de m'adresser à un premier auditoire. Je disais souvent à mes amis : « Tout ce qui m'arrive semble digne d'un film. Ou d'un livre. » Et puis, effectivement, mon histoire a fait l'objet d'un film, et j'ai ensuite écrit un livre. Cela m'a confirmé qu'il y a de la magie en ce monde.

Layne Beachley

Il est incroyablement gratifiant d'être en mesure de contempler notre carrière et de dire : « J'ai fait ça ? Je n'arrive pas à y croire ! » J'ai parfois de la difficulté à me reconnaître dans la championne que j'étais au moment d'accumuler tous ces titres mondiaux. Mais je suis très reconnaissante aujourd'hui ; cette occasion de transformer la vie d'autres personnes uniquement en poursuivant mon propre rêve m'a satisfaite au plus haut point.

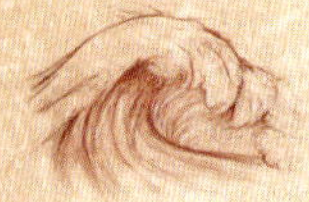

LAIRD HAMILTON

Commencer par un si grand rêve et en faire une réalité met de la joie dans mon cœur. C'est comme un conte de fées. Tous les défis, tous les échecs, toutes les chutes, les blessures et les déceptions en valaient largement la peine. Je n'y changerais rien, car je suis heureux d'être devenu ce que je suis.

G. M. RAO

La vie m'a apporté bien davantage que ce que j'espérais. Si je n'avais pas poursuivi mon rêve, j'aurais mené une vie ordinaire.

ANASTASIA SOARE

Ma vie est parfaite – comme dans un film. Je fais ce que j'aime. Quelle chance que de pouvoir faire ce que l'on aime ! J'ai apprécié le voyage, et j'apprécie encore chaque nouvelle journée. Il n'y a pas de meilleure sensation que de finir sa vie sans regret.

La récompense suprême de la concrétisation de votre rêve ne marque pas la fin du voyage, mais le début d'un autre. Tout à coup, les récompenses financières et d'innombrables occasions de croissance et de développement déferlent dans votre vie. L'argent, les occasions et le succès apportent un extraordinaire sentiment de liberté, mais rien de comparable à la joie et la satisfaction immenses que vous éprouverez, car c'est vous qui en serez l'auteur – à partir de rien, vous *aurez* accompli quelque chose.

PAUL ORFALEA

Chaque matin, je commence par me demander ce que je veux faire de cette journée. C'est ça, la liberté.

MASTIN KIPP

Je suis libre de voyager, de créer et de modeler ma vie comme je l'entends. Je n'ai pas de port d'attache et je peux diriger mon entreprise de Bali, Maui, l'Inde, l'Afrique du Sud ou New York. Cette liberté est géniale ; tout en voyageant, je peux gagner de l'argent et gérer mes affaires. C'est carrément palpitant. Et le plus merveilleux, c'est que je peux me lever quand cela me chante. Je détestais me lever le matin pour aller à l'école ; il n'y avait rien de pire.

ANASTASIA SOARE

Bien entendu, plus notre rêve est grand, plus grande est la récompense financière. Tout rêve doit se solder par une telle récompense.

Lorsque vient le succès, il est fort probable que vous soyez, pour la première fois de votre vie, en position d'acheter les choses que vous avez toujours voulues, de visiter les endroits où vous avez toujours désiré aller, et de faire les choses que vous avez toujours voulu accomplir. De plus, vous aurez l'incroyable occasion de partager votre succès avec votre famille et vos amis, de manière à améliorer leur vie aussi.

MASTIN KIPP

Il y a deux choses extrêmement gratifiantes pour moi : être capable de donner au suivant et avoir les ressources nécessaires pour aider les autres. Je peux enfin donner selon ce que j'ai toujours souhaité.

LIZ MURRAY

Les gens qui luttaient comme moi lorsque j'étais une sans-abri sont encore aujourd'hui ma famille. Je les connais depuis 16 ou 17 ans. Et lorsque j'avais un peu d'argent, c'est avec beaucoup d'enthousiasme que j'en faisais profiter tout le monde. Nous avons commencé par nos besoins : nous sommes tous allés chez le dentiste. Quelques amis avaient besoin d'un appartement et d'argent pour le payer ; je me suis chargée du loyer. On devait opérer le père d'une amie, aux prises avec le cancer ; j'ai été en mesure de payer la chirurgie. J'ai enfin eu un toit sur la tête. Pouvoir prendre soin des gens que j'aime, apporter ma contribution et améliorer la vie de mon entourage m'a procuré une joie immense. Ce fut l'une des expériences les plus gratifiantes de ma vie.

Je suis née dans un milieu plutôt modeste, et même si nous n'étions pas riches, nous nous avions les uns les autres. J'ai eu beaucoup de chance de grandir dans un environnement sécuritaire, entourée de l'amour de ma famille. Mes parents ont travaillé très dur pendant toute leur vie, sans jamais prétendre à la richesse. À la mort de mon père, ma mère perdait non seulement l'amour de sa vie, mais elle s'est retrouvée sans revenu, avec très peu d'argent. Mon père est mort avant la sortie du *Secret*, et il n'a pas été témoin de la réalisation de mon rêve. Mais ma mère, oui. Toute sa vie, elle avait eu de la difficulté à joindre les deux bouts, et puis avec le succès remporté par *Le Secret*, tout cela a changé.

Je me rappelle une journée en particulier. Ma mère m'a téléphoné, en pleurs. Elle était allée dans un magasin et avait acheté des vêtements. Elle pleurait parce que, pour la première fois de sa vie, elle avait acheté des vêtements sans devoir en demander le prix.

Si vous avez eu la chance d'avoir des parents qui ont consacré leur vie à votre croissance et à votre bien-être, alors vous comprendrez comment je me suis sentie ce jour-là. Rien de ce que je pourrai donner à ma mère ne pourra équivaloir à ce qu'elle m'a donné au cours de ma vie.

PETER FOYO

Certaines personnes me demandent : « Pourquoi travaillez-vous encore ? » Et je leur réponds : « Parce que je fais une différence, et j'aimerais continuer à le faire pendant que je suis encore ici. »

Travailler pour le Plaisir de Travailler

Il n'y a rien de plus agréable au monde que d'avoir trouvé son rêve et de le vivre. Travailler pour le simple plaisir de travailler, se lever le matin et être excité à l'idée que c'est lundi, aimer ce que l'on fait au point que la perspective de longues vacances nous semble ennuyeuse – c'est ça, la vie !

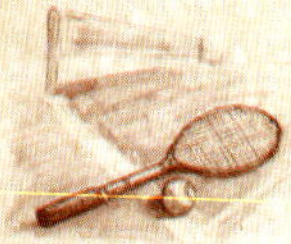

PETER BURWASH

À la fin des années 1970 et au début des années 1980, je vivais à Hawaï. Dès 6 heures, j'étais dans l'ascenseur, car j'avais un cours de tennis à 6 h 30. Je regardais autour de moi et je pensais : « Ces pauvres gens doivent aller travailler à cette heure. » Je n'ai jamais vraiment eu le sentiment d'aller travailler ou même d'occuper un emploi.

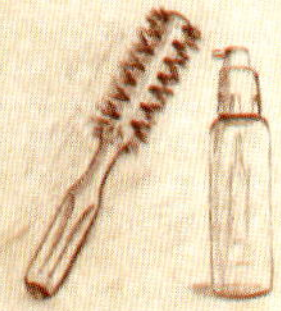

JOHN PAUL DEJORIA

J'adore ce que je fais. Je suis toujours impatient de me rendre à mon bureau. Je suis impatient de voir les gens avec qui je travaille. J'ai choisi ce mode de vie et il est bon.

PETE CARROLL

J'adorerais ce que je fais même sans salaire. Il est intéressant de constater que la majorité de nos joueurs pensent comme moi. Il est fantastique d'être des professionnels bien rémunérés, mais nous jouerions quand même sans rétribution. Nous avons de la chance d'avoir la possibilité de nous sentir ainsi à propos de ce que nous faisons.

MICHAEL ACTON SMITH

Plusieurs prétendent : « Si je gagnais de l'argent et réussissais en affaires, je me retirerais à l'âge de 30 ans. » Mais cela arrive rarement, car les gens dynamiques, qui ont un grand rêve, une vision, et qui veulent bâtir quelque chose d'extraordinaire, ne sont pas du genre à ralentir la cadence et à se retirer.

On m'a offert beaucoup d'argent pour le film *Le Secret*. À l'époque, j'étais endettée jusqu'au cou et je ne voyais absolument pas comment j'arriverais à présenter le film au monde. Mais vendre mon rêve était inconcevable. Autant vendre ma plus grande joie et ma raison de vivre, et cela n'a pas de prix.

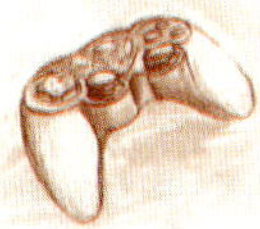

MICHAEL ACTON SMITH

J'ai eu des occasions de vendre cette entreprise pour une somme fabuleuse – des centaines de millions de dollars –, mais je n'ai pas envie de faire de la voile au coucher du soleil et de boire des cocktails sur un yacht. J'adore ce que je fais. Je veux continuer de développer mon entreprise, de créer des choses et de travailler avec des gens extraordinaires. C'est ce qui me tire du lit le matin.

Toucher les récompenses qui accompagnent la concrétisation d'un rêve est fabuleux, et toute personne qui réalise son rêve mérite chacune de ces récompenses. Il est fort probable que vous soyez également tout excité et enthousiaste et que vous ayez envie de continuer à construire sur vos réussites et porter votre rêve plus loin, sachant maintenant que vous avez les qualités et les habiletés nécessaires pour accomplir tout ce à quoi vous pouvez penser. Mais ceci n'est pas la fin de notre histoire. Ce n'est pas la fin du voyage. Il y a encore une étape essentielle à franchir pour arriver au terme du Voyage du Héros, et cette étape finale provoque la transformation – de l'être humain en héros.

UNE VIE QUI VAUT LA PEINE D'ÊTRE VÉCUE

Une Vie qui Vaut la Peine d'être Vécue

PETER BURWASH

Notre corps a des limites, quant à ce que nous pouvons faire pour le satisfaire. Nous ne pouvons manger qu'une certaine quantité d'aliments à la fois. Il y a une limite à ce que nous pouvons boire. Cependant, l'habileté qui consiste à servir les autres est illimitée. Les gens les plus heureux en ce monde sont ceux qui agissent pour le bien d'autrui.

Quelque chose de formidable vous arrive pendant le Voyage du Héros. Vous subissez une transformation, qui vous amène à franchir encore une autre étape. C'est l'étape finale. En la franchissant, vous devenez un véritable héros, et le Voyage du Héros est terminé.

Le feu de la passion qui vous consumait à l'idée de concrétiser votre rêve s'est transformé en un feu de compassion, et vous rentrez à la maison afin d'aider les gens qui sont aussi désavantagés que vous l'étiez autrefois. Vous connaissez leur souffrance. Vous connaissez leur désespoir, pour l'avoir ressenti. Et vous entendez un puissant appel qui vous exhorte à faire l'impossible, à utiliser tous les moyens à votre disposition pour aider et inspirer le plus grand nombre de vies possible avec tout ce que vous avez acquis pendant votre voyage.

MASTIN KIPP

Deux embûches guettent le héros. La première, c'est au moment de l'appel de l'aventure, et tout héros passe par cette étape du refus de l'appel. C'est bien connu. Ce qui est moins connu, c'est le refus de revenir. Le héros a touché sa récompense et il nage dans une telle félicité et une telle joie qu'il ne veut plus connaître autre chose. Mais le voyage n'est pas terminé tant que vous n'avez pas ramené à la maison cet élixir de vie et ne l'avez pas partagé avec les autres. Le héros en est un s'il ne fait pas ce voyage par pur égoïsme ; un héros fonde sa vie sur l'altruisme.

« Quand on arrête de penser à soi, à la préservation de sa propre vie de façon primaire, on subit une transformation véritablement héroïque de la conscience. »

Joseph Campbell

Mythologue

Avec toutes les réussites et les récompenses que vous avez récoltées, c'est lorsqu'une vision plus grande que vous-même s'empare de votre cœur que le héros en vous commence à émerger. Vous devez alors partager ce qu'on appelle « l'élixir magique de la vie » – tout ce que vous avez appris pendant votre voyage – de manière à faire une différence dans la vie du plus grand nombre de gens possible.

PETER BURWASH

Laurance Rockefeller a dit que l'on sait que l'on a mûri dans la vie lorsqu'on comprend que le rang social le plus élevé que l'on atteindra est celui de serviteur ; l'individu qui se sent à l'aise avec cette idée réussira réellement sa vie. Et l'humilité, une très grande humilité, est le secret pour être en mesure de se mettre au service des autres. C'est votre fleuron. C'est votre ultime réalisation dans la vie ; c'est la plus importante des leçons.

LIZ MURRAY

C'est lorsque ma vie me sert d'une manière ou d'une autre à améliorer celle d'une autre personne que je me sens le plus vivante.

G. M. RAO

La société m'a donné tout ce que je possède aujourd'hui, et j'estime qu'il est de ma responsabilité de faire preuve de gratitude et d'exercer la responsabilité sociale en tant que valeur.

Lorsque vous arrivez à la fin du Voyage du Héros, vous savez que, sans le soutien des gens qui vous ont aidé, vous n'auriez jamais pu réaliser votre rêve. Rempli d'une profonde gratitude pour tout ce que vous avez reçu et d'une immense compassion pour ceux qui luttent encore, vous vous sentez tenu de donner au suivant et de faire une différence dans la vie des autres. Cette flamme de compassion que vous sentez est si forte que peu importe ce que vous faites ou, peu importe ce que vous donnez, vous voulez toujours en faire plus.

PETER BURWASH

En quoi est-ce important pour moi d'apporter ma contribution et d'accomplir quelque chose de significatif ? C'est ma raison d'être. C'est pour cette raison que je me lève le matin. C'est ce qui me permet de poser la tête sur mon oreiller le soir et de ressentir une immense satisfaction.

MICHAEL ACTON SMITH

Si vous avez beaucoup d'argent, mais que vous le laissez dormir à la banque, c'est vraiment un gaspillage de potentiel. Vous devriez l'utiliser pour accomplir quelque chose. Il est agréable d'aider et de soutenir les gens et de les voir concrétiser leurs rêves et connaître une vie plus heureuse.

PETER FOYO

Lorsque je m'assois dans mon bureau et que je vois un membre de mon équipe entouré de ses enfants qui gambadent dans le hall, il n'y a absolument rien de plus gratifiant à mes yeux. J'aime savoir que ces enfants sont heureux et en bonne santé, qu'ils fréquentent une bonne école… savoir que j'ai eu un jour une idée qui me permet de prendre soin d'autrui.

PAUL ORFALEA

Je ne travaille pas d'arrache-pied pour que mes fils vivent dans une villa somptueuse. Je leur laisserai de quoi vivre confortablement, c'est tout. Je donne mon argent à des œuvres de bienfaisance et je donnerai tout ce que j'ai avant de mourir.

G. M. RAO

J'ai eu de la chance. L'Univers m'a donné l'occasion de servir la société. Pour ma part, j'ai engagé toutes mes actions dans la fondation que je dirige.

L'étape finale du Voyage du Héros ne se résume pas à faire un chèque à une œuvre de charité. Il s'agit plutôt de trouver un moyen d'engager votre temps, votre énergie et votre passion dans un domaine qui fait chanter votre cœur. C'est trouver des gens qui sont dans une situation défavorisée comme vous l'étiez auparavant, ou des gens non outillés pour accomplir ce que vous avez accompli. Avec toutes les compétences et les habiletés acquises, vous vous efforcerez par tous les moyens possibles d'améliorer d'autres vies et d'offrir des occasions aux gens, afin qu'ils puissent poursuivre leurs rêves.

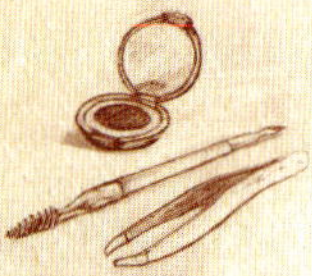

ANASTASIA SOARE

Je suis allée en Afrique du Sud quand Oprah y a ouvert une école pour filles. Je ne l'ai jamais vue aussi émue, aussi heureuse. Son énergie était incroyable, car elle transformait l'existence de ces filles. Donner au suivant est l'expérience la plus gratifiante que l'on puisse faire dans la vie. Il n'y a rien de mieux.

Les gens qui réussissent savent que donner de l'argent n'est pas la solution ultime pour aider les gens. Ceux qui ont effectué le voyage font preuve d'une grande diligence en veillant à ce que l'argent qu'ils donnent fournisse aux gens des moyens et des occasions de changer leur vie.

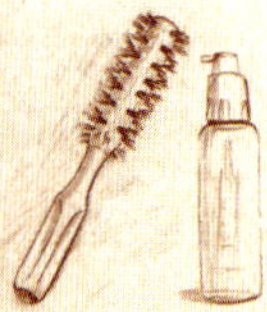

JOHN PAUL DEJORIA

Maintenant, mon plus grand rêve est d'aider un pays tout entier à se développer et à prospérer dans une optique écologique.

Ils choisissent de donner de l'argent pour subvenir aux besoins fondamentaux des gens, en assurant leur approvisionnement en eau propre, par exemple. Ou ils utilisent leur argent pour procurer les moyens et les occasions dont les individus ont besoin en vue d'une vie pleinement satisfaisante. C'est dans le respect de ce vieil adage : si on donne à quelqu'un un poisson, il le mangera ce soir, mais si on lui apprend à pêcher, il mangera toute sa vie. Ce principe vous guidera lorsque vous ferez don de votre argent, de votre temps ou de toute autre chose.

PETE CARROLL

Il y a des millions de causes partout dans le monde, et j'aimerais toutes les aider, mais A Better LA *était une cause tout à fait appropriée, car nous étions à Los Angeles. Nous avons travaillé dans toute la région. Nous intervenons sur une base individuelle et tentons d'aider les gens à retrouver l'espoir et à comprendre qu'ils peuvent créer leur vision, qu'ils peuvent vraiment exercer un contrôle sur le monde dans lequel ils évoluent. Heureusement, nous avons été en mesure de sauver quelques familles et quelques enfants. Je suis très fier d'être lié à cette cause. J'aimerais pouvoir donner davantage et en faire davantage.*

Vous pouvez également donner inspiration, encouragements et espoir aux autres au quotidien, et cela peut souvent représenter davantage pour quelqu'un que n'importe quelle somme d'argent.

MICHAEL ACTON SMITH

L'une des choses que j'aime en ce moment, c'est inspirer les écoliers. Ils ne savent peut-être pas ce qu'est l'entrepreneuriat, mais le fait de leur parler et les inspirer en amènera certains à créer leur propre entreprise et à connaître une vie heureuse et pleinement satisfaisante.

Dès que mon entreprise, The Secret Company, a touché son premier dollar, bien avant qu'elle n'enregistre des bénéfices, j'ai versé un pourcentage substantiel de mes revenus à des organismes à but non lucratif disséminés dans le monde, des organisations dont le travail valorise les êtres humains et les aide à connaître une vie pleinement satisfaisante.

Peter Burwash

Nous avons créé un programme de tennis en fauteuil roulant, un sport maintenant pratiqué partout dans le monde. Cela fait 38 ans que nous donnons des leçons gratuites aux gens qui jouent en fauteuil roulant. Nous avons pu leur apporter beaucoup de joie et de bonheur grâce à ce sport.

Peu importe le nombre d'étapes que vous avez franchies pendant votre Voyage du Héros, et même si vous ne l'avez pas encore entrepris, vous pouvez donner dès maintenant. Lorsque quelqu'un a besoin de vous, faites tout ce qui est en votre pouvoir pour l'aider. Voici comment déterminer s'il convient d'apporter ou non votre aide : ne faites rien qu'une autre personne peut aisément accomplir elle-même. Sinon vous ne l'aiderez pas et vous la priverez de son autonomie. La ligne est mince entre aider quelqu'un et priver cette personne d'autonomie. Intervenez donc en effectuant ce que les autres ne peuvent exécuter aisément. Inspirez-les, encouragez-les, aidez-les à avoir confiance en eux, et donnez-leur des occasions de se tirer de leur situation actuelle. En agissant ainsi, vous les valorisez, et il n'y a rien de plus grand que d'offrir à un être humain ce dont il a besoin pour atteindre une vie pleinement satisfaisante.

Mastin Kipp

Peu importe la situation, il y a toujours une occasion infinie que l'on peut offrir à autrui. Peu importe s'il y a récession, les occasions de donner demeurent abondantes. Et c'est lorsque vous faites preuve de générosité que vous attirez l'abondance.

Liz Murray

Il arrive parfois que les gens pensent qu'ils doivent écrire un livre ou parler devant des milliers de personnes. Mais on peut servir à l'aide de très petits gestes qui ont une très grande portée.

Peter Foyo

Vous pouvez donner soit de votre temps, soit de vos ressources. Nous ne pouvons qu'enrichir notre existence en aidant les autres.

« Si vous aidez ne serait-ce qu'une personne, vous aurez fait quelque chose de merveilleux. »

Blake Mycoskie

Fondateur de TOMS Shoes

John Paul DeJoria

Mon frère et moi avions six ans lorsque notre mère nous a emmenés au centre-ville de Los Angeles avant Noël. Elle nous a donné une pièce de 10 cents et nous a dit de la déposer dans le seau qui se trouvait à côté d'un homme qui faisait sonner une cloche. Nous l'avons fait et nous avons demandé à notre mère : « Pourquoi avons-nous donné 10 cents à cet homme ? » À cette époque, nous avions très peu d'argent, et on pouvait acheter deux grands sodas et peut-être trois tablettes de chocolat avec 10 cents. Et notre mère nous a dit : « C'est l'Armée du Salut. Elle prend soin des sans-abris. Les garçons, rappelez-vous ceci tant que vous vivrez : peu importe ce que nous avons, il y a toujours quelqu'un qui en a moins. Efforcez-vous de toujours faire un petit quelque chose. » Cela m'a inculqué le principe suivant : je donne, peu importe ce que j'ai, et j'estime que c'est inhérent à la personne qui réussit. Le succès non partagé est un échec.

Lorsque vous donnez au suivant, peu ou beaucoup, le bonheur ressenti en sachant que vous avez aidé un être humain ne vous quittera jamais. De fait, la joie et le bonheur que vous ressentirez seront si intenses que vous pourrez vous demander si vous n'étiez pas appelé à poursuivre votre rêve en vue d'atteindre cette étape finale du Voyage du Héros, ce moment où une vision plus grande que vous s'emparerait de votre être.

LIZ MURRAY

Lorsque vous demandez aux gens quel est leur rêve, leur réponse se résume toujours à ceci : « Je veux aider les autres à connaître une vie meilleure. » C'est un désir commun que nous avons tous en nous et je crois qu'il est inné. Il fait partie de notre destinée ici-bas.

Laird Hamilton

J'aimerais seulement trouver le moyen de donner davantage et de faire une plus grande différence. Alors que je continue dans cette voie, je crois que je comprendrai peut-être, à la fin de ma vie, que mon but était de faire une différence d'abord et avant tout.

LE HÉROS EN VOUS

Le Héros en Vous

Après avoir franchi l'étape finale du Voyage du Héros, vous devenez un être humain entier, béni – un véritable héros. Votre esprit et votre conscience, qui étaient limités au moment d'entreprendre votre périple sur la planète Terre, ont subi une transformation. Là où autrefois les circonstances de la vie semblaient n'avoir aucun sens, vous pouvez maintenant voir que la vie fonctionne d'une manière précise et compréhensible. Lorsque vous témoignez aux autres de la compassion, votre esprit s'unit à l'Univers, qui est là pour tous. Alors que votre compassion s'approfondit, la confusion, la souffrance et la peur commencent à s'estomper, et cèdent la place à une intelligence et une certitude qui vont bien au-delà des connaissances acquises par la lecture d'ouvrages et l'obtention de diplômes. Vous retrouvez le souvenir de tout ce que vous êtes. Vous voyez que nous sommes tous membres d'une même famille sur terre, et vous êtes rempli d'une paix complète et d'une joie de vivre absolue. C'est votre histoire et votre destinée.

Je sais le potentiel qui vous habite. Je connais vos vertus et vos pouvoirs héroïques. Il s'agit de votre histoire, que seul vous pouvez vivre. C'est votre Voyage du Héros, et seulement vous pouvez l'entreprendre. Vous avez maintenant la carte et le compas et nous sommes tous à vos côtés, à chaque étape du parcours.

PETER FOYO

Vous pouvez avoir une existence plus heureuse, plus satisfaisante. Vous avez tout ce qu'il faut en vous pour la modeler – peu importe où vous êtes et peu importent les circonstances.

LAYNE BEACHLEY

Je crois en vous, mais cela ne veut rien dire si vous ne croyez pas en vous-même. Croyez en vous, et faites de votre mieux pour accomplir ce que vous voulez vraiment dans la vie.

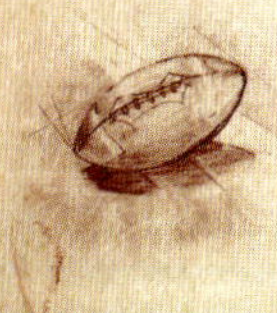

PETE CARROLL

Chacun détient le pouvoir. Mais nous laissons si souvent ce pouvoir dériver vers les gens de notre entourage qui ont des opinions, ou nous regardons d'où nous venons, nos antécédents, et nous ne nous faisons pas assez confiance ; nous doutons de notre pouvoir de créer ce que nous voulons. C'est le plus important message que je puisse livrer à quiconque.

G. M. Rao

Croyez en vos rêves et n'y renoncez jamais. Persévérez, croyez-y toujours et ils se réaliseront. Tout voyage commence par un rêve, auquel votre foi et votre confiance paveront la voie.

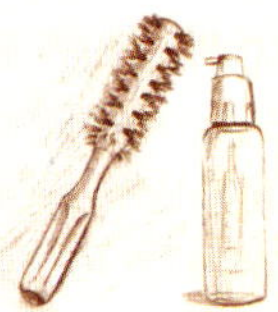

John Paul DeJoria

La grande différence entre les gens qui réussissent et ceux qui échouent, c'est que les premiers ne s'attendent à rien. Foncez et faites ce que vous avez à faire. Si vous ne réussissez pas, persévérez. Tout le monde a ce pouvoir – vous aussi.

Liz Murray

En fin de compte, ce que nous faisons de notre vie est une question d'interprétation. C'est l'histoire que nous nous racontons à propos de qui nous sommes et de la raison de notre présence sur terre qui détermine la qualité de notre expérience. Heureusement, vous pouvez modifier cette histoire en tout temps, car vous serez toujours l'unique auteur de votre vie.

Peter Foyo

Que puis-je faire, quel cri puis-je lancer, pour que vous compreniez que vous êtes un héros ? Chaque être humain en est un. Vous pouvez être un héros dans votre propre monde.

À chaque pas que vous faites, avec tout ce que vous cherchez à accomplir dans la vie, avec chaque rêve que vous entretenez, vous cherchez le bonheur éternel. Et vous continuerez à le chercher par monts et par vaux jusqu'à ce que, à la fin du Voyage du Héros, vous découvriez que ce bonheur éternel réside dans la découverte de ce que vous êtes vraiment.

Voilà où se termine le Voyage du Héros pour chacun d'entre nous sur la planète Terre. Seul vous pouvez entreprendre le plus merveilleux des voyages de découverte. Seul vous pouvez découvrir la vérité à propos de ce que vous êtes vraiment ; seul vous pouvez découvrir le héros qui est en vous. Dans l'intervalle, chaque jour de votre vie, jusqu'à la fin des temps, le héros en vous continuera de vous lancer son appel.

L'ESPRIT D'UN HÉROS
LA VISION
LA RÉCOMP
LA CONFIANCE EN SOI
LE CŒUR D'UN HÉROS
OPPOSANTS AND
UNE VIE QUI VAUT LA PEINE D'ÊTRE VÉCUE
CHERCHEZ LA FÉLICITÉ

LE HÉROS EN VOUS
LA ROUTE DES ÉPREUVES ET DES MIRACLES
LABYRINTHE
L'ENGAGEMENT
L'ÉPREUVE SUPRÊME
TROUVER VOTRE RÊVE
L'APPEL
L'ATTITUDE D'UN HÉROS
LE REFUS DE L'APPEL

Ont Contribué à Héros

Grâce aux revenus générés par cet ouvrage, The Secret Company est honorée d'apporter son soutien aux fondations et aux œuvres de bienfaisance suivantes, des organismes que les contributeurs de *Héros* ont à cœur.

MICHAEL ACTON SMITH

www.mindcandy.com

Michael Acton Smith est le PDG et le directeur artistique de Mind Candy, l'entreprise de divertissement pour enfants qui se trouve derrière le phénomène mondial de Moshi Monsters. Moshi Monsters est un jeu en ligne et un monde virtuel, mais l'entreprise offre également des jouets, des cartes de collection, des magazines, un livre et un film. Michael continue de diriger Mind Candy avec en tête sa vision d'ériger la plus grande compagnie de divertissement destinée à la génération numérique.

THE MOSHI FOUNDATION

www.themoshifoundation.com

Michael a créé **The Moshi Foundation**, un organisme voué à l'attribution de bourses dans le but d'aider les enfants et les jeunes gens partout dans le monde. À ce jour, des bourses ont été accordées afin de promouvoir l'éducation, la santé et le bien-être, de surmonter des difficultés financières et d'apporter soins et instruction à des enfants handicapés ou ayant des besoins spéciaux.

LAYNE BEACHLEY

www.laynebeachley.com

Layne Beachley est la meilleure surfeuse de l'histoire et elle détient un nombre record de sept titres mondiaux. Elle est la vice-présidente actuelle de l'International Surfing Association et elle siège au conseil d'administration de Surfing Australia et du Sport Australia Hall of Fame. Layne continue de faire du surf chaque jour et elle participe à l'occasion à des compétitions de haut calibre. Elle est également une conférencière spécialisée en motivation.

LAYNE BEACHLEY AIM FOR THE STARS FOUNDATION

www.aimforthestars.com.au

Layne a créé la **Layne Beachley Aim for the Stars Foundation** dans le but d'apporter un soutien financier et des encouragements aux jeunes filles et aux jeunes femmes et de les aider à concrétiser leurs rêves. Le programme s'adresse à des Australiennes déterminées qui évoluent dans les domaines du sport et de l'éducation ou qui participent à des initiatives communautaires ou culturelles. Le but de Layne est d'aider ces jeunes filles et femmes dans leurs démarches pour atteindre la grandeur.

Peter Burwash

www.peterburwash.com

Peter Burwash est un ancien joueur de tennis professionnel et l'un des entraîneurs de tennis les plus respectés de tous les temps. Peter est le fondateur et le président de la plus grande entreprise de gestion de terrains de tennis du monde, Peter Burwash International. Il offre un entraînement de très haut niveau et des programmes individuels dans 32 pays. Peter est également un auteur à succès et un très populaire conférencier spécialiste de la motivation.

Food for Life Vrindavan

www.fflvrindavan.org

Après ses voyages à l'étranger, Peter en est venu à soutenir l'organisme **Care for Vrindavan**, une œuvre de bienfaisance [rebaptisée **Food for Life Vrindavan**] basée aux États-Unis qui recueille des fonds pour la région défavorisée de Vrindavan, en Inde. L'organisme répond aux besoins fondamentaux des collectivités locales et les aide à développer progressivement leur autosuffisance. Plus spécifiquement, cette œuvre de bienfaisance finance l'éducation de milliers de jeunes filles indiennes qui seraient autrement laissées pour compte et veille à ce qu'elles réalisent leur plein potentiel.

PETE CARROLL

www.petecarroll.com

Pete Carroll est un entraîneur de football américain. Il a remporté à titre d'entraîneur-chef deux championnats nationaux ainsi que de nombreux titres d'association et de division, dont le Super Bowl 2014. Pete est actuellement l'entraîneur-chef et le vice-président à la direction des Seahawks de Seattle, où il a récemment été nommé entraîneur de l'année de sa conférence de la NFL.

A BETTER LA AND A BETTER SEATTLE

www.abetterla.org
www.abetterseattle.com

Pete est reconnu pour ses activités philanthropiques, et plus particulièrement pour les efforts qu'il déploie afin de diminuer la violence chez les jeunes et dans les gangs de rue à Los Angeles et Seattle. Pete a créé **A Better LA** et **A Better Seattle**, des organismes qui visent à aider les individus à créer des collectivités plus sécuritaires et plus fortes. Ils font équipe avec des organisations communautaires afin d'offrir aux familles et à la jeunesse des outils, un mentorat et du soutien qui les aideront à s'épanouir.

JOHN PAUL DEJORIA

www.paulmitchell.com

John Paul DeJoria est un homme d'affaires qui a cofondé John Paul Mitchell Systems, une entreprise bien connue pour ses produits de soins capillaires et ses centres de formation. John Paul en est le PDG et son chiffre d'affaires annuel dépasse le milliard de dollars. En 1989, il a cofondé The Patrón Spirits Company, dont il est maintenant l'actionnaire majoritaire. John Paul se passionne également pour les questions environnementales, la diplomatie internationale et la philanthropie.

JP'S PEACE, LOVE & HAPPINESS FOUNDATION

www.peacelovehappinessfoundation.org

Ayant vécu son enfance en famille d'accueil et connu des périodes d'itinérance une fois adulte, John Paul injecte une part substantielle de ses revenus dans son œuvre de bienfaisance, **JP's Peace, Love & Happiness Foundation**. L'organisme apporte son soutien à la préservation de l'environnement, la responsabilité sociale et la protection des animaux. Il finance également des programmes maraîchers et agricoles qui aident les gens à subvenir aux besoins de leur famille et à créer leur propre entreprise.

PETER FOYO

www.nextel.com.mx

Peter Foyo est un chef d'entreprise et un spécialiste des télécommunications à l'échelle internationale. On le considère comme l'un des meilleurs PDG de toute l'Amérique latine et on souligne son esprit novateur. Il siège au conseil d'administration de plusieurs entreprises et continue de diriger un effectif de 17 000 employés en tant que président de Nextel Communications México.

NEXTEL FOUNDATION

www.nextel.com.mx/nextelfundacion.html

En tant que PDG, Peter a érigé une admirable culture de responsabilité sociale d'entreprise et de philanthropie.
La **Nextel Foundation** apporte son soutien aux membres les plus vulnérables de sa collectivité en veillant à leur éducation.
La fondation offre des bourses aux étudiants et des programmes visant à aider la jeunesse, les défavorisés et les handicapés.
Elle finance également la recherche scientifique et l'éducation supérieure.

LAIRD HAMILTON

www.lairdhamilton.com

Laird Hamilton est un surfeur de renommée internationale. Innovateur, il s'est illustré comme un pionnier dans le surf sur grosses vagues, la planche à voile et le surf debout avec pagaie. Laird continue de partager son temps entre le surf, le développement de sports liés au surf et la prise de conscience de causes qui lui tiennent à cœur.

RAINCATCHER

www.raincatcher.org/laird

Laird et son épouse, Gabrielle Reece, ont récemment été nommés au conseil d'administration de **RainCatcher**, un organisme à but non lucratif qui milite pour atténuer la crise mondiale de l'eau. RainCatcher a aidé 700 000 personnes du monde entier en leur offrant des systèmes de collecte des eaux de pluie. RainCatcher vise à approvisionner encore 10 millions de personnes en eau potable d'ici à 2015.

Mastin Kipp

www.thedailylove.com

Mastin Kipp est entrepreneur, écrivain et blogueur. Il utilise les médias sociaux pour livrer ses messages inspirants. Mastin a fondé *The Daily Love*, qui est à la fois un site Web, un courriel quotidien et un compte Twitter rejoignant chaque jour 600 000 abonnés, et qui est également publié dans les pages du *Huffington Post*. Mastin a participé à quelques reprises à *Oprah's Lifeclass*, et Oprah l'a présenté comme le penseur spirituel de la prochaine génération lors de son émission *Super Soul Sunday*.

Anthony Robbins Foundation

www.anthonyrobbinsfoundation.org

Mastin attribue sa transformation à l'aide que le mentor personnel Anthony Robbins lui a apportée. Par gratitude, il donne son soutien à l'**Anthony Robbins Foundation**. Cet organisme à but non lucratif met en œuvre des programmes visant à aider et enrichir la vie de ceux qui sont le plus souvent oubliés par la société : les jeunes, les aînés, les sans-abris et la population carcérale.

LIZ MURRAY

www.homelesstoharvard.com

Liz Murray est une auteure à succès et l'une des conférencières spécialistes de la motivation les plus sollicitées au monde. Elle est célèbre pour son incroyable parcours – de sans-abri, elle est devenue étudiante à Harvard. Elle a partagé la scène avec de grands noms tels que Mikhaïl Gorbatchev, le dalaï-lama et Tony Blair. La Maison- Blanche et Oprah Winfrey l'ont honorée pour son travail inspirant auprès des jeunes.

MOMENTUM TEENS FOR LEADERSHIP

www.momentumteens.org

En tant que modèle de rôle pour les adolescents, Liz est fière d'apporter son soutien à **Momentum Teens for Leadership**, un organisme à but non lucratif qui vise à encourager les jeunes et à les doter de compétences en leadership. Momentum Teens offre des ateliers et des programmes qui fournissent des outils et des mises en situation afin d'aider les adolescents à devenir des contributeurs responsables et sûrs d'eux auprès de leur collectivité et dans le monde.

Paul Orfalea

www.paulorfalea.com

Paul Orfalea est le fondateur de Kinko's, le leader mondial dans le domaine des fournitures de bureau et des services aux entreprises. S'étant départi de ses intérêts dans Kinko's, Paul partage maintenant son temps entre la transmission de ses connaissances et de son expérience à titre de professeur d'université et diverses activités philanthropiques.

Orfalea Foundation

www.orfaleafoundation.org

Sous le leadership de Paul, l'**Orfalea Foundation** s'applique à donner aux gens des outils qui leur permettront de trouver leurs points forts. La fondation soutient des programmes d'intervention éducative novatrice auprès de la petite enfance, des programmes de motivation à l'intention des élèves du secondaire, offre des milliers de bourses à des étudiants inscrits à l'enseignement supérieur et finance à grande échelle des programmes universitaires triés sur le volet. Paul se consacre également à alléger le fardeau des familles monoparentales et il apporte son soutien à l'offre d'une alimentation saine et équilibrée dans les écoles.

G. M. Rao

www.gmrgroup.in

G. M. Rao est le fondateur et le président du conseil de GMR Group, une société internationale de développement énergétique et d'infrastructures basée à Bangalore, au sud de l'Inde. Chef de file visionnaire, M. Rao a récemment réorienté son entreprise vers le développement urbain et la création d'actifs nationaux tels que des centrales électriques, des autoroutes et des aéroports.

GMR Varalakshmi Foundation

www.gmrgroup.in/foundation.html

M. Rao est un grand défenseur de la responsabilité sociale d'entreprise et il a créé la **GMR Varalakshmi Foundation** dans le but de lutter contre le manque de commodités de base et la pauvreté abjecte au sein des communautés locales. La fondation s'efforce de rendre accessible à tous une éducation de qualité. Elle répond également aux besoins en matière de santé en construisant des hôpitaux, des services médicaux et en fournissant des ambulances. Elle crée des possibilités de travail autonome par la mise sur pied d'instituts de formation et de programmes éducatifs à l'intention des jeunes entrepreneurs.

ANASTASIA SOARE

www.anastasia.net

Anastasia Soare est considérée comme la spécialiste incontestable des sourcils et elle fait figure d'icône dans l'industrie de la beauté. Grâce à sa méthode unique de modelage des sourcils, Anastasia s'est constitué une clientèle enviable comprenant le gratin d'Hollywood et elle dirige de grands salons de beauté à Beverly Hills et à Brentwood. Il existe également des studios de modelage des sourcils Anastasia dans de grands magasins un peu partout dans le monde, et elle a personnellement développé et lancé une gamme de produits de maquillage exclusifs.

ANASTASIA BRIGHTER HORIZON FOUNDATION

www.anastasiafoundation.org

L'**Anastasia Brighter Horizon Foundation** offre des bourses d'études à des jeunes qui ont vécu en famille d'accueil, leur permettant ainsi de poursuivre une carrière dans le domaine de la beauté et des soins de la peau. La fondation d'Anastasia apporte son soutien à des écoles d'esthétique, finance des stages et des formations pratiques et participe à des programmes de placement. Son but est de rendre des jeunes autosuffisants et de leur offrir une base pour l'avenir.

Ouvrages Publiés par les Contributeurs

LAYNE BEACHLEY

Beneath the Waves

Le témoignage de Layne Beachley sur le pouvoir de la confiance en soi.

Éditeur : Random House Australia, 2009

PETER BURWASH

Becoming the Master of Your D-A-S-H

Des anecdotes personnelles, ses réalisations et de sages conseils de personnes avisées, d'hier et d'aujourd'hui, qui fournissent des directives fondamentales à quiconque veut améliorer le voyage de sa vie.

Éditeur : Torchlight Publishing, 2007

Dear Teenager

Peter Burwash offre un guide inestimable aux adolescents afin qu'ils grandissent en santé et deviennent forts physiquement, mentalement et spirituellement.

Éditeur : Torchlight Publishing, 2008

LAIRD HAMILTON

Force of Nature: Mind, Body, Soul, And, of Course, Surfing

Laird Hamilton partage la philosophie unique qui lui a permis de devenir l'un des plus grands surfeurs que le monde n'ait jamais connus.

Éditeur : Rodale Books, 2008